★中国高等教育文献保障系统 CALIS 全国农学文献信息中心项目研究成果（项目编号：2010042）
★黑龙江省教育厅科研项目研究成果（项目编号：12532241）
★本书受黑龙江八一农垦大学学术专著资助基金支持

高校与农垦企业协同育人研究

刘春晓 著

哈尔滨工程大学出版社
Harbin Engineering University Press

内容简介

我国高校与农垦企业协同育人经历了七十多年的发展，为垦区建设输送了大量的人才。本书结合习近平总书记在全国教育大会上的讲话精神，从德育、智育、体育、美育和劳动育人五方面对高校与农垦企业协同育人开展研究，建立了“三元协同”育人体系、农业“全产业链”协同育人模式，并提出网络协同育人平台建设的思路，为未来我国高校与农垦企业协同育人提出了具有参考性的建议。

本书可作为高等教育学专业参考用书，也可供大学图书馆资源建设和农垦企业的相关人员参阅。

图书在版编目（CIP）数据

高校与农垦企业协同育人研究 / 刘春晓著 . -- 哈尔滨 : 哈尔滨工程大学出版社， 2019.7
ISBN 978-7-5661-2367-1

Ⅰ . ①高… Ⅱ . ①刘… Ⅲ . ①农业院校－产学合作－研究－中国②农垦企业－产学合作－研究－中国 Ⅳ . ①S ②F324.1

中国版本图书馆 CIP 数据核字（2019）第 148748 号

选题策划 刘凯元
责任编辑 刘凯元
封面设计 博鑫设计

出版发行 哈尔滨工程大学出版社
社　　址 哈尔滨市南岗区南通大街 145 号
邮政编码 150001
发行电话 0451-82519328
传　　真 0451-82519699
经　　销 新华书店
印　　刷 北京中石油彩色印刷有限责任公司
开　　本 787 mm×960 mm 1/16
印　　张 13.25
字　　数 228 千字
版　　次 2019 年 7 月第 1 版
印　　次 2019 年 7 月第 1 次印刷
定　　价 57.00 元
http：//www.hrbeupress.com
E-mail：heupress@hrbeu.edu.cn

前　　言

本书受习近平总书记在全国教育大会上讲话的启发，从德育、智育、体育、美育和劳动育人五方面对新时代的高校与农垦企业协同育人进行了研究。

本书在德育方面介绍了农垦精神的内涵，扎根于社会主义核心价值观，培育高校大学生对农垦精神的弘扬与传承；在智育方面，结合国内外关于产学研校企协同育人的成功经验，从农垦系统开展产学研协同育人情况分析我国高校与农垦企业协同育人过程中存在的问题，基于系统论、协同论和战略联盟理论建立了产学研“三元协同”育人体系、农业“全产业链”协同育人模式，提出了网络协同育人平台建设的思路；在体育方面，以强健体魄、服务农垦事业和报效祖国为核心，培育我国社会主义的建设者和接班人；在美育方面，以社会主义核心价值观和农垦精神为基础激发爱国主义情感，陶冶情操，牢固树立高校大学生的审美价值观；在劳动育人方面，以农垦企业的实习实践来培养高校大学生热爱劳动、脚踏实地的良好品格。

本书受黑龙江八一农垦大学学术专著资助基金支持，包含中国高等教育文献保障系统CALIS全国农学文献信息中心“用户为导向的学科化资源与服务研究”项目研究成果和黑龙江省教育厅科研项目“网络环境下黑龙江省农业高校图书馆个性化数据库资源建设的研究”项目研究成果。

本书在编写过程中得到了《中国农垦》杂志执行总编成德波老师的大力支持，感谢《中国农垦》杂志为我提供了中国垦区发展状况相关资料；感谢黑龙江八一农垦大学各部门的大力支持及哈尔滨工程大学出版社的领导和编辑们的帮助。

受知识水平、研究能力和其他因素制约，本书研究中存在的问题希望得到各位专家的批评和指正。

著　者

2019年4月

目　　录

第一章　绪　　论 1

第一节　研究背景与意义 1

第二节　国内外研究现状 3

第三节　研究内容与方法 11

第四节　理论基础与概念界定 12

第二章　德育——农垦精神 18

第一节　南泥湾精神 19

第二节　新疆兵团精神 29

第三节　北大荒精神 64

第四节　高校文化与农垦精神融合育人 70

第三章　智育——产学研协同育人 79

第一节　我国高校与农垦企业协同育人历史回顾 79

第二节　高校与农垦企业产学研协同育人存在的问题 110

第三节　我国高校产学研结合案例及经验 114

第四节　构建产学研“三元协同”育人体系 123

第五节　农业“全产业链”协同育人模式 136

第六节　“一带一路”国际化人才培养 151

第七节　个性化育人模式探究 156

第八节　网络平台建设 162

第九节　农垦特色数据库建设 166

第四章　体育——强健体魄，服务国家 172

第一节　体育校企协同育人的目标 173

第二节　体育校企协同育人的原则 174

第三节　体育校企协同育人的路径 174

第四节　保障措施 175

第五章　美育——陶冶情操，塑造审美价值观 177
第一节　美育在校企协同育人中的意义 177
第二节　高校与农垦企业美育实施路径 178
第六章　劳动育人——回归初心，健全品格 180
第一节　劳动及大学生劳动素养的内涵 180
第二节　高校大学生劳动素养存在的问题 181
第三节　高校大学生劳动育人的途径 182
第七章　高校与农垦企业协同育人的建议及保障措施 184
第一节　高校与农垦企业协同育人的建议 184
第二节　高校与农垦企业协同育人的保障措施 186
第八章　结论与展望 189
第一节　主要结论 189
第二节　未来的研究与展望 190
附　　录 191
附录一　农垦干部培训情况 191
附录二　新疆兵团农十师干部人才培训协议 193
附录三　黑龙江八一农垦大学成果推广 195
参考文献 202

第一章　绪　　论

2018年9月10日，习近平总书记在全国教育大会上强调，坚持中国特色社会主义教育发展道路，培养德智体美劳全面发展的社会主义事业建设者和接班人。本书紧密契合习近平总书记的要求，从德智体美劳五个方面开展协同育人研究。

新中国农垦事业是毛泽东、周恩来、刘少奇、朱德等老一辈无产阶级革命家领导创建的。它的建立是党中央为巩固边防、捍卫祖国做出的一个重要战略部署——屯垦戍边、保障粮食供给、安置就业和示范农村。1958年，我国根据农垦企业发展需要建立起多所大学和科学研究机构为农垦企业培养科学技术人才，支援农垦企业建设。农垦企业被赞誉为我国农业领域的“国家队”“示范区”“排头兵”“稳定器”。我国高校与农垦企业协同育人走过了七十多年的发展道路，尤其是黑龙江八一农垦大学被誉为“垦区黄埔”。

企业之间竞争的实质是人才的竞争，企业核心竞争力在于所聘用人才的综合实力。农垦企业聘用高匹配度的人才是农垦企业快速发展的关键。高校与农垦企业协同育人为农垦企业选聘人才提供了便利条件，有益于大学生在校企协同育人过程中熟悉农垦企业对人才素质的要求，了解农垦行业发展趋势，使高校毕业生能快速实现由学生向农垦人的角色转变，实现大学生就业和农垦企业用工的顺利对接。

第一节　研究背景与意义

一、研究背景

5G时代来临，新一轮农业科技革命和产业变革蓄势待发，大数据、云计算、智能无人机等现代科技时刻改变着科研人员的思维和研究方式。如黑龙江垦区使用无人机进行水稻航播，使用无人驾驶整地机和无人驾驶植保机进行作业，在有限的耕地上实现了少投入、高产出，提高了作业效率，最大限度地保护了耕地。因此，新时代的人才培养要紧跟时代步伐，高校与农垦企业协同育人契合了新时代农垦企业发展的需求。

农垦企业是我国现代化国有农场和重要农产品的生产基地，其组织化程度高、规模化特征突出、产业体系健全，在屯垦戍边、保障国家粮食安全、支援国家建设方面起到了稳定器的作用。农垦企业在农业机械化、标准化、信息化等方面是我国农业领域的骨干力量。农垦系统在长期的农业生产实践中，水稻、大豆、棉花、玉米、油菜、甘蔗、水果、天然橡胶、牛奶、生猪等单产屡创新高，各垦区研发和推广了一大批代表当前农业生产新水平的新品种、新技术和新机具，形成了特有的农业生产技术体系和技术模式，如黑龙江垦区推广的寒地水稻“三化两管”技术、稻谷品质安全化技术、叶龄诊断技术和智能化控制技术等。“品质生活，源自农垦”，农垦企业是我国食品安全的国家名片，是我国粮食生产的压舱石。

2015年11月27日，中共中央、国务院印发《关于进一步推进农垦改革发展的意见》，为深入推进垦区集团化、农场企业化改革，做强、做优、做大农垦经济创造了有利条件。

2020年是我国全面建成小康社会的关键一年，将科学技术应用于农垦企业生产是习近平总书记对我国农垦企业的发展要求。农垦企业为高校提供大量实践教学基地和科学研究基地，有利于培养高校人才的实践操作和科研创新能力。因此，高校与农垦企业协同育人被称为“双赢合作”。

二、研究意义

本书结合习近平总书记在全国教育大会上的讲话精神，从德育、智育、体育、美育和劳动育人五方面对高校与农垦企业协同育人开展研究，引导高校大学生参与实际生产，提升高校大学生实践能力和就业能力，为我国农垦企业培养高水平的农业科技人才。

（一）理论意义

开展本研究可以推动高校与农垦企业协同育人的快速发展，契合了新时代高等教育改革理念，为将来深入开展高校与农垦企业产学研协同育人奠定了基础。

（二）实践意义

高校通过与农垦企业进行产学研协同育人，将高校教学和课程安排与农垦企业人才需求紧密融合，避免了我国科技人才的培养方案与生产实际脱节，同时加深了高校大学生与农垦企业的相互了解，既为农垦企业的发展提供优质的人才储备，也为高校大学生在农垦企业就业提供了便利条件，契合了我国农垦企业快速发展的人才需求。

第二节 国内外研究现状

一、国外研究现状

校企协同育人在国外通常被称作校企合作教育，以相关词industry university research为检索词，截至2019年6月6日在MedaLink搜索到外文图书2 290本，外文学位论文89 822篇，2010—2018年的文献分别为2010年21 064篇、2011年22 649篇、2012年25 785篇、2013年26 036篇、2014年33 195篇、2015年33 381篇、2016年26 718篇、2017年26 140篇、2018年43 707篇。由此可知国外校企合作研究呈上升趋势，如图1-1所示。

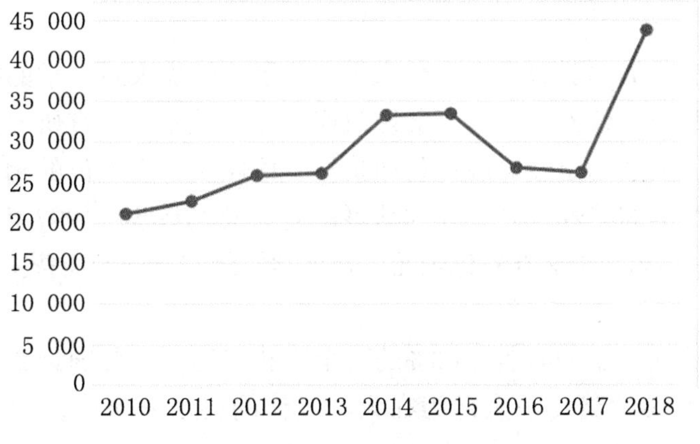

图1-1 国外校企合作研究趋势

美国的校企合作主要优势是国家科学基金的大力支持。美国国家科学基金会向全美2 000多所学院、大学、企业、非正式科学组织和其他研究组织提供赠款和合作协议，约占联邦政府对基础研究学术机构资助的1/4。美国国家科学基金会每年大约资助1.1万个项目，以支持大学和产业界之间的合作研究。美国的校企合作形式有很多种，例如创办技术公司，与大学合办研究中心、社区学院和企业大学等。

美国高等教育的类型大致可分为以下四类。

（1）研究院大学，以基础性、学术性研究著称，设有庞大的研究生院，能授予博士学位，在这些大学的周围，形成多个高新技术产业中心，如美国东部的波士顿—剑桥—128公路中心，西部的“硅谷”中心，南部的航天中心等，教学与生产互相渗透，使创新思维—科研成果—新产业和新产品三者的转化迅速畅通，进而推动整个社会产业经济结构的更新换代。

（2）本科大学，以4年制为主的综合性大学及学院，多为州立大学，培养目标为中级科技学术及专业人才，修满4年即授予学士学位。

（3）社区学院，包括2年制的普及学院和技术专科学院，招收高中毕业生中成绩较低和同等学力的学生，毕业时授予副学士学位。这类学院占全国高校总数的40%。

（4）开放大学，也称“无墙大学”，包括广播函授大学、暑期大学、夜间或业余大学、实验大学、自由大学等。开放大学向各年龄层次敞开大门，标准考试及格后均可获得学位。

这四类大学组成了一个完整的高教体系，四者间的比例及其变化反映了经济、文化、政治的发展对教育提出的市场需求变化，并在竞争中进行着自动调节。

美国大学诺贝尔奖获得者人数众多。除了不断加大对大学的投资，更新大学的教育和研究仪器设备外，美国政府还专门成立了调查研究社会需要的机构，以促进大学、企业、政府科研机构、国家实验室人员的相互交流。大学现在已成为美国培养科技人才和从事研究的最大基地。1997年，美国高等学校研究与开发经费达240.31亿美元。高等学校研究与开发经费主要来源于联邦政府。

目前，美国大学拥有美国60%的科学家和工程师，美国近二十年所获得的诺贝尔自然科学奖几乎全部为在大学工作的科学家所获，占所获奖项的90%。

斯坦福大学在1970—2006年共计6 400多个技术发明获得超过10亿美元的技术转让收入，其中谷歌公司3.35亿美元、科恩博椰公司2.55亿美元。

1974年，波士顿大学建立了社区科技基金，投资旗下的衍生公司。其他大学也仿效波士顿大学，分别建立了自己管理的企业资本基金。1980年，产业对大学研究支持超过了学术研究支出的4%，1988年比例增加到7.4%。美国政府每年都支出数亿美元支持并购买高校和科研机构的研究成果。2005—2006年，美国政府资助斯坦福大学3.5亿美元，科研预算10亿美元，4 000多名研究生和1 100多名职员参加了研究工作。美国农业企业制定了奖励制度，有效地协调了产业与研究机构的关系，使学术研究成为企业技术创新的重要来源。同时，中介组织、金融机构也为农业科技转化提供了服务支撑，保证了美国农业科技转化率超过85%。

美国校企合作的特点是政府主导，法律保障完备，资金支持有力，合作载体灵活，监管统筹到位。最初创立于斯坦福大学工业园区的“硅谷模式”是美国校企合作的成功案例，其成功经验主要归纳为以下几点：

①硅谷内的公司偏重高新科技，对科研创新需求强烈，因此校企合作动力强劲；

②硅谷周围遍布国际知名大学，方便沟通交流与合作，占据了区位优势；

③得到了美国政府的政策和资金支持，政府重视知识产权的保护；

④得到了金融信贷业的支持，保障了资金的充分流入；

⑤观念开放，融入了全世界各国不同种族的智慧，定期举办讨论会，与会者包括不同职业、不同民族和不同身份的人。

美国校企合作教育模式优缺点见表1-1。

表1-1 美国校企合作教育模式优缺点

教育形式	优 点	缺 点
并行式	理论知识第一时间应用于实践； 每周工作 15 ～ 20 小时	学习时间和工作时间固定； 工作地不能远离学校； 兼顾学业岗位和工作岗位
交替式	实习算学分，实习是交费依据； 实习不算学分，免交学费	实习与理论间隔时间长； 学习成绩下滑
双重制	兼顾“并行式”与“交替式”； 更多选择机会	
训学研合作	调动三方积极性；学校主导； 学生推动，部队保障	
学徒制合作训练	州一级教育部门管理与监督；可获得较大范围内被认可的技能等级证书	
底特律契约模式	提供上百万美元的奖学金	

德国“双元制”是最具代表性的校企合作协同育人模式。学生60%的时间在企业实践学习，以校企合作共建、技能教育为主，学校理论学习服务于企业技能训练，被称为“工学交替”教学模式。其合作的成功之处在于国家立法体系完备，三方关系和权责明确，经费来源于联邦政府、州政府和企业，重视技能训练，企业在教育中发挥了主导作用。学生毕业后可以直接上岗工作。校企双方在协同育人中彼此都得到了期望的收益。

德国的职业技术教育具有悠久的历史和传统。早在1876年，德国的《工业法典》就规定学徒要按地方当局的法令上学，雇主要保证学徒的学徒时间，训练师傅必须是熟练工人，学徒满师后要经过考核。其后，由于经济技术的发展，要求进一步扩展学徒知识，进一步深化技能，在学徒培训中增加了知识传授的含量，从而发展成后来的“双元制”职业教育。

“双元制”职业教育的模式是企业+学校的模式，即在职训练和课堂学习相结合。学生学完九年的义务教育以后，可直接进入工厂当学徒，学习实际操作技术，同时要求学徒到专门学校学习专门的理论知识和专业知识。“双元制”职业教育期限一般两至三年，第一年为职业基础教育，其教学内容广泛，为学徒职业上具备较强适应性、机动性和创造性打下基础。第二年开始按专业侧重某专业的技能训练并部分结合产品生产进行专业技能培训。第三年以本专业技能培训为主，有条件的企业一半以上的时间在生产车间结合生产进行培训。德国的职业教育的具体工作由联邦政府建立的职业教育研究所职业教育总委员会及各州联席委员会负责。各行业都设有相应的职业培训委员会，协助负责部分管理工作。德国人相信产品的质量与制造者的素质是分不开的，一流的技术才能生产出一流的产品。“双元制”职业教育对学徒的训练十分严格，培养出来的人员也素质较高。因此，德国职业学校的地位很高，并不亚于一般的高校。从事职业教育的教师学历和职称也不低，青年们不仅以进大学为自己的理想，而且也以学到一技之长为荣。德国规定“中途任何有机会升学者，还可就学”，使青少年感到机会还很多，眼前的选择并不一定是一辈子的选择。德国校企合作特点见表1–2。

表1–2　德国校企合作特点

国家立法	政　府	高　校
法律体系完备，学生各个实习阶段都在法律保护下，法律赋予学生寻求资助和在学习期间实习、工作并获取合法报酬的权利	①地方分权制——督导 ②注入资金 ③聘请世界一流科研人员	高校、企业和科研机构深度合作

加拿大的校企合作受教育经费的影响明显，在前期发展阶段，教育经费充足，校企合作重视基础和成果的转让和开发，当教育经费不足时重视校企合作联合攻关并获得经费支持。加拿大校企合作特点见表1–3。

表1–3 加拿大校企合作特点

阶 段	校企合作	特 点
教育经费充足阶段	重基础、轻应用； 重视文章、成果转让和开发	①校企联合体； ②官产学联合攻关（经费支持）； ③多方位、深层次合作优秀科研中心网项目，重视“学”的位置
教育经费紧张阶段	①技术转让，获得经费； ②积累经验，丰富了教学内容； ③企业利用高校人才优势开发新产品，增加国际竞争力	

加拿大的农业职业教育注重行业需求，重视“在做中学会做”。如加拿大奥兹农学院，其办学宗旨是：要让学生知道社会、行业需要他们具有什么知识；要让学生知道社会、行业需要他们掌握什么技能；要让学生知道社会、行业需要他们具备什么态度。

英国校企协同育人的主要模式为“三明治”模式，即“1年企业实习+3年理论学习+1年企业实习”。人才培养方案由学校和企业共同参与制订。1947年英国政府颁布了《农业法》，1967年又发布了《农业教育法令》，对农业经营者的资格及文化程度都作了详细和严格的规定，为英国农业教育的发展提供了保障。1975年英国成立了全国性质的教学公司，负责全国的教学公司和项目。英国的教学公司是最具标志性的产学研协同育人的产物。

日本“官产学连携”模式是独具日本特色的一种校企协同育人培养模式，目标是培养合格的职业能力。该模式充分体现了日本官方政府的支持，鼓励大学与企业建立长期合作关系。学生在取得学位之前必须深入企业实践，企业内部的科技专家也会被请到大学传授知识，鼓励大学科研专家到企业传授新的行业知识。

澳大利亚technical and further education是一种终身教育模式，简称“TAFE”模式，为本国公民提供专门的职业技术教育和培训。其教育模式是“学习—工作—再学习—再工作”的循环模式。

美国产学研协同育人是政府引导、大学和公司创办研究中心来加强产学研协同育人的成效，促进了美国科技产业的发展。德国以“双元制”职业教育为代表，通过理论知识与实践技能紧密结合培养高水平技术工人。加拿大产学研协同育人主要重视学生“学”的地位，启发学生参与实践的内生动力，在企业进行有薪酬的工作，参加实际工作的时间为专业学习时间的一半，使加拿大的实践教学取得了较好的发展。英国产学研的教学公司资金投入为非营利性，使培养目标更加集中于学生实践能力。

二、国内研究现状

截至2019年6月27日，以主题词“校企协同育人”在读秀检索到图书4种，分别是：《“341”校企协同育人办学模式的研究与实践》，著者为徐权；《产教融合校企协同育人研究》，著者为黄雪宁；《校企校协同育人》，主编为刘生亮；《高职院校校企协同育人机制研究》，著者为韩香云。截至2019年6月27日，在中国知网（CNKI）以“校企协同育人”为主题词检索到文献629条；其中协同育人文献313篇；校企协同225篇；校企合作195篇；校企协同育人77篇；企业管理74篇；协同育人机制73篇；产教融合73篇。我国校企协同育人研究主题分布如图1–2所示。

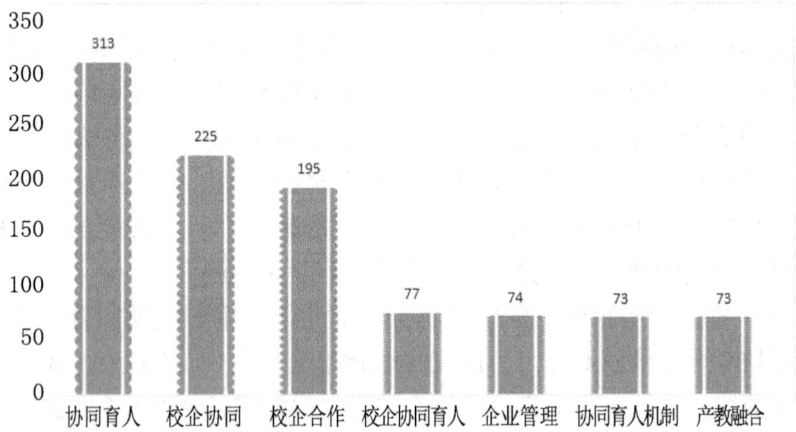

图1–2 我国校企协同育人研究主题分布

以“产学研”为主题词，检索到博硕士论文共284篇，对其按学科分类可得“教育经济管理”61篇，“高等教育”54篇，“管理科学与工程”31篇，“行政管理”17篇，如图1–3所示。

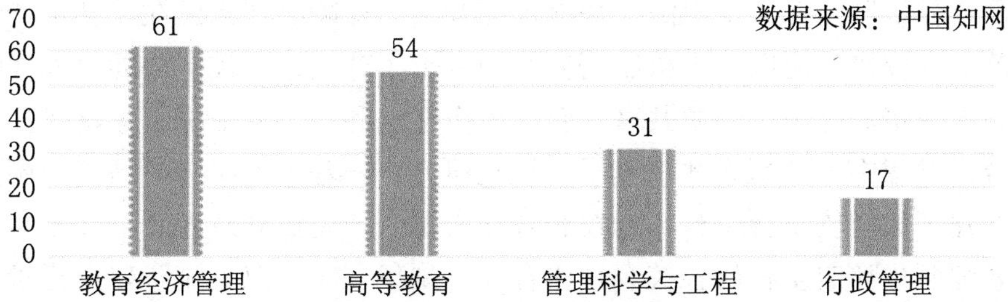

图1–3 主题词“产学研”博硕士论文学科分布

其中，太原科技大学王艳丽的《校企合作动力机制及其合作模式研究》被引频次68次；哈尔滨理工大学刘颖的《理工科院校创新创业人才培养模式研究》被引频次57次；西南大学黄正夫的《基于协同创新的全日制教育硕士培养模式研究》被引频次52次；四川大学黄泽霞的《重点大学产学研合作绩效评价研究》被引频次43次。

由此可知，我国“产学研”相关的研究成果较多，研究深度主要体现在“教育经济管理”“高等教育”“管理科学与工程”和“行政管理”等方向，研究内容主要集中在校企合作的动力、模式和绩效等方面。

截至2019年5月10日，在中国知网以关键词“农垦”检索到相关文献10 004篇，通过文献计量分析发现“农业开发”相关文献6 499篇，排名第一；“土地复垦”相关文献2 798篇，排名第二；“企业管理”相关文献769篇，排名第三。

由此可知，我国农垦在“农业开发”领域产出科研成果最多，其次是“土地复垦”和“企业管理”。在今后的高校与农垦企业产学研协同育人的过程中，应着重对农垦企业管理方向的人才进行重点培养。

在中国知网检索有关“农垦”的研究机构，“黑龙江八一农垦大学”发表成果167篇，排名第一位，其次是华中农业大学、黑龙江省农垦科学院和黑龙江省农垦管理局。排名第一的基金支持来源于国家自然科学基金，相关文献126篇。中国知网有关“农垦”研究学科主要分布在农业经济学、作物学、农业工程学等领域。

现将我国产学研协同育人研究方向整理如下。

黄文在《“产学研用创”协同的大学生创新训练中心》一文中结合湖南科技学院电子工程创新训练中心的建设实践，分析了协同管理机制等中心重构的关键因素。陈勇在《基于“协同培养”的应用型本科专业校企合作机制研究——以浙江海洋大学化工专业校企“产学研”合作为例》中提出了校企协同培养机制需要政策保障、法律保障和资金保障。江惠民在《基于产学研的苏北高校校企协同育人机制研究》中提出了苏北地区校企协同育人战略联盟、人才培养管理、资源共享平台、校企互动和利益分配机制。蒋萍在《校企合作过程中创新型人才培养平台构建研究——基于上海三所高校的调查》中构建了大学校友会平台拓展校企合作资源，与企业共建人才培养方案，改革教师职称评定重科研轻校企合作育人。朱华在《“双一流”建设背景下行业特色型大学加强产学研协同创新的思考》中提出了重视产学研协同创新的顶层设计、构建产学研协同创新集群和成果转化平台、建设行业特色型大学联盟、构建国际合作基地、构建产学研协同创新长效机制。李长萍在《中外高校产学研协同创新模式比较研究》中提出了健全政策、法律制度及资金支持保障机制，发挥高校在产学研协同创新中的主体功能，强化市场导向，深化协同创新层次。刘学忠在《地方应用型大学协同育人体制机制新探》中提出发挥政府主导作用、深化大学和企业核心主体、培育“三共建四合作”（大学、行业企业、政府和科研院所等多主体共建学科专业、共建创新平台与实践基地、共建共享资源）产学研协同育人体系，构建共享机制，建立学科专业特区，点面结合，试点推进。许应楠在《基于协同理论的职业院校产学研用校企协同人才培养机制及实践研究》中提出加强外部战略规划，优化外部动力环境，完善内部激励制度，优化内部动力环境，创新协同发展机制，深化协同合作模式。

国内外校企协同育人主要模式归纳见表1–4。

表1–4 国内外校企协同育人主要模式一览表

国外	国内
德国“双元制”	“企业冠名班”式
美国“合作教育”	“国家大学科技园”式
英国“三明治”式	“科技成果转化”式
日本“官产学研”式	“高校社会服务”式
加拿大“校企联合体”	“科技攻关”式
苏联“基地企业”	“实习基地”式

发达国家产学研协同育人以立法保障制度政策和经费投入的稳定性。其中主要有三种合作理念：①研究资助，即企业为大学提供研究资金、研究设备或进行捐赠；②合作研究，主要是合作研究、共建实验室和技术咨询服务；③进行知识和技术转移。

通过以上研究可知我国校企协同育人研究主要集中在人才培养模式、机制构建和协同育人平台上。与国外校企协同育人模式对比，我国校企协同育人已经进入快速发展阶段。但在实际教学中仍存在较多问题，主要表现在国家立法不完善、投入经费不足、校企协同育人开展动力弱、双导师协同育人机制不健全、高校毕业生的供给不能满足农垦企业的实际需要、缺乏协同育人质量评价体系等。因此本书综合考虑从高校与农垦企业产学研协同育人角度，对高校、农垦企业和科研机构的产学研“三元”互动，基于农垦企业“全产业链”协同育人及构建高校与农垦企业产学研协同育人网络平台三方面进行研究。

第三节 研究内容与方法

一、研究内容

第一章 绪论

本章阐述了高校与农垦企业产学研协同育人的研究背景和意义，梳理了国内外产学研协同育人的现状，将各国育人模式进行对比分析；概述了本书的研究内容、研究方法和研究设计，并对相关概念进行了界定。

第二章 德育——农垦精神

本章通过农垦精神塑造高校大学生艰苦创业、顾全大局和无私奉献的优良品质。

第三章 智育——产学研协同育人

通过追溯我国高校与农垦企业协同育人的发展历史和存在的问题，开展高校与农垦企业协同育人研究，构建产学研“三元协同”育人框架体系，建立农业“全生产链”协同育人模式，并提出高校与农垦企业协同育人网络平台建设思路。

第四章 体育——强健体魄，服务国家

本章阐述了高校体育与农垦企业协同育人的目标、原则和保障措施。

第五章 美育——陶冶情操，塑造审美价值观

本章介绍了美育在协同育人中的意义及高校与农垦企业美育实施路径。

第六章 劳动育人——回归初心，健全品格

本章阐述了大学生劳动素养的内涵、存在的问题及劳动育人的途径。

第七章　高校与农垦企业协同育人的建议及保障措施

本章从宏观和微观的角度，提出高校与农垦企业产学研协同育人的建议及保障措施。

第八章　结论与展望

我国高校与农垦企业产学研协同育人是我国农垦企业获得国际竞争力的关键一环，本书主要通过构建高校与农垦企业产学研“三元协同”育人框架体系、建立农业“全产业链”协同育人模式和提出高校与农垦企业产学研协同育人网络平台设计思路来提高我国高校大学生适应现代化大农业生产的素质和能力。

二、研究方法

（一）文献法

本书针对高校与农垦企业产学研协同育人的研究内容，梳理我国农业产学研政策脉络和高校与农垦企业产学研协同，引用了大量文献和案例进行支撑。

（二）案例分析法

本书研究举证国外校企合作成功案例并与我国校企协同育人成功案例进行对比分析，借鉴其主要做法和成功经验。

（三）比较分析法

对比分析美国、德国和加拿大等国家的校企合作经验与不足，对完善我国高校与农垦企业产学研协同育人提出对策和建议。

第四节　理论基础与概念界定

一、理论基础

（一）系统论

“系统”一词在《韦氏大词典》中的定义为：有组织的或被组织化的整体所形成的各种概念和原理的综合；由有规则的相互作用和相互依存的形式

组成的诸要素集合。

"系统论"是第二次世界大战前后，由奥地利生物学家贝塔朗菲用逻辑和数学等学科方法考察的一般系统的理论，包括控制论、信息论、集合论、系统数学和博弈论等理论和方法。系统论可概括为以下两方面内容。

（1）"系统"的科学（又称数学系统论），即对各种不同的系统科学，如物理学、生物学、心理学、社会科学等的系统进行科学的理论研究，用精确的数学语言描述各种系统。

（2）系统技术，即运用系统论新方法，特别是整体论方法和系统方法解决复杂系统的实际问题。奥地利生物学家贝塔朗菲把"系统"定义为相互作用的诸要素的综合体。美国学者阿柯夫认为，系统是由两个或两个以上相互联系的任何种类的要素所构成的集合。

高校与农垦企业产学研协同育人是基于系统论的多个构成要素（国家、政府、高校、农垦企业等）相互作用，构成系统的协同育人体系。

（二）协同理论

1965年，Anoff出版的《企业战略》一书提出了企业组织各部门之间的协同，随后斯图加特大学理论物理学教授Hermann Haken于1969年将协同学系统化，他认为系统的有序和无序往往能决定系统的性质，并于1973年正式提出协同理论。

协同理论认为一个系统从无序向有序转化的关键在于组成该系统的各子系统在一定条件下，通过非线性的相互作用能否产生相干效应和协同作用，并通过这种作用产生并表现出系统的自组织现象。社会系统中自组织的产生和演化都是由竞争和协同共同决定的，法国著名数学家Thom创立的"突变理论"可以用来描述有序和无序的转化。协同理论有一系列的基本概念和基本方法，是一个科学的体系。

（三）战略联盟理论

strategy（战略）一词，来源于希腊文strategicon。这个词的语根是strategos，相当于现代的"将军"，正是在这个概念的基础上，发展出"战略"一词。该词最早出现在公元6世纪。公元579年，东罗马帝国（拜占庭帝国）皇帝毛莱斯为了训练其高级将领，编了一部教材，名为《strategicon》，意为"为将之道"，或简称为"将道"。英文的"strategicon，一词在1 000多年的漫长时间里，并没有得到广泛传播，直到18世纪，在欧洲国家的语言中才出现“战略”一词。首先使用这个概念的是法国人梅兹鲁亚，他在1771年首先把“战略”一词用于军事书籍中。在他之后，德国资产阶级军事科学奠基人海因里希·迪特里希·比洛也使用了战略这一概念。他指出：“战略是关于在火炮射界和射程之外进行军事行动的科学。”他还把军事科学归纳为战略和战术两类，又把战略分为政治战略和军事战略，并为政治战略、军事战略和战术下了比较明确的定义，并指出三者之间的关系。然而在比洛所处的时代，“战略”一词仍然未进入其他欧洲国家的辞典当中，如1802年出版的《英国军语辞典》没有“战略”一词，就是这种情况的反映。“战略”一词的广泛运用是在拿破仑战争之后。这是因为这场战争规模大、参加国家多、作战强度高、持续时间长，对欧洲乃至世界历史的发展有着划时代的影响。

战略联盟（strategic alliance）是美国DEC公司总裁简·霍普兰德和管理学家罗杰·奈格尔提出的。Stuart和Toby E从资源理论的视角认为：战略联盟是本着互惠互利原则，结合资源互补，追求共同利益的行为。Gulati和Ranjay从社会学视角认为：战略联盟是一种社会网络，是企业之间的一种自发行为，目的在于追求共同的经济利益和组织目标，并通过协定关系形成排他性的企业进入壁垒。我国《新编经济金融词典》将战略联盟释义为两个或两个以上企业之间的长期或短期联盟，目的是资源共享、集中优势、共担风险，为共同利益尽量整合其职能。战略联盟是一种能够进入新市场、获取新技能、改善企业竞争地位的重要方法。我国学者焦磊认为战略联盟的双方通常具有各自的优势或资源，以便能够协助其他参与者，从而达成长期的双赢或多赢。近几年越来越多的学者将战略联盟由经济管理领域应用到教育学领域的校企协同育人中，高校与农垦企业产学研协同育人就是将战略联盟理论中的经济利益共赢作为内生动力之一应用于我国高校与农垦企业的协同育人工作中。

二、概念界定

（一）高校

高校是高等学校的简称。我国高等学校主要指大学、专门学院、高等职业技术学院和高等专科学校。由国家教育行政部门批准和备案的实施普通高等学历教育为主的高等学校是我国现代科技发展的主要推动力量，承担着人才培养、科学研究、社会服务、文化传承与创新及国际交流合作五大职能，如图1-4所示。

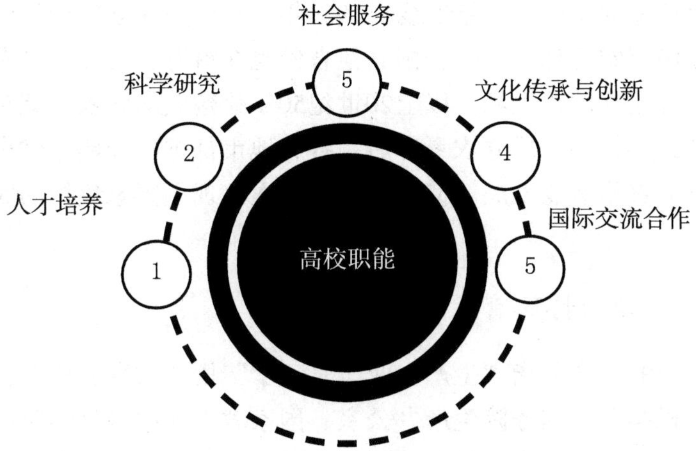

图1-4 高校五大职能

本书中的高校是指国家全日制普通高校，包括大学、专门学院、高等职业技术学院和高等专科学校。

（二）农垦企业

截至2016年，我国共有国有农垦企业和非国有农垦企业共6 263个，其中，农场1 781个，工业企业1 186个，建筑企业516个，运输业191个，商业企业2 589个，出口商品总额6 654 251万元，耕地面积6 446 931公顷。

我国东北地区有黑龙江垦区、辽宁垦区和吉林垦区；西北地区有新疆垦区、陕西垦区、甘肃垦区、宁夏垦区和青海垦区；华南地区有广东垦区、云南垦区、广西垦区和福建垦区；华北地区有内蒙古垦区、河北垦区、山西垦区；华东沿海地区有江苏垦区、浙江垦区、山东垦区；其他地区还有湖北垦区、湖南垦区、江西垦区、安徽垦区、河南垦区、四川垦区、贵州垦区和西藏垦区；大城市郊区有北京垦区、天津垦区、上海垦区。

农垦企业是我国标准化、大规模农业现代化生产的根据地。2015年颁布的《关于进一步推进农垦改革发展的意见》指出，以垦区集团化、农场企业化为主线，将垦区社会化功能划归地方政府，农垦改革要政企分开，地方垦区归地方政府领导。黑龙江垦区和广东垦区为中央直属垦区，实行省部共管、以省为主的管理体制。“北大荒”“九三粮油”“完达山”等品牌是农垦企业的优质品牌，市场价值超过六百亿。全国垦区改革前后的所有企业在本书中统称为农垦企业。农垦企业的建立简要总结如下：1950年，西北军政委员会在灵武建立了国有机械化农场。1955年，铁道兵部队在虎林、密山、饶河等地建立了一批军垦农场。1951年，在广州成立华南垦殖局，开荒植胶，建立国营农（林）场。全国其他省份也在沿海、沿江、滨湖、荒山、荒漠地区开荒建立国营农场。以上20世纪50年代建立的各农场就是农垦企业的前身。1956年，国家成立农垦部后，各省地市都进一步建立健全了农垦管理机构，统筹农垦事业发展，使“中国第一次出现了国家负担的农业生产体系”。

（三）产学研协同育人

产学研中的“产”指“生产企业”，“学”指“教育机构”，“研”指“科学研究机构”。国务院生产办公室、国家教委和中国科学院联合发出通知，从1992年开始，在全国组织实施“产学研联合开发工程”，建立国营大中型工业企业与高等院校、科研院所之间密切而稳定的交流、合作制度，逐步形成产学研共同发展的运行机制。

协同，在《说文》中的解释是：“协，众之同和也。同，合会也”。协同，就是指协调两个或者两个以上的不同资源或个体，协调一致地完成某一目标的过程。安徽农业大学朱绍友认为协同育人就是根据人才培养的目标定位，教育者合理配置和利用各方优质资源，全方位合作与协同，有效组织教育教学活动，使受教育者综合素质得以提高的教育活动。

育即教育、培养，对受教育者进行德育、智育、体育、美育等多方面的教育、培养即为育人。产学研协同育人就是通过企业、教育机构和科学研究机构共同培养人才的活动，包括对受教育者进行德育、智育、体育、美育等多方面的教育。育人的目的是使教育对象能全方位的发展，使人成长为社会需要的身心健康的人才。

高校与农垦企业协同育人是培养适合农垦企业发展的高层次人才，保证人才在重大基础理论和关键技术领域独具慧眼、把握世界农业科技发展潮流、在关键技术领域和重点岗位具有独创意识，是创新团队的核心；能保持对获取新知识的渴望，善于获取新知识，有提出问题和解决问题的能力；具有创新意识和脚踏实地、勇攀高峰的严谨作风。

本书的高校与农垦企业产学研协同育人是以系统论和协同论为基础，建立在高校、农垦企业和政府等多主体资源有效配置的基础上，协调多方关系、利益和诉求，共同组织培养农业领域人才的活动。

（四）农业全产业链

1963年，外国学者Mighelletal提出了农业产业链的概念，认为农业产业链是包括农产品生产前、生产中、生产后和流通、销售，形成链条式环节，所有的节点都密不可分，任何一个节点出现问题都会影响整个农业产业链。2009年，中粮集团在国内首次提出“农业全产业链”概念。学者赵琼研究了中粮集团旗下上市公司中粮屯河的运作，总结出全产业链战略的定义，即“企业通过产权或契约的形式向产业链的上下游进行延伸，控制产业链中的关键环节，占据了主导地位”的一种发展战略。全产业链模式是以“研、产、销”高度一体化经营理念为主导的商业模式，也被称为“一条龙”经营模式。同时，“农业全产业链”是一种纵向多元化和横向一体化有机结合的农业产业化经营模式。台州市农业局总农艺师周新革认为农业全产业链是农业产业化发展的一种高级形态，它打通了农产品生产、精深加工、物流运输、品牌营销等环节，并对各环节实施有效组织和管理，是农业转型升级，实现现代化的重要一步。

本书的“农业全产业链”产学研协同育人指的是基于农垦企业的第一、二、三产业与高校进行产学研协同育人。我国农垦企业经过七十多年的发展，种养业发展规模大，集约化和信息化程度高，凸显了第一产业的优势，但是第二产业和第三产业发展相对滞后，农产品附加值低。因此高校与农垦企业产学研协同育人会着重对农垦企业的第二、三产业进行特色课教学、大学生实践教学和科研创新能力培养的精准对接。

（五）机制

机制泛指一个工作系统的组织或部分之间相互作用的过程和方式。生物学和医学通过类比借用此词，说明生物功能或生理功能的内在工作方式。阐明一种生物功能的机制，意味着对它的认识从现象的描述进到本质的说明。“机制”一词，现在已广泛应用于自然科学和社会科学的有关方面，用来表征事物或系统的内在机理、内在联系和运动规律。

本书的高校与农垦企业协同育人机制是基于高校与农垦企业协同育人基础上的运行方式和运行手段[4]。

第二章 德育——农垦精神

王震将军在《当代中国农垦事业》一书中认为农垦精神一是艰苦奋斗，二是勇于开拓。在中国农垦创业的初期，几十万大军开进浩瀚无垠被称为“能进不能出”的沙漠戈壁滩，开进连绵数十里被称为“大酱缸”的沼泽地，开进瘴气弥漫的热带丘陵地区，开荒生产，种树种草，建设农场，其条件之恶劣，生活之艰难，现在的青年人是难以想象的。就是在这样艰苦的条件下，创业者不怕苦，不怕死，依靠对社会主义建设多做贡献的坚贞信念和劳动的双手，经过几十年奋斗，在沙漠戈壁里开辟了成串连片的绿洲，在沼泽地里建成了一个又一个的大型机械化农场，在热带丘陵山区建成了大面积的橡胶园，还在沿海、沿江、滨河、滨湖等盐碱荒漠地区建设了一大批商品生产基地，并以国营农场为依托，在祖国的边陲建立了一座又一座新的城镇。这是我国农业发展和边疆开发的丰硕成果。这些成果的出现，靠的是创业者艰苦奋斗的精神。时代前进了，生产发展了，我国农垦已经有了相当雄厚的物质技术基础，但创业者艰苦奋斗的精神不能丢，要代代传下去。

我国的农垦事业一开始就是开拓创新的事业，创业者披荆斩棘，按照国家需要，在白纸上画最新、最美的图画。现在，新疆可以生长长绒棉，海南岛可以种植橡胶，黑龙江的沼泽地可以生长小麦、大豆，已经成为人们的常识了，但在20世纪50年代，这却是前无古人的，是一种新的开拓，需要勇气、需要毅力。农垦的开拓精神，不仅表现在生产力的发展上，而且还表现在经营管理方式的创新上，国营农场建立之初就别具一格，不仅从事农业生产，而且发展农工商的综合经营，搞工业、商业、运输业、建筑业，形成了我国农垦企业发展的新特点。当前，我国农垦事业面临着改革的艰巨任务，更需要发扬农垦创业者勇于开拓的精神。

习近平同志在十九大报告中指出，要培育和践行社会主义核心价值观，要以培养担当民族复兴大任的时代新人为着眼点，强化教育引导、实践养成、制度保障，发挥社会主义核心价值观对国民教育、精神文明创建、精神文化产品创作生产传播的引领作用，把社会主义核心价值观融入社会发展各方面，转化为人们的情感认同和行为习惯。农垦精神是农垦系统特殊的群体在特殊的年代为肩负起国家特殊使命而铸就的精神。农垦精神在农垦人创垦兴垦过程中发挥着重要的精神指引作用，是中国共产党革命精神谱系的延伸。王震将军是中国农垦精神的创造者，他领导我国农垦事业从无到有、从小到大，最终成为我国农业领域的骨干力量。

1956年，我国成立农垦部，王震将军担任农垦部部长。他率领农垦十万复员转业官兵、大批支边青年和工程技术人员，奔赴新疆、黑龙江、广东、海南、云南等地，披荆斩棘，白手起家，克服常人难以想象的困难，发展农垦事业，创建一大批军垦农场和地方国营农场，使之成为建设边疆、保卫边疆的一支重要力量，成为国家生产粮食及油、棉、橡胶等经济作物的重要基地，并创造了农工商贸一条龙的成功经验，在南方热带和亚热带垦区的开发和建设上倾注了大量的心血。农垦精神包含南泥湾精神、新疆兵团精神和北大荒精神，它们同根同源，是我国农垦人在七十多年的拓荒史中积淀而来的。

第一节　南泥湾精神[5]

南泥湾是中国农垦、军垦事业的发祥地。南泥湾精神是我们党在延安时期，为了克服生活物资极度匮乏的状况，响应毛泽东“自己动手，丰衣足食”的号召，在延安大生产运动中体现出来的以八路军一二〇师三五九旅南泥湾屯田为代表的人民军队自力更生、艰苦创业、同心同德、团结奋斗的精神面貌和作风。南泥湾精神是我们党在第一次明确组织开展的屯垦事业中产生的精神成果，在这一精神成果的推动下，南泥湾屯田取得了巨大成就，极大地激励了后来的屯垦事业，这是党的屯垦事业中的一座历史丰碑。

南泥湾精神之所以在我们党的屯垦事业中是一座不朽的历史丰碑，主要在于以下几方面。

一是南泥湾精神所依托的实践活动，是我们党第一次有计划、有目的地组织开展的屯田活动。正如毛泽东同志所指出的，三五九旅“三年中所执行的自力更生、自给自足的经济政策，是我们建军上的新创造”。南泥湾是党的屯垦事业的发祥地，南泥湾屯田是毛泽东、朱德同志亲自领导指挥和组织开展的。1939年，面对敌人的军事包围和经济封锁，毛泽东同志借鉴古代屯田思想，提出“发展经济、保障供给”“自己动手、丰衣足食”，动员广大军民开展大生产运动。朱德同志积极倡导军队屯田，明确提出“军垦屯田政策”，把南泥湾作为试验基地，亲自到当时荒无人烟的南泥湾考察，并向毛泽东同志提出组织三五九旅屯田，向三五九旅官兵做动员并指导部队生产。随着南泥湾屯垦的成功，军队屯田政策在延安得到大力推广，毛泽东同志、朱德同志都在多篇文章中明确提出了“屯田”的概念。延安中央机关报《解放日报》社论指出：“‘南泥湾政策’成了屯田政策的嘉名，而这个嘉名永远与朱总司令的名字联系在一起。”

二是南泥湾精神是党的屯垦事业中有代表性的精神成果，比较充分地展示了党的屯垦事业的内在本质。南泥湾屯垦虽然是我们党第一次领导军队开展屯垦事业，但三五九旅将士们的实践比较全面地揭示了党的屯垦事业的丰富内涵，形成了充分适应党的屯垦事业需要的精神风貌。三五九旅集战斗、训练、生产、学习于一体，一边开荒生产，一边回击敌人进攻，展示了劳武结合、屯垦戍边的特色。面对人烟稀少、荒草丛生的“烂泥湾”，他们完全依靠自身力量探索创造、克服困难，展示了自力更生、艰苦创业的特色。在开荒生产过程中，广大官兵同甘共苦，一律编入生产小组，分配任务，展现了同心同德、团结奋斗的特色，这些都是党的屯垦事业的鲜明特色。在延安大生产运动中，以王震为代表的四位同志得到了毛泽东亲自题词的表彰。毛泽东给王震的题词是“有创造精神”，给何维忠的题词是“切实朴素，大公无私”，给晏福生的题词是“坚决执行屯田政策”，给罗章的题词是“以身作则”，这四个方面题词，比较全面地揭示了南泥湾精神的内涵，这也是党的屯垦戍边事业建设者们应当具备的精神特征。

三是南泥湾精神所依存的屯田活动取得了突出成就，是延安大生产运动中的范例和旗帜，有着广泛的社会影响力。三五九旅官兵在南泥湾不仅开荒种地，解决了吃饭问题，而且自打窑洞，同时发展了手工业、运输业、商业，办起了纺织厂、被服厂、造纸厂、化工厂、木工厂、制鞋厂、酿酒厂、榨油厂、皮革厂、陶瓷厂，取得了军事、政治、经济和文化的累累硕果。朱德赋诗称赞南泥湾经三五九旅屯垦后“有似江南好”，毛泽东称赞三五九旅是边区“大生产运动中的一面旗帜”，三五九旅被中央授予锦旗“发展经济的先锋”。随着歌曲《南泥湾》的广泛传唱，极大地激发了抗日军民的生产热情，陕甘宁边区出现了五谷丰登、六畜兴旺、百业繁荣的可喜景象，为抗日战争胜利奠定了坚实基础。

四是南泥湾精神是延安精神极其重要和不可或缺的组成部分，集中展现了人民军队的精神风貌。延安时期是我们党在局部执政的情况下，领导人民探索根据地经济、政治、军事、文化建设经验的重要时期，延安精神就是这种执政探索取得的重要成果。这一探索成果，为我们党领导社会主义建设事业积累了极其宝贵的经验，在我们党的发展史上和精神宝库中具有特别重要的地位。发展经济在巩固党的执政地位中始终处于中心位置，而在延安精神对党执政经验的探索中，发展经济的重要性也体现得非常突出。南泥湾屯田就是我们党带领人民克服严重经济困难、成功领导经济建设、奠定党的事业发展基础的一个成功范例和伟大创造。在延安精神这一思想体系中，南泥湾精神集中体现了我们党探索领导经济建设的成功经验，南泥湾精神因此成为延安精神的中心内容。这些，使得南泥湾精神的影响和作用在空间上已经远远超出南泥湾和三五九旅的范围，扩大到全军、全党和全国；在时间上也跨越了抗日战争时期，不断延展到解放战争和社会主义建设时期。

五是南泥湾精神对党的屯垦事业有着强大的激励和推动作用，兵团事业就是在南泥湾精神的直接推动下产生的。南泥湾精神为我们党领导屯垦事业积累了十分宝贵的经验，充分展示了屯田对克服困难、支持党的事业不断发展的重要性，使党中央深刻认识到屯田的重大价值，毛泽东、朱德、贺龙等老一辈革命家都多次论述了屯田的重大意义，这些认识成果为党中央做出组建执行屯垦戍边使命的兵团这一战略决策，为党中央科学指导屯垦事业的发展奠定了重要的思想基础。南泥湾精神极大地激发了人民军队投身生产的积极性和创造性，发扬了军队屯垦的光荣传统，特别是作为南泥湾精神最重要的实践主体的三五九旅指战员，更是把屯田作为自身的重要传统和光荣品牌，把既当战斗的模范又当生产的模范、在生产劳动中体现自身价值作为自觉的追求，主动在新的环境中传承、推广南泥湾精神，使他们天然地成为党的屯垦事业和兵团事业的开创者和奠基者。南泥湾精神充分展示了人民军队在一穷二白的条件下凭借自己的双手和汗水披荆斩棘、开荒创业的豪迈激情。有了在南泥湾的开荒经历，他们不会畏惧任何艰苦恶劣的环境，甚至越是恶劣的环境反而更能激起他们奋斗的激情。有了在南泥湾的创业奇迹，他们敢于描绘人们难以想象的蓝图，因为他们坚信没有什么人间奇迹是他们不能创造的，凭借他们的智慧和辛勤一定可以将美好的蓝图变成现实。这种精神传统，是党的屯垦事业发展最强大和永远的精神力量，更是三五九旅官兵在新疆几十年如一日不懈奋斗的强大动力。

一、南泥湾精神与兵团精神的形成

兵团精神同南泥湾精神有着血脉上、组织上、实践上、作风上直接的传承关系，三五九旅是南泥湾精神的实践主体，也是兵团创业者中最重要和最具有精神引导性的实践主体。兵团由以三五九旅为主导而形成的驻疆人民解放军集体转业而来，人民军队的组织结构在兵团得到了完整继承。南泥湾精神所引导的屯田实践是“既战斗来又生产”，这也是兵团既屯垦又戍边的实践特色。

南泥湾屯垦鲜明地展示了自力更生、艰苦奋斗的作风，这也是兵团人的鲜明作风。南泥湾精神是兵团人的旗帜，兵团人直接从中汲取了丰厚的精神养分。

南泥湾精神深深地融入兵团人的血液之中，构成了兵团精神的历史起点和现实基础，直接推动了兵团人的创业实践，赋予了兵团人应对新疆屯垦戍边实践环境的良好精神风貌。

一是南泥湾屯垦极大地激发了三五九旅官兵的热情和活力，让他们渴望在更大规模的兵团屯垦实践中充分地展示他们的能力。兵团创业者们来自南泥湾，在南泥湾大生产中，在朝气蓬勃的劳动竞赛中，他们充分展示了自己的聪明才智、建设热情和创造能力，涌现出一大批典型模范，三五九旅的业绩得到了党中央的充分肯定和民众的广泛传扬，成为全军的典范，使广大官兵从屯田实践中获得了极大的价值实现，激励着他们渴望继续在这一实践中取得更辉煌的成绩。

二是他们始终把南泥湾精神作为自己身份的标签和心灵的港湾。张仲瀚、谢高忠、陈实等许多参加过南泥湾大生产的兵团创业者们在其回忆文章中都自豪地称自己为“南泥湾人”，把三五九旅称为“养我育我”的部队。正是出于这种对南泥湾精神的自豪，他们十分喜欢“三五九旅”这个名称，因为这个名称是同南泥湾精神紧密相连的“著名品牌”，只要一提到三五九旅，必然会想到南泥湾精神，反过来也是如此，提到南泥湾精神，必然要说到三五九旅。三五九旅随后组成“南下支队”万里跃进广东，随着抗战胜利又北上中原，归属中原军区第二纵队，部队随即又改回三五九旅番号，并且使用这一名称一直到1949年，前后长达12年，其间部队人员、组成、规模、归属等都发生了很大变化，但这一名称一直没变，从中可知他们对三五九旅这一名称的喜爱，原因就在于三五九旅这一名称是同他们最引以为豪的南泥湾精神联系在一起的。

三是他们明确把新疆作为南泥湾精神的实践地，早在进疆之前就作了充分的心理和工作准备。王震将军充分体会到南泥湾屯垦对部队的巨大感召力，很早就在思考如何按照南泥湾的经验将这支力量整体保留下来，继续在屯垦戍边新实践中建功立业，而不是让士兵退伍分散到各地。随着全国解放的步伐日益临近，王震将军经过仔细考虑，确立了把新疆作为部队继续弘扬南泥湾精神、开创党的屯垦事业的实践地。在1949年3月党的七届二中全会期间，王震就代表三五九旅的指战员们向毛泽东强烈要求进军新疆、在新疆开展生产建设、保卫祖国国防，毛泽东非常高兴，鼓励他要发扬“红军不怕远征难”的革命精神，英勇奋斗，克服艰难险阻，解放新疆。王震曾问张仲瀚愿意去“天府之国”的四川，还是去荒凉落后的新疆？张仲瀚回答说：“何去何从，由组织决定。但从战后的建设看，新疆是亟待开发的地方，那里的少数民族兄弟也急需汉族人民帮助。不管新疆之行多困难，新疆之战多残酷，我宁愿穴居野外去开垦荒地，让戈壁变绿洲，也不愿到富饶的四川盆地去吃现成饭。”

四是他们渴望在新疆继续复制南泥湾事业、重现南泥湾辉煌，到新疆后自觉宣传推广南泥湾精神。王震率领部队到新疆屯垦戍边，就是要把南泥湾屯垦成功的经验用到边疆，因此他对由三五九旅转化而来的二军五师提出了特别要求。1950年初，王震来到二军五师所在地阿克苏，在两天三夜的停留中连续单独召见师长徐国贤三次，第一次是要求部队发扬南泥湾精神，一定要做生产的模范；第二次是要求一定要加快抓紧水利建设，完成胜利渠施工；第三次是临行时，他又语重心长地说：“五师是个老部队，一定要像延安时那样带好生产这个头。”勤劳勇敢的南泥湾人，一如往昔无限忠诚地响应了毛泽东发出的新号召，并且真正能够按照毛泽东的教导，正确地对待革命的胜利。他们没有沉浸于胜利的安乐椅中，而是充满着更加高昂的革命意志，挥舞着生产建设的工具，披荆斩棘，穴居野外，从主要对阶级敌人作战转向主要对自然作战，迅速掀起了新疆生产建设的高潮。

五是他们在新疆的屯垦实践中，始终以南泥湾精神为范本和标尺，作为衡量自己新实践成效的标准。开发塔里木是王震的夙愿。早在1949年部队进疆前，王震就已经对这块神秘而诱人的土地进行了解，并曾多次向其他人介绍说：“塔里木有两个英国之大，有三个陕西之阔，比当年垦荒的南泥湾要大几百倍……”部队在酒泉作进疆动员时，王震叫人展开一幅地图，指着天山以南的大盆地兴奋地说：“比南泥湾怎么样？大几百倍!”并指令张仲瀚先期抵达焉耆、库尔勒一带勘察并做好生产准备，可见王震是把超越南泥湾垦荒作为自己做出开发塔里木这一重要决策的基本因素。20世纪60年代，王震曾题诗“生在井冈山，长在南泥湾。转战千万里，屯垦在天山”。这首诗中“南泥湾”一头连着井冈山，一头连着兵团，指明南泥湾是三五九旅精神成熟的标志和特色，没有南泥湾屯垦就不会有兵团屯垦，说明王震同志满怀信心地希望这面在南泥湾树立起来的模范旗，永远地、更加鲜艳地高高飘扬在天山脚下的塔里木大地上。张仲瀚在《老兵歌》开篇就说“兵出南泥湾，威猛不可当。身经千百战，高歌进新疆”。南泥湾时期的许多生产经验都在兵团得到了运用，陈实、刘一村等参加过南泥湾屯垦的老兵在回忆兵团创业时都说道，当时部队在生产中每攻克一个困难、每取得一个胜利都要同南泥湾时期相比较，把南泥湾作为兵团屯垦的起源、范例和航标，把取得超越南泥湾的成就作为自己成功的标志。他们这种精神风范，无疑既属于兵团精神的内容，也同样属于南泥湾精神。

二、兵团精神对南泥湾精神的传承

兵团精神来源广泛，其中民族精神是最深厚的历史来源；民族精神中的历代屯田精神则是兵团精神的历史根脉，兵团精神是从历代屯田精神这一根脉上发育出来的。人民军队革命精神作为我们党对民族精神的继承，构成了兵团精神的现实来源，特别是人民军队革命精神中的南泥湾精神，同兵团精神是同一脉络的价值传承关系，虽然它们属于不同的时代和不同的地域，但都是我们党领导屯垦事业的精神结晶，在实践主体、面临课题、听党指挥、精神面貌、价值传承等各方面都是一脉相承的。

兵团人所展示的兵团精神风貌，就是南泥湾精神在新疆屯垦戍边实践中的具体体现，兵团精神可以说就是南泥湾精神在新疆的再现。

一是在实践主体上的一脉相承。三五九旅是南泥湾精神最有代表性的实践主体，南泥湾精神就是三五九旅创造的，后来在整个陕甘宁边区得到了大力推广和弘扬，因此，三五九旅可以说是南泥湾精神的代表和旗帜。三五九旅经过三年的南泥湾大生产，于1944年由其主力组成南下支队南下广东又回师中原，进行了中原突围，冲破国民党军队重重围困胜利回到延安，编入晋绥军区第二纵队，后转隶西北野战军参加了保卫延安的战役。1949年，第二纵队改称第一野战军第二军，三五九旅改称第五师，在三五九旅基础上建立的独立第六旅改称第六师，参加了解放大西北的系列战役，与六军一起胜利进军新疆，进疆后五师师部驻阿克苏形成后来的一师，六师驻焉耆形成二师，五师十五团（原三五九旅七一九团）横穿塔克拉玛干沙漠挺进和田形成后来的十四师四十七团，五师十三团（原三五九旅七一七团）翻越天山到达伊犁地区形成后来的四师七十二团。这些由三五九旅发展而来的官兵带头在新疆开展大生产运动，使南泥湾精神成为驻疆部队和兵团创业者的主导性的精神风貌，成为所有兵团人的价值指引，因此兵团又被称为“三五九旅的传人”。

二是在面临课题上的一脉相承。南泥湾屯垦当时面临的客观环境十分严峻、面临的困难非常巨大，南泥湾精神就是三五九旅官兵响应党中央的号召、奋起应对这一严峻的环境、克服面临的困难的精神面貌和成果。当时日本从东面和北面、国民党从南面和西面包围了延安，对陕甘宁边区实行军事围困和经济封锁，伺机进攻和制造摩擦。面对这种情况，毛泽东指出：“饿死呢，解散呢？还是自己动手呢？饿死是没有一个人赞成的，解散也是没有一个人赞成的，还是自己动手吧!这就是我们的回答。”这与自古以来“当兵吃粮”、靠百姓供养的观念是完全不同的。人民解放军进驻新疆同样面临着如何解决军费和能不能长期立足的课题，面临着军队要不要参加生产的课题。在新疆和平解放时，各族群众生活水平十分低下，农牧业生产靠天吃饭，没有现代工业，根本没有条件养活几十万大军。同时新疆与内地路途遥远，没有铁路、公路和现代交通工具。这一课题在具有南泥湾传统的三五九旅指战员面前必然做出同样的回答，而南泥湾精神也在这一回答中自然而然转化为兵团精神。

三是在精神风貌上的一脉相承。南泥湾精神突出体现了三五九旅官兵自力更生、艰苦创业、同心同德、团结奋斗的精神风貌，这种精神风貌，同以“热爱祖国，无私奉献，艰苦创业，开拓进取”为主要内涵的兵团精神具有十分密切的内在联系。两者都把艰苦创业作为最突出的精神标志，要艰苦创业必然要自力更生、同甘共苦，要艰苦创业必然要甘于奉献、积极进取。南泥湾精神是三五九旅不要“公家一粒粮、一寸布、一文钱”，甘愿风餐露宿、挖窑洞、吃野菜、喝苦水，白手起家开创“陕北的好江南”的鲜明的艰苦创业的精神风貌。兵团精神则是几代兵团人在新疆的万古荒原上节衣缩食、住地窝子、吃野菜、喝盐水，贡献军费、转业费和菜金，白手起家建立现代农业、工业和城镇的鲜明的艰苦创业风貌。这些精神风貌同兵团精神是一脉相承的，充分展示了两者之间一脉相承的内涵。

四是在听党指挥上的一脉相承。听党指挥、服务人民、英勇善战是人民军队的鲜明特色，而创造了南泥湾精神的三五九旅官兵，更是“听党指挥”的模范。抗战初期他们深入敌后开辟了冀西和冀中抗日根据地，后又按照中央部署回师陕甘宁边区担负起保卫延安、保卫党中央的任务，面对日本军队的进攻和国民党顽固派的摩擦，他们英勇灵活、有礼有节，出色地完成了保卫党中央的任务，被八路军总部和边区政府分别授予“模范党军”和“百战百胜的铁军”称号。他们听从党中央的安排，积极投身到南泥湾大生产中，成为边区大生产运动中的一面旗帜，得到党中央的高度赞扬。这些充分说明了三五九旅官兵是听党指挥的模范。兵团人充分继承了这一光荣传统，并把这种品质升华为对祖国的深厚情感。由历经革命战争生死考验、为党和人民立下卓越功勋的老红军、老八路、老战士组成的兵团创业者们，在革命胜利后，并没有留在安宁的内地、繁华的大城市，没有留在亲人的身旁享受他们应得的荣誉，而是怀着对党、对国家的忠诚，来到离故乡万里之遥的新疆，来到新疆最荒凉、最原始、最困难的地方驻守下来，成为为国戍边、不拿军饷、不穿军装、永不转业的兵团人，白手起家、艰苦奋斗，默默地为全国、为新疆各族人民的安宁幸福继续战斗着。当“伊塔事件”发生后，为了国家利益和需要，兵团人毫不犹豫地离开了历经千辛万苦刚刚建好的家园，来到荒凉落后、艰苦异常的边境地区重新安家立业，建起边境团场，在边境沿线筑起了屯垦戍边的国防屏障，使听党指挥的南泥湾精神焕发新的光彩。

五是在传承方式上的一脉相承。从南泥湾精神到兵团精神，有一条在时间上从未中断的连接脉络，南泥湾精神始终被三五九旅官兵当作自己的精神向导，他们在南下北返、中原突围、解放大西北等长途转战过程中，始终没有忘怀南泥湾精神，没有忘怀并始终高举着他们引以为豪的三五九旅旗帜，一直将这一精神带到了新疆。到新疆后，他们又将南泥湾精神变为全体驻疆部队的精神旗帜，成为军垦精神的代名词。随着兵团的成立和兵团实践的深入，南泥湾精神又作为兵团人主导性的精神价值传统得到了继承。1970年，周恩来在全国生产建设兵团会议上，特别强调了南泥湾精神对兵团的重要性，他指出：“南泥湾精神不能丢，丢了要恢复起来。”

兵团人自豪地称自己为“三五九旅的传人”“南泥湾精神的传人”，“三五九旅”和“南泥湾精神”作为一个“品牌”，成为兵团人价值追求的高峰和兵团精神的代名词，兵团人也用自己的实践，自觉弘扬南泥湾精神的光荣传统，维护着三五九旅的荣光。

三、兵团精神对南泥湾精神的发扬

兵团精神不仅完全继承了南泥湾精神，而且将南泥湾精神同新疆实际结合起来，使南泥湾精神体现出新的实践特色和时代特色，发扬光大了南泥湾精神。

一是兵团精神在对屯垦事业的认识上更加深刻。南泥湾精神虽然集中体现了对屯垦事业的规律性认识，但当时的实践毕竟是我们党第一次领导屯垦事业，对屯垦事业的规律认识当然是有限的。同时这一时期处于相对比较平稳的抗战相持阶段，不可能有充分的时间、精力和条件去探讨和揭示党的屯垦事业的规律。而要揭示出事物的发展规律绝不是一朝一夕的事，需要长期反复深入地探索实践，南泥湾屯垦时期只有短短数年时间，随后迅速转入大规模战争时期，是很难满足这一条件的。虽然依靠三五九旅官兵的创造和探索，掌握了屯垦事业的一些规律性特征，但要真正揭示党的屯垦事业的内在规律是不够的。兵团精神不仅充分继承了南泥湾精神的探索成果，而且在几代中央领导集体的关怀指导下，比较深刻地揭示了党的屯垦事业的发展规律。因此在探索党的屯垦事业发展规律上兵团精神发扬光大了南泥湾精神。

二是兵团精神将南泥湾精神同社会主义结合起来，在适应社会主义性质上更加发扬光大了南泥湾精神。作为产生于战争年代和新民主主义革命时期的南泥湾精神，它首先必须要适应战争与革命的需要，屯田是为了更好地支持长期战争，为了最终夺取革命的胜利，南泥湾屯垦本身就是新民主主义革命的内容。这一目的，使南泥湾精神的屯垦实践内容受到相应限制，没有时间和条件充分发展这项事业。而兵团精神则是社会主义建设时期的产物，它的根本目的是为社会主义建设大局服务，兵团屯垦戍边实践是中国特色社会主义事业的重要内容。这一目的使兵团精神的屯垦实践本身建设特性得到了更充分的发挥，也使屯垦和戍边更能够相互支持，从而能够比较好地克服南泥湾屯垦的时代局限，更好地保证兵团屯垦实践的丰富性、深刻性和长期性，使屯垦戍边事业在兵团人手中得到充分发展，也使兵团精神在时代发展性上发扬光大了南泥湾精神。

三是兵团精神将南泥湾精神同人民群众结合起来，在满足人民群众根本利益上更加发扬光大了南泥湾精神。从南泥湾精神到兵团精神，实践的主体发生了新的巨大变化，从军队扩展到了一般职工群众。南泥湾精神的实践主体主要是三五九旅万余名官兵，他们是清一色的军人，是受过井冈山精神、长征精神熏陶的人民军队战士，有着高度的牺牲精神和组织纪律性，他们在南泥湾充分展示了集团式开发建设的巨大能力。但他们毕竟是一个军人群体，军人当然是以保卫国防为己任，但随着环境的变化和时间的推移他们也要转业、换防，从而影响到这一事业的可持续性。能否使南泥湾精神从军人的精神传统转化为普通百姓的精神旗帜？这正是兵团人所要回答的课题。兵团的发展过程和兵团精神的形成过程，就是南泥湾精神不断普及到普通百姓中的过程。随着兵团事业的发展，越来越多的支边青壮年、知识青年、大中专毕业生、复转军人、兵团第二代、兵团第三代、新职工等加入兵团事业中并日益成为兵团发展的主体，兵团的人员构成日益多样化，已经不再是以军人或转业军人为单一主体的集团，而是一个涉及全国各地、各民族、各行业人们的共同体，这就使得兵团精神展示出更多的普适性，展示出对南泥湾精神在普遍适应人民群众上的新发展。

四是兵团精神实践的规模较南泥湾实践更大，内涵更丰富，事业发展更具有持久性，将三五九旅开创的南泥湾屯垦实践推向了一个新的高度，无论是规模还是实践内容及事业的延续性，都是南泥湾屯垦所难以比拟的，这也赋予了兵团精神更加丰富、更加深刻的内涵。

五是兵团精神的实践具有更强的科技创新和实践创新特色，有着更加巨大的作用。科技是发展的第一生产力。南泥湾屯垦虽然体现了比较强的创造精神，三五九旅官兵在屯垦中除农业开垦外，还创造性地发展了工业、商业、运输业，但在当时战争年代的环境中、在主要为解决如何支持长期抗战的经济活动中、在仅仅三年多的时间里，这种创造性无疑是有限度的，很难形成能够长期支持屯垦的科技创新和实践创新体系。兵团精神所依赖的实践则比南泥湾屯垦规模大很多、实践内容丰富很多、发展时间长很多，是一项与共和国相伴而生的事业，如此的规模和发展，要保证这项事业不断前进，必须有一套健全的科技创新和实践创新体系。兵团在长期发展中比较有效地建立了这样一套体系，从兵团创立之初，就着力建设正规化、机械化国有团场，发展现代工业，在兵团建立了比较健全的农业科技开发、培训、引进、推广体系和健全的各级、各类教育体系，建成了全国长绒棉基地，培育了军垦细毛羊，在号称“植棉禁区”的北纬45° 地区大面积植棉成功，特别是改革开放以来，兵团大力发展现代农业、推进新型工业化和城镇化，极大地提升了兵团的生产力水平。这些实践赋予兵团精神更鲜明的时代内涵。

第二节　新疆兵团精神

兵团精神——热爱祖国、无私奉献、艰苦奋斗、开拓进取，由南泥湾精神直接孵化而来。1947年，在保卫边区、解放大西北的战斗中，王震所率三五九旅被编入西北野战军二纵队，后编为二军五师，从延安的保卫战一直到解放新疆。由于三五九旅开发过南泥湾，有丰富的生产建设经验，党中央决定将二军转为生产建设兵团，挺进新疆的石河子，创建一个规模更大的"南泥湾"。二军将士发扬自力更生、艰苦奋斗的创业精神，使南泥湾精神在祖国的西北边陲又重新开花结果。

1949年新疆和平解放到1954年兵团成立，是兵团精神的萌芽阶段。兵团精神萌芽的标志是驻疆人民解放军开展屯垦戍边实践，主要是如何将井冈山精神、长征精神、延安精神、西柏坡精神的光荣传统带到新疆，使之在国民党起义部队和"三区"革命军中扎下根来，并且同屯垦戍边实践、同新疆历代屯田传统结合起来。当时驻疆部队主要由王震将军率领进疆的第一野战军第一兵团第二、六军，由国民党起义部队改编的第二十二兵团，由"三区"革命军改编的第五军三部分组成，他们之间在当时存在较明显的素质、信念差异。从兵团精神内在含义的完整统一性来说，当时已经形成了一些适应屯垦戍边实践的精神成果，如艰苦创业等，这一时期的精神成果主要在军队内部进行宣传，是作为军队的精神成果进行宣传的。作为兵团精神萌芽阶段最明显的标志，这一时期南泥湾精神开始在新疆大地落地生根，逐步成为驻疆人民解放军公认的价值准则。"热爱祖国"日益成为全体驻疆人民解放军高扬的旗帜，在屯垦戍边实践中产生了"艰苦创业"这一具有兵团精神特征的精神成果。

一、兵团精神的萌芽[6]

（一）萌芽阶段的标志

驻疆人民解放军开展屯垦戍边实践是人民军队革命事业的一部分。这一时期，主要是如何将井冈山精神、长征精神、延安精神、西柏坡精神的光荣传统带到新疆，使之在国民党起义部队和"三区"革命军中扎下根，并且同屯垦戍边实践、同新疆历代屯田传统结合起来，这是兵团精神萌芽时期面临的现实课题。从兵团精神同兵团实践的关系上说，由于屯垦戍边实践还不是一项独立的事业，因此也没有产生完全适应这一实践要求的完整独立的兵团精神，主要通过人民军队革命精神来支持和推动包括屯垦戍边实践在内的人民军队革命实践。从兵团精神的认可程度上说，这一时期兵团精神的实践主体比较单一，只有军垦创业者一类，支边青壮年、知识青年等其他重要的兵团精神实践主体还未出现，影响到兵团精神的实践创造力。

（二）萌芽阶段的特点

1.驻疆人民解放军以巨大的创造精神和牺牲精神开创了新中国屯垦戍边事业，为兵团事业奠定了基础

他们在创业过程中体现出的高昂精神风貌，为后人树立了一座军垦精神的丰碑，使兵团精神得以在新疆广袤大地上生根发芽、茁壮成长。军人的风范与军人的气质是兵团精神萌芽阶段最显著的特点。人民解放军在当时是兵团的主体，1954年兵团成立时，兵团几乎是清一色的军人。人民解放军的优良传统和坚韧的作风被兵团直接继承下来，包括人民解放军的番号、纪律、领导方式、组织原则，或稍加变动或直接套用于刚成立的新疆军区生产建设兵团。人民解放军不怕牺牲、迎难而上、服务人民的作风奠定了兵团精神中无私奉献的品质。兵团初创时期，兵团人的“兵”字情结特别浓，一切以军队的标准来要求，其中最突出的一点就是党指向哪里兵团就奔向哪里，完全不考虑当时的条件是否允许，完全不考虑个人利益，将军人服从的天职作为兵团的天职，于是便有了屯垦戍边的使命，一代又一代兵团人将屯垦戍边的使命牢牢印在脑海里、生命里，认为屯垦戍边就是兵团的天职，是兵团存在的根基，是兵团发展壮大的依据。有许多老军垦自从当年踏进了寸草不生的荒滩戈壁，就一辈子也没有离开过他们戍守的边防，虽然留有许多遗憾，但他们无怨无悔。曾创造了徒步横穿塔克拉玛干大沙漠壮举的十四师四十七团老战士，便是当年兵团人精神追求的最好阐释。

2.一切服从祖国的需要

人民解放军服从命令、行动迅速听指挥的作风奠定了兵团精神注重纪律的传统。服从是军人的天职。当时的人民解放军虽脱下了戎装，却没有丢弃军人服从的天职，他们将服从军队的思维与习惯继承到了兵团。虽没有军队的命令可以服从，但他们将服从的对象转向了新生的中华人民共和国，祖国的需要就是军垦战士的天职。所以，当祖国需要他们扎根新疆开展建设时，

他们毫不犹豫地听从号令，义无反顾地在新疆最艰苦的地方扎下根，成为新疆各地开展建设、维护稳定的生力军。当祖国需要军垦战士放下刀枪，发展生产，增进新疆各民族大团结时，军垦战士立即仗剑扶犁，将战车改为交通车，奔赴天山南北，拓荒生产，驻扎荒漠戈壁，修桥铺路，为新疆经济的恢复、社会的进步、民族的团结奠定了稳固的基础，新疆也因此迎来了一段飞速发展的时期。

3.勇挑重担

人民解放军英勇善战、全力维护人民生命财产安全的作风奠定了兵团精神维稳戍边的传统。王震请命进军新疆时就立志，越是祖国危难时越要勇挑重担，为国分忧、为民分忧就是人民解放军的无形命令，为国解难、勇挑重担自然是兵团责无旁贷的使命。人民解放军进疆初期基本是哪里有险情就奔向哪里，哪里有困难就奔赴哪里，哪里有求助就赶到哪里，人民解放军是新疆解放初期的生产队、工作队、战斗队，哪里需要去哪里。军垦战士也将人民解放军“三个队”的优良传统继承了下来，并进一步发扬光大，成为新疆经济发展的生力军、民族团结的楷模、巩固新生政权的坚强柱石。兵团精神萌芽阶段的延续和创新这一时期，作为兵团精神实践主体的驻疆人民解放军全体官兵，他们屯垦戍边的主要目标，是尽快稳定和恢复新疆的经济社会秩序、保障部队军需、改善新疆各族人民的生活。正是在这一实践过程中，兵团精神得以萌芽并不断生长。人民解放军服从命令、行动迅速听指挥的作风奠定了兵团精神注重纪律的传统。中华人民共和国成立前夕，王震率领十万官兵挺进新疆，新中国屯垦戍边大业就此在新疆这片广袤的土地上谱写其壮阔的第一乐章。人民解放军进疆后遇到的第一个问题就是恢复被战争破坏的经济，迅速组织力量发展生产，平抑飞涨的物价，稳定社会，让饱受压迫剥削之苦的各族群众切实感受翻身的喜悦与幸福。王震带领的第一野战军第一兵团第二、六军进疆后与“三区革命”的武装部队（后编为第五军）、陶峙岳率领的起义部队（后编为第二十二兵团）共同担负起建设新疆、保卫新疆的历史使命。但他们遇到的首要问题便是吃穿问题，以当时新疆的经济发展水平根本无法提供驻疆人民解放军所需的口粮。新疆地处祖国的西北边陲，交通不便，若从内地运粮，仅运费就是粮价的7～10倍，再加上当时全国刚解放，粮食问题也非常严重，因此从内地运粮是不现实的。此时，新疆本地的一些粮商趁机哄抬粮价，甚至有粮不卖，因此，驻疆人民军队吃饭穿衣就成了亟待解决的问题。对此，1949年12月毛泽东同志签发的《关于一九五〇年军队参加生产建设工作的指示》指出：“人们革命军事委员会号召全军，除继续作战和服勤务者外，应当担负一部分生产任务，使我人民解放军不仅是一支国防军，而且是一支生产军，借以协同全国人民克服长期战争所遗留下来的困难，加速新民主主义的经济建设。”并强调：“人民解放军参加生产，不是临时的，应从长期建设的观点出发。而其重点，则在于以劳动增加社会和国家的财富。”这一指示说明，人民解放军在新中国成立后要从军事战争转向工农业生产，和各行各业的人士一起参加社会主义的经济建设。随后，新疆军区发布了大生产命令：“全体军人一律参加生产……不得有任何军人站在劳动生产建设之外。全新疆部队十九万三千人，除担任祖国边防警卫和城市卫戍勤务者、辎重汽车兵团、挽马、骆驼、运输等部队、军工部工厂职工外，必须发动十一万人到开垦种地的农业生产战线上去。”驻疆部队开始了大规模的生产运动，取得了较好的收成，不仅解决了部队的吃粮问题，还拿出一部分粮食支援了地方。

新疆部队垦荒发展经济，减轻国家负担的做法得到了毛泽东同志的充分肯定，他在《关于西藏工作的方针》中说：“我王震部入疆，尚且首先用全力注意精打细算，自力更生，生产自给。现在他们已站稳脚跟，取得了少数民族热烈拥护。”鉴于20世纪50年代初的特殊国情，人民军队参加生产建设是当时困难条件下的必然选择，与全国其他地区不同的是驻疆人民解放军的核心是三五九旅，三五九旅在延安时期就是生产的模范，他们有一套自力更生发展生产的经验，新疆的沙漠戈壁和盐碱滩并没有难住他们，他们仗剑扶犁，露宿沙海，开山引水，播种希望。新疆恶劣的自然环境和萧条的经济非但没有削弱驻疆军队的意志，还激发了他们的斗志，陶峙岳将军的一首五言诗很好地反映了当时军垦战士的革命豪情：“头枕石头眠，铺地又盖天。刺刀当犁铲，开出万顷田。”驻疆人民解放军如毛泽东同志所言，站稳了脚跟，他们将战斗的武器保存起来，拿起生产建设的武器，当祖国有事需要时，就会拿起战斗的武器，保卫祖国。驻疆人民解放军这种寓兵于民、劳武结合的方式拉开了兵团屯垦戍边的序幕，播下了兵团精神的种子。

人民解放军英勇善战、全力维护人民生命财产安全的作风奠定了兵团精神维稳戍边的传统。兵团的前辈们进入新疆遇到的突出问题一是如何解决吃饭穿衣，二是怎样快速平定国民党残余和土匪的叛乱，巩固新生的政权，保障新疆各族人民群众的安定生活。兵团的前辈们一踏入新疆这片土地便遵照毛泽东同志的要求开始了屯垦戍边的伟大实践。戍边始终是兵团存在发展的根本和前提，早在20世纪50年代初，戍边理念便是指导兵团开发新疆、建设新疆的重要内容之一，只不过当时的戍边理念仅限于平叛剿匪，没有现在这么丰富，但它是兵团文化、兵团精神的源头。

毛泽东等老一辈革命家早就预料到了新疆情况的复杂性，毛泽东同志要求进疆部队一手拿镐一手拿枪，随时听从祖国的召唤拿起战斗的武器保卫祖国。彭德怀对王震进疆部队做出了特别指示，即“建国立家”，同时要求进疆部队“提高警惕，防止帝国主义和反革命分子的破坏”。

1949年10月9日，王震在《关于西北斗争形势、解放新疆的斗争特点与任务的报告》中分析了新疆和平解放的形势，号召全军发扬英勇顽强的战斗精神和艰苦奋斗的优良传统，进军新疆，把五星红旗插上帕米尔高原。

王震将军的讲话表明了即将进入新疆的人民解放军要做好进疆的各种准备，以应对各种复杂局面。新疆和平解放，国民党起义部队大多数官兵是衷心拥护的，但也有少数国民党特务和反动军官，不甘心失败，对和平起义极为不满，1949年9月28日起，在哈密、鄯善、吐鲁番、焉耆、轮台、库车、绥来、呼图壁、昌吉、阜康等地，相继制造反革命叛乱，大肆烧杀抢掠。还有些国民党反动军官见大势已去，便与土匪勾结，甚至另建土匪武装对抗新生政权。消灭这些土匪武装是驻疆人民解放军的首要任务，1950年3月至1952年9月，乌斯满、乌拉孜拜、司迪克、哈力伯克、谢尔德曼等土匪武装先后被剿灭，巩固了新生政权，为新疆的经济发展、人民生活的安定提供了保证。20世纪50年代的平叛剿匪为后来兵团的维稳戍边奠定了基础，提供了经验，对兵团的成立、发展、壮大影响巨大，对兵团人的精神生活、文化理念影响也是巨大的。

人民解放军不怕牺牲、迎难而上、服务人民的作风奠定了兵团精神无私奉献的传统。毛泽东同志要求王震带领的第一野战军第一兵团第二、六军到新疆的主要任务是为各族人民多办好事，多办好事不仅指肃清各种反动势力，为各族居民创造安全的生活环境，还指迅速发展经济，满足新疆各族群众生产生活所需。人民解放军响应毛泽东同志的号召，在新疆开始了大生产运动，将南泥湾的自力更生、艰苦创业、自给自足的垦荒经验运用到了新疆的生产发展上，经过驻疆部队的努力不仅解决了自身的吃穿问题，还支援了地方经济的发展。驻疆人民军队在大生产运动中创造了一种适合新疆快速发展生产的组织形式——军垦农场。军垦农场是军队组织现役军人或复员军人，由国家及军队出资，通过开垦国有荒地而兴办的农场。1949年10月，解放军进驻新疆，第一野战军第一兵团第六军接管了迪化（今乌鲁木齐）北郊青格达湖乡的国民党新疆军垦处农场，建立了新疆解放军的第一个军垦农场。随后，驻疆人民解放军开始在各地组建军垦农场，发展生产，到1954年组建军垦农场43个。由于军垦农场具有组织化程度高、农场职工素质高、农业机械化程度高、能够有效集中物力和财力的优点，军垦农场在当时是最先进的发展生产的组织形式，劳动效率非常高，1954年全军收获粮食7.18万吨，棉花0.19万吨，油料0.21万吨，给国家上交商品粮1.69万吨，当年造林500公顷（7 500亩），牲畜达52.99万头。新疆军垦农场为新疆社会主义军垦事业奠定了稳固的基础。军垦农场也成为之后国有农场的前身。

为了更好地发展生产，驻疆部队进行整编，部分军队编为国防军，不承担生产任务，部分军队编为生产部队，主要从事生产建设。1954年，新疆军区公布《成立新疆军区生产建设兵团命令》，新疆军区生产建设兵团正式成立，同时兵团也开始了大规模的国有农场的组建工作，兵团经济快速发展。

（三）萌芽阶段的规律

人民军队革命精神同屯垦戍边爱国主义精神相结合，是兵团精神得以产生萌芽最直接、最深层的推动因素，也是直接决定萌芽阶段兵团精神各种具体的精神传承关系和发展特点的主导性、支配性因素，这是兵团精神萌芽阶段最显著的规律。

在萌芽阶段，兵团精神主要体现为井冈山精神、长征精神、延安精神、西柏坡精神等战争年代的革命精神的直接传承和延续，体现为人民解放军的精神风范在社会主义建设实践中的进一步弘扬。毛泽东指出："我们人民解放军在中国共产党的领导之下，从创建之日起，就具有高度的爱国主义和国际主义精神，本着全心全意为人民服务的宗旨，英勇奋斗、艰苦奋斗。"兵团由久经中国革命战争生死考验的人民解放军集体转业而来，人民解放军的精神风貌是兵团精神的直接来源。兵团的前身，井冈山精神缔造者之一的红六军团和红三十二军，他们经历了二万五千里长征，开展了著名的南泥湾屯垦，经历了解放大西北、凯歌进新疆的系列战役。在他们的身上，始终流淌着井冈山精神、长征精神、延安精神、西柏坡精神的红色血脉。中华人民共和国成立后，这些历经革命战争生死考验、为党和人民立下卓越功勋的老红军、老八路、老战士，并没有留在安宁的内地、留在出生成长的故乡、留在亲人的身旁享受他们应得的荣誉，而是沿着历朝历代屯田将士的足迹，来到离故乡万里之遥的新疆，来到新疆最荒凉、最原始、最困难的地方驻守下来，成为屯垦戍边、永不转业的兵团人，在屯垦戍边的新实践中继续弘扬和传承着人民军队革命精神。他们用人民军队革命精神特别是南泥湾精神对国民党起义部队和"三区"革命军进行了改编，使驻疆人民解放军成为有统一意志、统一风貌、统一追求的实践主体，为开创新中国屯垦戍边事业奠定了思想基础。驻疆人民解放军要在一穷二白、沉睡万年的戈壁荒漠上开创新中国的屯垦戍边事业，对他们的精神素质、纪律性和牺牲精神提出了很高的要求。他们用人民军队革命精神丰富、改造、创新了在新疆有着2 000多年历史的历代屯垦戍边爱国主义精神，赋予其服务社会主义、服务新疆各族人民的新内容，赋予其扎根边疆、建设边疆、保卫边疆、服务边疆的崭新内涵，强化了屯垦戍边实践中的爱国主义精神动力，突出了屯垦戍边实践中的牺牲奉献特征，提升了屯垦戍边实践的创业品质，增加了屯垦戍边实践中的开拓进取特色，实现了人民军队革命精神同历代屯垦精神在新时代、新实践基础上更高水平、更深层次的结合，为新中国屯垦戍边事业提供了强劲的精神动力，使体现新中国屯垦戍边事业内在本质的兵团精神得以迅速生根发芽、茁壮成长。因此，人民军队革命精神同新疆历代屯垦精神的深层次结合，直接决定了兵团精神的萌芽，决定了这一时期兵团精神的实践特征，是萌芽阶段兵团精神最具有基础性、主导性和重要性的规律。

二、兵团精神的形成[7]

1954年新疆军区生产建设兵团成立至1975年新疆军区生产建设兵团体制撤销，称为兵团精神的形成时期。

（一）兵团精神形成的标志

从兵团精神的实践载体——兵团事业发展上说，这一时期已经形成了兵团精神的独立载体——新疆军区生产建设兵团，提供了兵团精神独立发展的基础条件，同时这一时期兵团事业迅速进入大发展时期，屯垦戍边事业得到了广泛和多样化的实践，这为全面提炼出兵团精神内涵奠定了实践基础，特别是这一时期全国许多省区都依照新疆生产建设兵团模式组建了生产建设兵团，使兵团的实践更加广泛和多样，进一步丰富了兵团精神的内涵。从兵团精神发展遇到的现实课题来说，这一时期，主要是如何在兵团事业发展的各方面实践中总结探索相适应的精神状态和精神成果，总结探索与社会主义建设精神和新疆建设稳定要求相适应的精神状态和精神成果，以更好地推动兵团事业的发展，这是兵团精神形成时期需要回答的现实课题。从兵团精神同兵团实践之间的相互关系来说，这一时期屯垦戍边实践已经有了兵团这一独立的载体，形成了一项具有兵团特色的事业，因此在这一事业和实践过程中产生的各种精神成果都是兵团精神的内容，使得兵团精神同兵团实践形成了相互对应、相互支持、相互促进的关系。但同时，这一时期的兵团精神还主要是在兵团各方面实践中自然形成的，对兵团实践的推动作用也是自发的，缺乏从理论上的归纳提炼，因此在反作用于兵团实践、推动兵团实践发展上还缺乏自觉性和系统性。从兵团人对兵团精神的认可程度来说，这一时期兵团的人口构成模式已经基本形成并稳定下来，作为创造传承兵团精神的各种实践主体中的军垦创业者、支边青壮年、知识青年都已经出现，他们都认可驻疆人民解放军传下来的精神传统，并以这一精神传统为追求，积极参与到兵团精神的实践创造之中，使兵团精神的实践创造能力得到极大提升，也使兵团精神得到了更加普遍的社会认可；同时这一时期形成的兵团精神实践创造模式已经开始成为兵团精神形成发展的基本模式。从兵团精神内在含义的完整统一性来说，由于实践的广泛性，这一时期兵团精神的主要内涵都在各地区、各行业的实践中得到了展示，兵团精神的完整性、独立性、统一性得到了较大程度的加强，形成了一种兵团人统一的、整体的精神风貌，并且得到了后来兵团人的普遍认可和积极遵循，这同兵团精神萌芽时期有着很大的不同。从兵团精神对外影响力来说，这一时期对兵团人精神面貌的宣传不仅走出了兵团，而且走出了新疆、走向了全国。由于兵团人构成的多样性和来源的广泛性，使兵团精神走出了军队，得以在全社会各行业的人群中传播，特别是随着全国其他省区市生产建设兵团的成立，使兵团精神在全国成为一种比较突出和有代表性的精神成果。

自力更生、艰苦创业在兵团创业的初期显示了其巨大的精神力量，在推动兵团事业发展方面发挥了重大作用。让利于民、服从大局成为这一阶段兵团人鲜明的道德风范。兵团严格遵守毛泽东同志为边疆人民多办好事的指示，将最好的草场、最好的土地、最好的水源让给地方农民，自己则在荒漠、戈壁、碱滩驻扎，开荒种地，发展生产，建设城镇，承担中央赋予的屯垦戍边的伟大使命。这些驻扎在交通闭塞、自然条件恶劣的师部、团部，经过兵团人的不断建设，如今大都已成为现代化的城镇，如石河子不仅是兵团的一个象征，也是新疆一个非常有特点的城市，它对其周边地区经济、文化的辐射作用也越来越大，是天山北坡经济带上除乌鲁木齐外最具影响力的城市。如今新疆城镇化建设的整体布局合理、经济发展平衡、交通便捷通畅，无不得益于当时兵团师、团的布局及发展，兵团在当时为新疆人民做好事表现在不与民争利，现在看来其意义则深远得多，远远超出当时人们思考的范围，我们不得不惊叹毛泽东等老一辈革命家的远见卓识，不得不敬佩兵团前辈们忠于职守、甘于清贫、坚韧不拔的革命理想和纯洁心灵。让利于民还有一层含义，那便是兵团在自身发展的同时要支援地方建设。20世纪50年代，由于兵团是以驻疆解放军为主体，所以兵团职工的素质在当时要远高于当地的农民，兵团拥有的现代生产技术也远高于当地的农民，帮助地方农民发展生产既是毛泽东同志的指示，也是当时新疆经济的现实要求。1955年11月，兵团党委通过的《关于援助新疆地区农业合作化问题的规定》指出，兵团要在1954年帮助地方农民组织互助组105个，合作社8个的基础上，再重点帮助5～7个合作社。1957年，兵团党委在《关于支援农业社1957年大丰收》指示中，强调以技术支援为主，帮助农民掌握农业技术。

兵团除帮地方组建合作社、培养技术人才外，还直接帮助地方发展经济。为了帮助南疆少数民族发展工业，1955年5月，兵团把喀什6个工厂无偿移交给地方。兵团在最初发展中让利于民的做法得到了新疆各族群众的拥护，这也是兵团处理兵地关系、民族关系的宝贵经验。这一经验得到了毛泽东同志的充分肯定，他说："现在他们已站稳脚跟，取得了少数民族热烈拥护。"在今天看来，兵团处理兵地关系、民族关系的许多做法都源于20世纪50年代的让利于民的做法，这一做法也成为兵团人的基本理念之一融入了兵团的发展建设之中。为国分忧、无私奉献成为这一阶段兵团人重要的价值准则。兵团精神产生于特殊时期，所以决定了兵团精神的发展与特定的历史阶段密切相关，要深刻理解兵团精神的发展渊源就必须将兵团精神还原到历史中，方可正确把握。20世纪六七十年代，我国各项工作处于瘫痪状态，同时自然灾害不断，人民生活极度困难，那个时期真可谓天灾不断、人祸更甚。新疆虽处于祖国的西北角，远离北京，但新疆依然没有摆脱当时的政治气候，即便如此，兵团仍然遵照毛泽东同志的教导，为边疆人民办好事，为兄弟省区的发展尽自己所能。兵团经过一段时间的发展，积累了一些财富，具有了一定的经济实力，在兵团发展稍好些时，兵团没有忘记内地的困难和国家的困难，因为他们知道兵团是在党和国家的关怀下成长起来的，是在内地各省区人民的大力支持下发展起来的，国家有难时兵团必须挺身而出。1959—1961年，是我国经济最困难时期，内地各省遭到了严重的自然灾害，兵团支援河北、河南、山东等省灾区人民500万千克的救命粮。

（二）兵团精神形成阶段的特点

这一阶段，兵团精神有了具体明确的实践载体，实践主体从成立之初单一的部队转业军人，到支边青壮年、知识青年、大中专毕业生等各行各业来自全国各地各民族的人群，依托兵团这一实践载体，兵团精神迅速形成并充分展现。

自力更生、艰苦创业是兵团精神形成阶段最显著的特点。人民解放军剿灭国民党残余和肃清土匪武装后，新疆面临的主要问题就是发展生产，促进新疆经济社会的发展，改善全疆各族群众的生活状况，让刚刚翻身的农牧民切实感受到中华人民共和国成立的巨大变化。当时新疆的生产力水平相当低下，按照正常的发展速度根本无法满足新疆各族群众的生产生活的需要，所以兵团充当了发展新疆经济突击队的角色，在一无工具、二无耕地、三无资金的情况下，兵团投入新疆经济的恢复与发展中。本着不与民争利、让利于民的原则，军垦战士在荒漠戈壁摆开了“战场”，将瞄准仪变成了水平仪，将火炮铸成了牛犁，在沙漠边缘、戈壁荒滩开辟出了片片绿洲，建起了座座工厂，粮食不仅自余还可以支援地方，建起了带“八一”字样的工厂，基本奠定了新疆工业的雏形。这种自力更生、艰苦创业的精神支撑着兵团在国家最困难的时期不等不靠，凭着军垦战士善打硬仗的勇气将兵团事业迅速发展壮大，创造了兵团事业发展史上的许多奇迹。

热爱祖国、无私奉献是兵团精神形成阶段的另一个显著特点。20世纪60年代，兵团的构成发生了很大的变化，其中最突出的一点就是内地大城市的有志青年纷纷响应党的号召到祖国最需要的边疆，将自己的热血与青春奉献给祖国的边疆事业。这些有知识、有闯劲、有魄力的青年不仅为兵团事业输送了新鲜血液，而且活跃了兵团文化、丰富了兵团生活，他们成了兵团事业发展的中坚力量，为兵团发展起到了重要作用。很多年过去了，每当人们回顾起兵团的发展历程时都对那些有志青年表示由衷的敬佩，正是因为他们的存在才提升了兵团人的整体素质，发展了兵团的教育事业，改变了兵团人的知识结构，影响了一代又一代兵团人的思想观念；他们将最富激情、最富创造力的生命华彩奉献给了兵团。如今，他们虽已老去，但他们始终没有淡出人们的视野，他们留给后人的精神财富一直激励兵团人奋发有为、再创辉煌。

戍守边防、维护祖国的安宁是兵团精神形成阶段又一显著的特点。20世纪60年代，国际国内发生了许多重大事件，这些事件以不同的方式影响着我国经济社会的发展。兵团响应毛泽东的指示，当祖国有需要的时候重新拿起战斗的武器，在边境沿线建起了边境农场，边境农场职工开始了种地就是站岗、放牧就是巡逻的戍边事业，他们一站就是几十年，一巡又是几十年。祖国的边防因他们而安全稳固，兵团的戍边事业因他们而更加感人，孙龙珍舍身守边的壮举成为挥之不去的记忆，边境团场守卫国家领土的故事成为兵团成边事业永远的经典。

（三）兵团精神形成阶段的延续与创新

随着兵团向新疆两大沙漠进军和在亘古荒原上大规模开荒造田，带来了兵团事业的大发展，也使得兵团精神在新的时代条件、客观环境和实践目标上得到新的发展和延续，为兵团事业发展、履行屯垦戍边使命提供了有力的精神支撑。

自力更生、艰苦创业成为这一阶段兵团人突出的精神特征。兵团将自力更生、艰苦创业视为战胜一切艰难困苦的精神动力，无论是在井冈山、南泥湾还是偏远荒凉的新疆，他们始终坚守着这一革命传统并发扬光大。兵团的前辈们靠节省一口粮食、一个帽檐、一个口袋，建立起了新疆现代工业、现代农业和现代文化教育事业。兵团当时艰苦创业的程度从一位老军垦战士的回忆中可见一斑。“那时，我们国家正处于中华人民共和国成立后的最困难时期，粮食定量很低，只有二十几斤（1公斤=2斤），再加上肉食、油料、蔬菜极其缺乏，大家经常是饥肠辘辘地劳动十几个小时，真是吃了上顿饭就盼下顿饭。有的同志为了填饱肚子，他们将伙房偶尔倒出的甜菜皮、白菜根及丢弃的羊蹄甲和牛尾巴拾回洗净煮着吃。连地上的草根也成了充饥的食物……”兵团这支没有军费的军队，吃着远远不能满足身体所需的粮食，开始了千秋大业的创造。正是靠着这种精神和毅力，张仲瀚要求兵团在第一个五年计划末完成工业总产值九千七百七十一万元，比1952年增长五倍，同时提出了发展工业的具体措施。张仲瀚在兵团第二个五年计划中具体指出了兵团工业发展的战略——“工业以师为主，兵团为辅；从投资上说是以师、团自筹为主，兵团投资为辅；办好旧厂，充分利用原有设备挖掘原有企业潜力。要以小养大，以厂养厂，以旧厂繁殖新厂，以旧厂积累资金发展新厂。”随后兵团在20世纪50年代末投产、竣工了八一糖厂、八一棉纺厂、八一毛纺厂、石河子化工厂、南山水泥厂等，拉开了新疆建设现代工业的序幕，兵团发展也进入了第一个辉煌发展时期。

（四）兵团精神形成的规律

社会主义建设精神同边疆地区稳定发展相结合，是兵团精神得以形成的最直接、最深层的推动因素，也是兵团精神形成阶段各种具体精神传承关系和发展特点具有主导性和支配性的原因，是兵团精神形成阶段最显著的规律。这一阶段，兵团精神主要体现为社会主义建设精神在屯垦戍边领域的具体实践。兵团成立之际，正值全国开始社会主义建设之时。由于历史原因，边疆地区生产力水平相对落后，制约稳定发展的矛盾相对突出，这对弘扬以勤俭节约办各项事业的社会主义建设精神提出了更加迫切的需求。兵团精神是在社会主义建设过程中形成发展起来的。驻疆人民解放军将南泥湾精神带到了新疆，带到了党的屯垦事业中。人民解放军进疆后，为了减轻新疆各族人民的负担、解决驻军的吃饭问题、发展新疆的经济，一边剿匪平叛、稳定社会秩序，一边立即在驻地周围开展了大生产运动，在新疆拉开了社会主义建设的序幕。随后，随着部队生产发展和生产规模的扩大，在党中央、毛泽东深谋远虑的战略决策下，驻疆人民解放军大部分集体转业，创造性地组建起新疆生产建设兵团，一手拿枪、一手拿镐，开始了屯垦戍边新征程。这些军垦创业者们，遵照毛泽东“不与民争地”和“为各族人民多办好事”的指示，将开垦出来的耕地无偿移交给当地政府和农民，向沙漠边缘、戈壁深处、边境沿线挺进，住地窝子、吃野菜、喝盐水，在万古荒原上开荒造田、兴修水利、植树造林、架桥铺路、开办工厂、建设城镇、兴办百业，以惊人的牺牲和创造精神，建起了屯垦戍边事业的大厦，带来了新疆面貌翻天覆地的变化；也为兵团事业树立起了一座崇高的精神丰碑，激励着后来的支边青年、转业官兵，继续高举着兵团精神这一辉煌旗帜不断前进。在军垦创业者们的激励下，全国各地的有志之士满怀着“为祖国建功立业”的渴望，满怀着“到边疆去，到祖国最需要的地方去”的激情，满怀着“把边疆变成美丽的江南”的志向，满怀着“为祖国站岗放哨”的自豪，从五湖四海汇聚到兵团，继续高扬起军垦创业者们精神的大旗，用自己的智慧、热血和汗水继续浇灌着兵团精神之花，使兵团精神成为兵团的传家宝，成为兵团人的显著标志和兵团事业的生命之魂，推动着兵团事业伴随着社会主义建设事业的发展而不断发展壮大。

早在20世纪五六十年代，朱德、周恩来、董必武、陈毅、贺龙、王震、王恩茂等老一辈革命家就多次论述和充分肯定过兵团精神。兵团精神是伴随整个社会主义建设过程而发展起来的重要精神，是社会主义精神成果十分重要而具体的体现。因此，实现社会主义建设精神同新疆稳定发展需要相结合，是兵团精神形成阶段最重要的规律，对这一阶段兵团精神的各方面都起着决定和支配作用。

三、兵团精神的发展[8]

从1981年新疆生产建设兵团恢复至2000年进入新世纪前，这一时期称为兵团精神的发展阶段。之所以称为发展阶段，是因为这一阶段兵团精神出现了新的标志性特征，即对兵团精神进行了总结提炼并加强了对兵团实践的指导。

（一）兵团精神发展的标志

从兵团精神的实践载体兵团事业发展来说，这一阶段兵团事业开始从严重挫折中恢复过来，兵团事业的重要性重新得到重视，特别是1981年在邓小平同志的亲自关怀和决策下，于1975年被撤销的新疆生产建设兵团得到恢复，这为兵团精神重新获得独立认识、深入总结，明确兵团精神、发挥兵团精神对兵团实践的推动作用创造了条件。同时，这一时期改革开放和现代化建设的号角在全国吹响，兵团同全国一样进入改革开放的新时期，兵团实践具有了与过去不同的新内容，这为用新的视角认识兵团精神、用新的实践丰富兵团精神提供了重要条件，为兵团精神的丰富发展奠定了实践基础。从兵团精神发展遇到的现实课题来说，这一时期，经济条件下形成的兵团精神能不能适应改革开放和建立社会主义市场经济新时代，以及如何对形成时期产生的兵团精神进行总结挖掘，使之成为兵团事业发展的宝贵财富，以更好地推动兵团改革开放的新实践，这些都是兵团精神发展时期需要回答的新的现实课题。从兵团精神同兵团实践之间的相互关系来说，这一时期重新出现了兵团这一屯垦戍边实践的独立载体，使屯垦戍边事业得到了继承和延续，继续成为一项独立的事业，在前一阶段已经形成的兵团精神这一精神成果的基础上，兵团精神的各方面内容都继续在新的实践中得到丰富和发展。由于这一时期的兵团实践同过去计划经济时期不同，是在改革开放和建立社会主义市场经济过程中的新的实践，兵团精神在许多方面都需要进一步探索创新，这使得兵团精神同屯垦戍边实践之间需要进一步探索，形成相互支持、相互促进的关系。同时，由于这一时期开始对已经形成的兵团精神进行归纳提炼，运用兵团精神指导兵团实践的自觉性和主动意识得到进一步增强。从兵团人对兵团精神的认可程度来说，这一时期创造继承兵团精神的各种实践主体——军垦创业者、支边青壮年、知识青年、新职工等都已经出现，但由于从计划经济到市场经济的转轨，使老一辈兵团人产生了适应性和认可性问题，产生了过去形成的兵团精神传统在今天能不能适应时代、能不能作为凝聚兵团人的统一价值得到认可的问题。特别是随着兵团职工队伍发生变化，知识青年返回内地、人才纷纷外流、老职工进入退休高峰期，大批内地农民在经济利益的驱动下来到兵团成为新职工等，使得这一时期兵团精神的认可性问题变得更加突出。从兵团精神内在含义的完整统一性来说，这一时期，兵团各行各业重新开展了兵团精神的实践探索，既开始了对计划经济时期产生的兵团精神的总结归纳，使兵团精神的内在含义更加统一完整，又开展了对市场经济条件下兵团人的精神面貌和精神状态的探索，进一步丰富完善了兵团精神的内在含义，这同兵团精神形成时期有着很大的不同。从兵团精神对外的影响力来说，这一时期对兵团精神进行了明确的归纳总结，为对外宣传兵团精神创造了条件，但市场经济的新环境也为如何宣传兵团精神提出了挑战。

兵团精神发展阶段最明显的标志，就是兵团精神的各类实践主体都已经出现，兵团精神得到明确的归纳提炼并开始用以指导实践。但由于面临着与过去计划经济不同的市场经济环境，也使怎样继承弘扬兵团精神成为这一阶段新的课题。

（二）兵团精神发展阶段的特点

这一阶段，作为兵团精神实践载体的兵团事业从遭到解散的挫折中重新恢复，兵团精神也重新得到继承和总结，并根据党和国家对兵团履行屯垦戍边使命的新要求，随着兵团事业在改革开放中的不断探索而进一步丰富发展。

大胆地试、大胆地闯是兵团精神发展阶段的主要特点。改革开放为兵团精神的发展注入了新的活力。首先，闯与试是兵团人这一时期思想活跃最突出的表现。改革是场革命，没有现成的经验、模式可循，兵团也在改革的浪潮中，边试边前进、边闯边革新，在闯与试的过程中，打开了兵团人的精神世界，容纳了更多改革中涌现的新内容、新思想，大大丰富了兵团精神的内涵。其次，少说多干，以实绩验证计划是这一时期兵团事业发展的一个突出表现。在改革初期，人们被压抑很久的热情爆发，还来不及顾虑便激情似火地投入到改革大潮中，抢抓生产，将被耽误的时间抢回来。以更高的效率完成工作是当时兵团人的工作状态和精神风貌，正是这种激情与力量开创了兵团事业的二次辉煌。

与时俱进、开拓创新是兵团精神发展阶段的显著特点。兵团的成立是中国共产党的一大创举，兵团事业的发展是一个与时俱进、不断开拓创新的过程。兵团精神的形成与发展就是伴随着兵团事业的发展而不断从中汲取新的内容，从而不断丰富、发展起来的。在改革开放新时期，兵团精神与改革开放的时代精神紧密结合，突出改革开放的时代特征，将新时期的思想内涵吸纳到兵团精神中去，如科学技术是第一生产力、发展是硬道理、发展社会主义市场经济等。由于兵团精神从诞生那天起就是以创新为显著特征，是一个开放的体系，所以，兵团精神能够在改革开放新时期及时吸收改革中涌现的新事物，丰富兵团精神的内容。

为经济社会发展提供精神动力是兵团精神发展阶段的又一个特点。改革开放时期，我国改善了国际形象，迎来了一个相对宽松的国际国内发展环境，为经济社会发展保驾护航是这一时期非常响亮的一个名词。兵团的文化、思想工作就是要为兵团的经济社会发展提供一个良好的舆论氛围，将人们的思想统一到兵团党委的发展思路上来。兵团精神充分发挥了凝聚人心的作用，通过对典型人物、先进事迹的弘扬，将兵团人追求美好生活的愿望的潜意识激发出来，引导人们将聪明才智用在兵团经济社会发展上。可以说，很多我们引以为荣的兵团优秀人物都是在改革开放时期涌现出来的，他们的冲劲和闯劲是那个时期兵团精神激励作用的集中体现。

（三）兵团精神发展阶段的延续与创新

这一阶段，兵团精神的延续性和创新性都有所增强。在延续性方面，开始有意识地总结提炼兵团精神；在创新性方面，更加注重吸收改革开放新时代的精神成果，自觉运用兵团精神推动实践。

兵团精神吸收了改革的精神。改革开放后的第三年兵团恢复了，在《关于恢复新疆生产建设兵团的决定》的文件中，明确指出：兵团要“总结历史经验，继承革命传统，谦虚谨慎，戒骄戒躁，发扬成绩，克服缺点，认真执行党的民族政策，同新疆各族人民团结一致，艰苦奋斗，为建设边疆、保卫边疆做出新的贡献”。从中央的决定可以看出，兵团屯垦成边的使命没有变。如何发挥兵团的光荣传统，调动职工群众的积极性加快发展，是兵团面临的首要问题。兵团精神源自人民解放军的光荣传统，但人民解放军的光荣传统不能准确或完全表达兵团人的理想信念、人生价值追求和责任使命感。时代的发展需要对兵团人的精神支撑——兵团精神赋予明确的内涵，以便在改革开放新的历史时期更好激发广大职工群众热爱兵团、热爱新疆、驻守边防的热情。有鉴于此，兵团党委经过严格审定，将兵团精神定义为：“坚持和发扬社会主义、爱国主义和全心全意为人民服务的精神，屯垦成边，自力更生，艰苦创业，开拓奋进。”这个表述比较准确地概述了兵团人的人生价值和兵团的职责使命。兵团党委通过对具体的先进人物的宣传来弘扬兵团精神，鼓励广大职工群众积极投身于兵团改革发展的各项事业中来，为兵团的发展献计献策。在广大职工群众的积极参与下，兵团各项改革取得了重大进展，如将国家对农场“统收统支”的财务制度改为财务包干制度；将平均主义的分配制度改为各种形式的责任制，全面推行土地联产承包责任制，建立大农场套小农场的双层经营制度；鼓励职工自筹资金，兴办开发家庭农、林、牧、渔场；创立并发展庭院经济；实行多种所有制并存，鼓励发展集体、个体经济，大力发展乡镇企业；推行企业承包经营等。通过一系列改革，兵团发展进入了快车道，职工群众的积极性被充分地调动起来。“奋起二次创业，再造辉煌”是20世纪80年代兵团最响亮的口号。20世纪80年代也是兵团承上启下的一个关键时期，兵团经济在这一时期获得了大发展，兵团人的兵团情结在这一时期被重新唤起，影响兵团日后发展的诸多观念也在这一时期出现。可以说，20世纪80年代是梳理兵团精神的开始，由此兵团的寻根思想、寻根文化便破茧而出。

兵团精神吸收了解放思想的理念。兵团人的精神追求、价值理念在20世纪90年代遇到了市场经济的冲击，在理想信念与物质利益的选择中，人们更多地倾向于利益追求。20世纪90年代随着改革的进一步深化和社会主义市场经济的逐步确立，由计划经济向社会主义市场经济过渡引发的社会道德滑坡超出人们的预想，旧的价值观念不适应市场经济并被越来越多的人所放弃，新的道德价值体系尚未建立起来，社会的道德评价标准因人而异、因事而异、因时而异，各种功利主义、实用主义左右了人们的行为，特别是“一切向钱”的价值理念扭曲了人们的灵魂，许多丑陋的现象也被人们视为是正常的，整个社会的发展到了一个十字路口。兵团人的价值追求除受到当时社会道德滑坡的影响外，还受到边疆与内地经济发展差距的挑战。改革开放初期，兵团与地方、与内地的发展差距并不大，甚至没有什么差距，但20世纪90年代以后兵团不仅与内地的差距扩大，就是与地方的差距也加速扩大，兵团职工的收入、待遇远不如地方农民，一时间兵团人才大量外流，兵团人对兵团的发展产生了怀疑，兵团精神的凝聚和激励作用受到了质疑，各种对兵团不正确的看法以不同方式、不同渠道流传于兵团各阶层。比如，有人认为苏联解体了，周边关系缓和了，边界划清了，兵团没有存在的必要了；也有人认为市场经济条件下，兵团应按企业行为运营，没有必要担负政治、军事任务；更有甚者认为兵团党政军企合一的体制不适应市场经济，兵团要发展要么放弃兵团体制的特殊性，要么取消兵团的称号划归地方政府。这些错误的认识都源于对兵团发展信心的动摇，对兵团人特有的精神追求的怀疑。当兵团发展面临诸多困难，兵团人的人生价值追求面临诸多困惑时，中央对兵团地位、作用、使命的充分肯定，为兵团的发展指明了方向，澄清了人们对兵团的错误认识，为兵团冲破计划经济条件下的发展框框和“左”的思想束缚提供了坚定的理论支撑。兵团的理论工作者、思想政治工作者和广大职工群众深刻认识到，毛泽东、邓小平、江泽民三代中央领导集体关于兵团的论述是一致的，即兵团是稳定新疆的核心，是推进新疆经济发展、民族团结不可替代的力量，对兵团这种既屯垦又戍边的职能，只有放到新疆历史的长河中，放到当前国内外形势发展变化中，放到新疆稳定发展的大局中，其深远意义才可以看得更加清楚。兵团人对兵团的发展，对兵团精神的认识开始由错误、模糊转向正确和坚定。

兵团精神吸收了市场经济观念和创新意识。20世纪八九十年代是我国由计划经济向市场经济转轨时期，是新旧价值体系交替时期，是改革由浅向深逐步发展时期，是国家发展计划由东向中、西部逐步倾斜时期，是各种创新迭出时期。兵团的发展赶上了国家发展的黄金时期，兵团一些固有的、不合时宜的、落后的观念被逐一打破，兵团的光荣传统，如自力更生、艰苦创业、开拓进取的品质得到进一步的弘扬，并成为兵团精神的核心内容，激励兵团人勇于突破自我，探寻更大的发展空间。这一时期，兵团提出了“奋起二次创业，再造辉煌”的口号。市场经济增强了兵团人的民主意识、法制意识、公平意识、竞争意识等现代观念，敢闯敢试是这一时期兵团人的精神面貌，“基层连队直接选举”“干部任用公示制”的干部制度改革和“两费自理”“租赁承包经营”“实行股份制改造”“调整产业结构，实现两个根本转变”“大农场套小农场”的发展模式都是这个时期推出的。西部大开发让兵团人明白了何为机遇、如何抓住机遇。兵团要真正抓住机遇，必须要有正确的理论指导和坚定的精神信仰，因为从兵团的发展历史来看，兵团的每一次飞跃式发展必然伴随兵团精神的极大弘扬，兵团在西部大开发中快速发展也绝不能忽视兵团精神的凝聚、激励作用。在市场经济和西部大开发两大机遇面前，兵团对兵团人的精神支柱——兵团精神进行了进一步思考，认为兵团精神要发挥其凝聚人心的作用就必须将兵团精神的道德宣传与人们的经济利益追求结合起来，将精神激励作用融入人们的经济活动中。因此，必须不断从时代的发展中汲取新的内容，与世界人文思想发展的潮流同步，并从中获取先进的成果，正视社会发展的客观现实，并积极吸纳其有益的成分，兵团精神才能在内容和形式上获得新的发展。

（四）兵团精神发展的规律

改革开放时代精神同兵团屯垦戍边事业发展要求相结合，是兵团精神得以继续发展最直接、最深层的推动因素，也是决定发展阶段兵团精神传承关系和发展特点的主导性、支配性原因，是兵团精神发展阶段最显著的规律。

这一阶段，兵团精神更主要地体现为改革开放时代精神对兵团屯垦戍边事业提供的新的推动力。兵团精神是在改革开放新的历史时期得到总结的。兵团事业的创始人王震同志在1986年给《当代中国的农垦事业》的序言中提出："什么是中国农垦创业者的精神呢？我以为，最主要的：一是艰苦奋斗，二是勇于开拓。"当时，全兵团对兵团精神有多种不同的表述，20世纪80年代末，新疆生产建设兵团党委的同志们受王震将军高度概括的农垦精神的启示，深感对兵团精神有一个统一表述的必要。1988年，兵团党委提出了关于兵团精神表述的10个方案，最后一个方案是用周恩来总理1965年给兵团的题词来表述的："高举毛泽东思想的胜利旗帜，备战防边，生产建设，民族团结，艰苦奋斗，努力革命，奋勇前进。"兵团精神的初步方案送交王恩茂同志审定，王恩茂同志非常慎重地说："这是一件大事，容我考虑后再定。"时隔不久，王恩茂同志经过深思熟虑，提出了"坚持和发扬社会主义、爱国主义和全心全意为人民服务的精神，屯垦戍边，自力更生，艰苦创业，开拓奋进"的兵团精神。这个表述高度概括了10个方案的精髓，既简明集中，又好记好懂。它既肯定了兵团的宗旨，又明确了兵团的任务；既是对兵团这支具有光荣传统的老部队延安精神、南泥湾精神的继承和发扬，又是对建设边疆、保卫边疆几十年实践的提炼和总结；既是百万军垦战士用血汗凝成的宝贵精神财富，又是激励兵团人继续前进夺取更大胜利的强大动力；既是兵团进行社会主义精神文明建设的重要内容，又是兵团进行社会主义物质文明建设、再创辉煌的根本保证。所以，它一经提出，就得到兵团广大职工群众的热烈赞同和积极响应。

兵团精神的提出，使社会主义思想和爱国主义精神在兵团这个特殊的群体中得到了集中的体现，产生了巨大的凝聚力和向心力，激励着百万兵团儿女同心同德，为发展壮大兵团忘我工作。兵团精神准确而深刻地反映了兵团人基本的道德观、价值观和利益观，具有极大的感召力，发挥了巨大的鼓舞作用，必将教育一代又一代兵团人，造就一批又一批为祖国的屯垦事业而无私奉献的兵团人。为了使兵团精神的表述更加朗朗上口、便于宣传和为人们所熟知，2002年，兵团党委将兵团精神确定为：以"热爱祖国、无私奉献、艰苦创业、开拓进取”为主要内涵的兵团精神。

兵团精神虽然为兵团创业者所缔造，但作为一种认识成果和理论自觉，是同改革开放和现代化建设联系在一起的，是在中国特色社会主义新的实践中得到明确和真正把握的。改革开放的时代精神同兵团屯垦戍边事业相结合，决定和支配着兵团精神的发展，是这一阶段最具有根本性的规律。

四、兵团精神的深化[9]

从2001年至今，这一阶段可以称为兵团精神的深化阶段。之所以称为深化阶段，是因为这一阶段，兵团精神在发展中出现了新的标志性特征，即开始对兵团精神进行系统研究，并力求在屯垦戍边新实践中继承和弘扬兵团精神。

（一）兵团精神深化的标志

兵团精神深化阶段最明显的标志，就是新职工开始发挥兵团精神的继承者和创造者的主体作用，开始从理论高度研究兵团精神。

从兵团精神的实践载体兵团事业的发展来说，这一阶段经过长期的改革开放，已经形成了一些关于兵团事业发展的基本认识，特别是对兵团精神适应市场经济、在市场经济条件下运用兵团精神推动屯垦戍边实践的认识不断深化和统一；同时这一时期兵团事业开始进入全面建成小康社会的新时期，推动了兵团实践的不断深入。

从兵团精神发展遇到的现实课题来说，这一时期，主要是如何从理论高度总结和深化对兵团精神的研究，揭示兵团精神形成发展的规律，更有效地宣传和弘扬兵团精神，更好地运用兵团精神指导和推动兵团新的实践，特别是在兵团维护新疆社会稳定和长治久安的新实践中怎样进一步运用兵团精神的发展规律唱响兵团精神、推动兵团事业再创辉煌，这是兵团精神深化时期需要回答的现实课题。

从兵团精神同兵团实践之间的相互关系来说，由于这一时期兵团屯垦戍边实践已经经历了几十年的发展，不仅有丰富的成功经验，也有发展教训，对于市场经济下继承和弘扬兵团精神的重要性有了更加明确的认识，有利于更充分地发挥兵团精神对兵团实践的推动作用，促进兵团精神同兵团实践更加紧密地结合，使新中国屯垦戍边事业更具有内在的发展动力。这一时期兵团实践的广度已经基本确定，但实践的深度却随着改革开放的不断深入而深化，特别是随着兵团全面建成小康社会和维护新疆社会稳定和长治久安的实践，屯垦戍边实践的深度更达到了前所未有的地步，这也对兵团精神提出了更深层次的要求，使兵团精神同兵团实践的关系进入深层次的相互促进之中，能够运用兵团精神发展中的各种规律性认识更加自觉、更加系统、更加全面地推动兵团实践的发展。

从兵团人对兵团精神的认可程度来说，这一时期兵团已经从前一时期对大量新职工进入兵团和老职工退休的快速变动中逐渐适应下来，对于新职工在继承和弘扬兵团精神中的主体作用已经有了更加明确的认识，新职工也更加积极地融入屯垦戍边实践中，更加积极地承担起继承和弘扬兵团精神的责任，兵团精神在全体兵团人中的认可程度较前一时期大为提高，并且随着社会主义核心价值体系建设的不断深入，职工群众日益认识到兵团精神对巩固屯垦戍边的核心价值观和作为兵团人的主流价值的重要意义，兵团精神日益成为兵团人自觉的行为追求。

从兵团精神内在含义的完整统一性来说，由于这一时期兵团实践的深度达到空前的地步，为系统把握兵团精神各方面内涵创造了有利条件，特别是随着把弘扬兵团精神放到兵团建设社会主义核心价值体系之中来认识，作为屯垦戍边的核心价值观来把握，开始从理论高度研究兵团精神、总结兵团精神的形成发展规律，使兵团精神内涵的系统性、完整性、统一性得到了全面提升，并且得到了兵团内外的普遍认同，这是兵团精神深化时期出现的新特点。党的十六届六中全会明确提出了建设社会主义核心价值体系的战略任务，十七大又强调了建设社会主义核心价值体系的重要性，指出建设社会主义核心价值体系，增强社会主义意识形态的凝聚力和吸引力，必须巩固马克思主义指导地位，坚持不懈地用马克思主义中国化最新成果武装全党、教育人民，用中国特色社会主义共同理想凝聚力量，用以爱国主义为核心的民族精神和以改革创新为核心的时代精神鼓舞斗志，用社会主义荣辱观引领风尚，巩固全党全国各族人民团结奋斗的共同思想基础。同时，开展中国特色社会主义理论体系宣传普及活动，推动当代中国马克思主义大众化，推进马克思主义理论研究和建设工程，深入回答重大理论和实际问题，培养造就一批马克思主义理论家特别是中青年理论家，切实把社会主义核心价值体系融入国民教育和精神文明建设全过程，转化为人民的自觉追求；积极探索用社会主义核心价值体系引领社会思潮的有效途径，主动做好意识形态工作，既尊重差异、包容多样，又有力抵制各种错误和腐朽思想的影响。社会主义核心价值体系建设包含用马克思主义最新成果指导当前实践，把社会主义核心价值体系建设同民族精神的培育结合起来等内容，这就意味着社会主义核心价值体系建设包含了民族精神培育的重要内容，而培育民族精神又必须以马克思主义的最新成果为指导，这一论述揭示了民族精神的培育与社会主义核心价值体系建设的内在关系。兵团精神作为社会主义精神宝库中具有特色的部分，它与社会主义核心价值体系建设一样是包含与被包含的关系，兵团精神的发展也必须坚持马克思列宁主义，用马克思主义的最新理论成果指导兵团屯垦戍边事业，以兵团屯垦戍边事业的最新成果丰富兵团精神的内容，创新兵团精神的实现形式。

从构建社会主义和谐社会理念出发进一步深化兵团精神。社会和谐与否、和谐程度的高低是衡量今后改革发展的一项重要指标。和谐发展不仅是中国而且也是世界发展的方向，是世界各国共同努力的方向。和谐发展之所以受到世界各国的关注，是因为和谐发展更加强调人自身的和谐、人与人的和谐、人与社会的和谐、人与自然的和谐、国与国的和谐、国家与地区乃至世界的和谐。

和谐发展将整个世界包括人自身看作一个统一的和谐体，其任何一个部分或系统的不协调必然引发整个体系的混乱、断裂甚至崩溃。和谐发展不仅重视整体的和谐发展，更重视个体的和谐发展。

当前社会更加重视个体，即尊重差异、尊重生命、尊重合理的需求，尊重个体是和谐发展不同于以往任何发展理念的最大区别，也是和谐发展的包容性所在。具体到社会发展上，和谐发展理念要求社会发展要以人为本，突出人的主体地位，一切改革措施的实施、发展方案的制订、建设项目的设计及发展需要付出的成本等，都必须是为了最大限度地满足人的身心两方面的需求。和谐发展理念的深化是社会的进步，是人的自我认识的升华，是人从追求物质享受向追求精神满足、身心平衡发展的转变。人们在从物资极度匮乏的时代走向商品丰富的市场经济时代的同时，生活态度也发生了重大改变，由过去追求物质攀比转向尊重生命、保持健康、感悟生活、和谐相处，人们生活理念的变化表明人们的精神更健康、更朴实，人们的追求趋向于心理的平衡和身体的健康。在人们生活理念发生变化的情况下，兵团精神的建设也要顺应这一变化，以和谐发展理念引导人们崇尚兵团精神，将兵团精神通过具体的、形象的活动融入人们的生活中，使兵团精神更具时代感，在人们建设和谐社会的进程中自觉地接受兵团精神的教育，从而增强兵团精神的凝聚力、感染力和号召力。

任何伟大的精神都是在人们的实践活动中形成的。长期的屯垦戍边实践是兵团精神形成的基础，并以所取得的伟大成就展现着兵团精神的存在价值。自兵团成立之日起，兵团人忠于党、忠于祖国、忠于人民，按照“为各族人民大办好事”“不与民争利”的原则，白手起家，手推肩扛，历经无数艰辛在荒漠上开辟了一片片绿洲，建立了现代农业的基础；节约一寸布、一分钱，办起了工厂，建立了现代工业基础。正是在这种艰苦环境下，兵团人建立了一个个农牧团场和工矿企业，形成了门类比较齐全的经济体系，创造了人类改造戈壁沙漠、征服大自然的奇迹，为新疆的建设发展奠定了重要基础。兵团人自强不息、不断求得自身的进步和发展，凭借从前辈那里继承的敢于拼搏、勇于进取的精神，创造出庭院经济、小康连队、金边工程、白绿红工程、膜下滴灌等一系列新事物，在为新疆经济社会发展做出重大贡献的同时，促进了各民族文化的交流，增强了民族团结，巩固了祖国边防。在实践中形成的以“热爱祖国、无私奉献、艰苦创业、开拓进取”为主要内涵的兵团精神，成为兵团事业发展的精神支撑。而兵团精神本质上是实践的，只有在实践中它的价值才能够凸现出来，从这个意义上讲，兵团人在屯垦戍边实践中形成兵团精神，同时也实现着兵团精神存在的价值。任何伟大精神的存在都不是短暂的，都会在不断发展的实践中获得新生，并得以长久地传承。屯垦戍边实践是兵团精神长久传承的动力源泉。

新世纪新阶段，屯垦戍边实践面临着新的形势和新的任务。在全球化和社会主义市场经济条件下，“发展壮大兵团，致富职工群众”，全面建成小康社会的目标，要求兵团主动适应社会主义市场经济体制，着力改革创新，加快经济社会发展，为更好地屯垦戍边奠定坚实基础。伴随着兵团屯垦戍边的新实践必然会产生新的认识和理念，这些新认识、新理念为兵团精神的丰富发展提供了不竭的资源。兵团精神是屯垦戍边实践的产物，而屯垦戍边实践的发展必然推动兵团精神的发展。实践是兵团精神与时俱进的不竭动力，在实践中培育兵团精神，是兵团精神保持活力、兵团保持生命力的唯一途径。大力发展社会主义市场经济、全面建成小康社会、维护新疆社会稳定和长治久安的新的伟大实践，奠定了兵团精神不断深化的新的实践基础，提供了兵团精神始终保持活力和生命力的强大动力，兵团精神也在不断服务、指导、推动兵团事业发展的新的实践中，在全面建成小康社会和维护新疆社会稳定和长治久安的实践中不断得到深化，成为推动屯垦戍边新实践的强大精神动力。

（二）兵团精神深化的规律

要不断根据时代的发展和兵团实践的深入，特别是按照社会主义核心价值体系建设的要求，不断赋予兵团精神新的内涵。

社会主义核心价值体系建设与屯垦戍边基本价值观相结合，是兵团精神不断深化最强大的推动力，主导和支配着这一时期兵团精神的发展变化，是兵团精神深化阶段最显著的规律。

从兵团精神的产生发展过程可以看出，兵团精神全面体现了社会主义核心价值体系建设的要求，体现了屯垦戍边的基本价值。兵团精神虽然是在屯垦戍边这一特殊的实践中产生和形成的一种社会主义精神的具体形式，但并不局限于特定的时间，它以革命战争年代的人民军队革命精神为源泉，甚至可以上溯到封建时代历代屯垦，具有深厚的中华民族精神的底蕴。它并不局限于新疆这一地区，而是吸收了曾经遍布全国的农垦精神的内涵，是农垦精神的重要组成部分。兵团精神并不是在特定时间表现出来的精神特征，而是伴随兵团事业始终的一种精神，是屯垦戍边事业的内在生命之魂。兵团事业是随着新中国成立而开始的一项重要事业，这项事业不仅仅是一项地域性、局部性的事业，更是关系祖国最高利益和中华民族根本利益的重要事业，是为维护国家安全和促进边疆发展的一项重要事业；它将适应党和国家的需要、适应边疆各族人民的需要长期存在下去，是一种与时俱进的事业，是一项随着我国社会主义建设的推进而推进、深化的重要事业。

兵团精神的产生发展过程表明，兵团精神既是社会主义众多精神成果中的一种，又是在社会主义精神体系中具有重要地位的一种精神成果，是社会主义精神宝库中的重要内容。兵团事业的这种特征，使得兵团精神并不是一成不变的，而是随着兵团事业的不断深入而不断增添新的内容。特别是在改革开放新的历史时期，兵团精神在保持传统精神特征的同时，更多地具有了全球眼光、战略思维和时代特征，成为一种开放的精神。社会主义核心价值体系建设，更为兵团精神的丰富和发展创造了新的机遇，提供了新的视角，展示了新的发展空间。

兵团精神在社会主义众多具体精神中，有着独特地位和重要性，它与社会主义发展、中国特色社会主义实践同步。它的实践主体包括军队、转业军人、新职工和兵团创业者的后代等，来自五湖四海、全国各地各民族，具有广泛的群众性，是一种实践性强、涉及行业领域多、涉及地域范围广的重要精神实践。它所处的时代既包含了中华人民共和国成立之初，也包括了改革开放和中国特色社会主义建设新的历史时期，是社会主义核心价值体系十分重要的实践形式。

兵团事业的发展和兵团精神的实践是一种长期的、不断发展的实践，既存在继承问题，也存在不断发展和丰富的需求。作为社会主义核心价值体系的重要实践结晶，兵团精神是屯垦戍边核心价值观的精髓。屯垦戍边核心价值观体现了兵团人的基本价值观，而兵团精神就是兵团人的核心价值观之一。屯垦戍边核心价值观是社会主义核心价值体系在屯垦戍边实践中的具体化，是兵团人价值追求的灵魂；中国特色社会主义共同理想具体体现为对党的屯垦戍边事业、对兵团未来的信心，是兵团人价值追求的主题；民族精神和时代精神则具体体现为兵团精神，是兵团人价值追求的精髓；社会主义荣辱观具体体现为兵团人的行为标准和道德风尚，是兵团人价值追求的基础。

我们要不断根据时代的发展和兵团实践的深入，特别是按照建设社会主义核心价值体系的要求，不断赋予兵团精神新的内涵，不断把兵团精神作为兵团人的核心价值观加以巩固和强化，使之成为屯垦戍边核心价值观，深深地融入兵团人的情感、追求和行为之中，融入中国特色社会主义事业和中华民族的伟大复兴之中，融入全国各地社会主义核心价值体系建设的洪流之中，不断发扬光大。

五、继承弘扬兵团精神的有利条件[10]

兵团精神以兵团思想文化建设为载体，是兵团思想文化的核心和精华，继承弘扬兵团精神，离不开兵团思想文化建设的强力推进。

兵团精神是在兵团屯垦戍边实践中孕育发展起来的，继承弘扬兵团精神，离不开兵团屯垦戍边实践的有力推动。

在新的时代条件下、新的实践发展基础上继承弘扬兵团精神，是一项十分紧迫而重大的任务。只有充分认识到在继承弘扬兵团精神过程中面临的机遇和挑战，才能真正继承弘扬好兵团精神。从兵团所面临的世情、国情和社情来看，当前，继承弘扬兵团精神虽然面临着严峻挑战，但也存在着十分明显的有利因素。继承弘扬兵团精神，迫切需要我们充分认识并深入挖掘兵团在意识形态建设上具备的各种有利因素和优势条件。

（一）兵团屯垦戍边实践的推动

兵团精神是在兵团屯垦戍边实践中孕育发展起来的，继承弘扬兵团精神，离不开兵团屯垦戍边实践的有力推动。马克思指出：“发展着自己的物质生产和物质交往的人们，在改变自己的这个现实的同时也改变着自己的思维和思维的产物。”兵团屯垦戍边实践提出了继承弘扬兵团精神的现实需要，也是兵团精神得以形成发展的客观环境；同时，兵团精神的最大价值，就在于服务和推动兵团屯垦戍边实践。因此，兵团精神要得以继承弘扬，最根本的决定因素，还在于有兵团屯垦戍边实践的存在、有兵团事业的存在。兵团屯垦戍边实践孕育于1949年新疆和平解放之际，1954年新疆军区生产建设兵团的成立使这一实践进入一个新的阶段。从1954年兵团成立至今，经过六十多年的发展，在党中央的关心指导下，在全国人民的支持帮助下，在几代兵团人的共同努力奋斗下，兵团事业从无到有、从小到大，不断实现新的进步，在经济建设、民族团结、稳定新疆和巩固边防等方面都创造了辉煌的业绩，做出了不可磨灭的贡献，得到党中央和全国人民的高度肯定。这些成就，极大地增强了兵团人的自信心，鼓舞了职工群众发展兵团事业的斗志。兵团自成立以来，始终致力于农业现代化建设，兵团农业被认为是中国农业先进生产力的代表。21世纪以来，兵团不断加大农业内部结构调整力度，加快建设全国节水灌溉示范基地、农业机械化推广基地和现代农业示范基地，努力培育和引进一批科技含量高、市场前景好、辐射带动力强的龙头企业，使兵团传统优势农业加快转型。兵团是新疆现代工交建商企业的奠基者，新疆最早的现代化工厂、水利电力设施都是兵团人创办起来的。21世纪以来，兵团以市场为导向，以城市和工业园区为载体，实现工业经济总量、职工收入显著提高，新型工业凸显发展强势，第三产业拉动效应显著，非公经济不断发展壮大，科教文卫等社会事业加快发展，民生工程扎实推进。兵团是新疆城市化进程的重要推动者，自兵团创建之时，广大军垦战士就在戈壁深处、亘古荒原、边境沿线上建造了大批团场企业连队，成为新疆城市化的重要基础。进入21世纪以来，兵团坚定不移地实施城镇化发展战略，加快城市、工业园区、师部、团场城镇建设，突出城镇增长极作用，促进经济和社会资源有效集聚和合理配置，壮大产业和城镇规模。

（二）兵团思想文化建设的推进

兵团精神以兵团思想文化建设为载体，是兵团思想文化的核心和精华。继承弘扬兵团精神，离不开兵团思想文化建设的强力推进。兵团人从创业时起，就自觉发扬人民军队爱国主义光荣传统，弘扬优良作风，在屯垦戍边实践中树起了兵团精神的崇高丰碑。历代中央领导集体都充分肯定了兵团精神，中央和内地新闻媒体对兵团精神多次进行大规模集中宣传报道，郭小川、贺敬之、艾青等诗人和文学家热情赞美兵团精神，涌现出《军垦战歌》《军队的女儿》等在全国有影响力的优秀作品。经过六十多年的发展，兵团积累了蕴含着兵团精神的物质文化资源，产生了彰显兵团精神的大量优秀人物。兵团自觉弘扬兵团精神，不断加强对党的屯垦戍边理论特别是中央新要求的学习贯彻，先后成立了毛泽东屯垦思想研究会、兵团屯垦戍边理论研究中心等机构，组织兵团内外的理论工作者深入学习、研究宣传中央关于兵团工作的新要求。组织理论工作者开展兵团精神和屯垦戍边核心价值观研究，召开屯垦戍边新型团场理论研讨会、屯垦戍边理论研讨会、弘扬兵团精神理论研讨会等，编辑出版了《兵团知识简明读本》《毛泽东屯垦思想研究资料选编》《毛泽东屯垦思想研究》《兵团百科全书》等理论成果和《兵团精神》《正确阐明新疆屯垦史》等通俗理论读物，进一步明确了兵团精神的主要内容，在职工群众中大力宣传中央关于兵团工作的新要求，使中央关于兵团工作的新要求在职工群众中深入人心，为继承弘扬兵团精神奠定了思想理论基础。兵团宣传文化工作紧紧围绕兵团工作大局，通过新闻媒体、文艺演出、纪念活动等，深入开展兵团发展历程、成就经验、地位作用、发展举措、前进方向的集中宣传，描绘兵团事业的美好蓝图，使职工群众了解政策、增强主人翁意识，进一步巩固了职工群众团结奋斗、发展兵团事业的共同思想基础，为继承弘扬兵团精神奠定了实践发展基础。建立了新疆兵团军垦博物馆、三五九旅屯垦纪念馆等大批屯垦戍边爱国主义教育基地；坚持不懈地开展公民思想道德建设和未成年人思想道德教育，广泛开展文明城市、文明单位、文明生态小康连队、文明社区、文明和谐家庭、十星级文明户等群众性精神文明创建活动和道德实践活动；举办了“兵团道德模范”“感动兵团人物”“戈壁母亲”“美德少年”等评选活动，开展了丰富多彩的群众文艺活动和文艺下基层活动，创作了《戈壁母亲》《千古之策》《奠基西部》《化剑》《最后的荒原》《热血兵团》《秘筑中巴公路》等一批弘扬兵团精神、在全国有较大反响的优秀影视文艺作品，推出了刘守仁、李梦桃、赵机农、赵萍、卜宪运、郭斌、梅莲、屠海力、代江生、姜万富、吴兰玉、闻守国、马军武、尤良英、魏德友等各行各业体现兵团精神的先进典型，使军垦文化不断唱响时代新声，扩大了兵团精神的影响力和感召力，推动了职工群众继承弘扬兵团精神的实践。

（三）继承弘扬兵团精神的方法途径

兵团精神的继承弘扬，实质上是一个宣传教育问题，是通过一系列具体的方法途径宣传兵团精神、教育群众，使兵团精神深入全社会和群众中，成为兵团的主流价值和群众的核心价值观，变成群众的自觉追求和行动，进而使兵团精神成为兵团事业的鲜明标志，不断得到继承弘扬。具体来说，继承弘扬兵团精神，就是要做到明确宣传教育的对象以突出重点，明确宣传教育的载体以扩大覆盖面，明确宣传教育的抓手以丰富形式，明确宣传教育的责任以完善制度，实现兵团精神代代相传、永放光芒。

1.明确抓手，丰富形式

综合各种形式，继承和弘扬兵团精神的抓手可以分为宣传教育、氛围熏陶、示范引领、学习实践等几种，其他形式可以包含在这几种之中。

兵团精神宣传教育的抓手，包括各种宣传教育的手段、活动和形式，包括理论研究、学习教育、文化表演、舆论宣传、道德实践、文明创建、经验交流、典型引路、思想政治工作等，凡是能够为兵团精神宣传教育所采用的手段、活动和形式，都是继承和弘扬兵团精神的抓手。兵团精神的继承和弘扬，正是通过这样一个个抓手得以实现，为群众所感知、所体会、所遵循、所践行，成为全社会的常态和主流。如果没有抓手和形式，兵团精神就只能以自然的状态存在，就谈不上是有意识、有目的、有组织、有方法的继承和弘扬。综合各种形式，继承和弘扬兵团精神的抓手可以分为宣传教育、氛围熏陶、示范引领、学习实践等，其他形式可以包含在这几种之中。

宣传教育是继承和弘扬兵团精神主要使用的抓手。人们一谈到继承和弘扬兵团精神，首先想到的是要抓好宣传教育。宣传教育是一个含义非常广泛的概念，从广义上说，宣传教育指宣传文化部门和教育部门的所有工作，可以把所有抓手和形式都涵盖在内。从中等意义上说，宣传教育主要指采取文字、讲解、图片、视频等宣传形式向具体对象进行介绍和阐释，以帮助教育对象改变认知状态。从狭义上说，宣传教育主要指党政部门开展的形势政策教育。本书所使用的是中等意义上的宣传教育，这一意义在于揭示宣传教育的重点抓手是宣传施教者，强调宣传施教者具有影响力，宣传教育方式具有主动性、目的性和集中性，效果具有明显性。这种意义上的宣传教育，可以将思想政治教育、讲座讲课、宣讲报告会、演讲比赛、经验交流、成就宣传、宣传图片、标语口号、板报园地等形式纳入其中。在实践中，要根据宣传教育这一抓手的特点，动员组织尽可能多的人和组织成为宣传施教者。要发挥领导干部掌握政策、了解形势、影响力强、具有表率带动性的优势，运用在媒体上谈体会认识、到大中专院校作报告、深入基层同群众交流座谈和进行讲解等形式，开展兵团精神宣传教育。要发挥宣传部门和宣传思想工作者熟悉政策、掌握宣传资源、具有宣传经验的优势，运用成就展、图片展、政策教育、思想政治工作、现场观摩会、组织群众参观教育基地、制作标语、办板报等方式，开展兵团精神宣传教育。要发挥学校教师作为专门教育者熟悉教育规律、教育经验丰富的优势，面向学生和群众采取讲座、讲课等方式，开展兵团精神宣传教育。要发挥理论工作者对兵团精神理解深刻、视野开阔的优势，通过组织讲座、报告会、学术交流、论坛等形式开展兵团精神宣传教育。要发挥群众和青年学生了解自身需求、相互熟悉、易于交流的优势，组织开展群众性演讲比赛，让群众和青年学生开展兵团精神自我宣传、自我教育。

氛围熏陶是继承和弘扬兵团精神经常使用的抓手。营造良好的氛围既是继承和弘扬兵团精神的前提，又是继承和弘扬兵团精神的内容。氛围熏陶主要靠宣传思想文化部门和各类媒体，通过营造舆论和社会氛围来熏陶和影响受教育者。氛围熏陶也有广义、中等意义和狭义之分。继承和弘扬兵团精神，是需要兵团各级、各部门共同努力完成的一项长期性、综合性任务。各有关部门要建立定期召开联席会议的制度，加强相互之间的联系协调，共同推动工作开展。要针对党员干部、普通群众、青年学生等人员的特点加强分类指导。要完善继承和弘扬兵团精神的执行、评价、考核、激励机制，把继承和弘扬兵团精神同满足群众的精神文化需要结合起来，同推进各项具体工作结合起来，在深入人心、弘扬正气、联系实际上下功夫，锲而不舍、脚踏实地、久久为功，使兵团精神始终为广大群众所感知、所认同、所接受、所掌握、所奉行、所坚守、所传承，真正转化为群众的理想信念和自觉追求，成为兵团发展的生命线，成为兵团事业铁打的主心骨和前进的旗帜。

落实继承和弘扬兵团精神的宣传责任，既要靠兵团各级宣传思想文化部门和新闻媒体、文化事业单位，也离不开兵团各部门、各单位的积极参与。宣传是营造继承和弘扬兵团精神的浓厚氛围、吸引和调动全社会参与的重要形式，是继承和弘扬兵团精神的基本途径。只有形成全社会人人唱响兵团精神、人人实践兵团精神的浓厚氛围和社会风气，才能够把兵团精神变成兵团的主流价值、变成群众的自觉追求。兵团各级宣传思想文化部门和新闻媒体在落实宣传责任上担负着主要职责，各级各部门也都承担着宣传和弘扬兵团精神的责任。要牢固树立“大宣传”的意识，建立对内宣传与对外宣传、对上宣传与对下宣传、宣传部门宣传与各行各业宣传有机统一、协调配合、信息共享的“大宣传、大服务”机制，用“大宣传、大服务”营造大氛围、大环境，以高度的责任感，创造性地开展工作，使兵团群众人人、时时、处处都能感受到继承和弘扬兵团精神的浓厚氛围，都能接触到体现兵团精神的人和事，能够受到兵团精神的感染和熏陶。兵团各级宣传、文化、精神文明创建管理部门和哲学社会科学、新闻出版、文学艺术、广播电视等事业单位，都应把宣传好兵团精神，在全兵团营造浓厚的思想、舆论、文化、社会氛围作为根本职责，充分发挥兵团精神宣传主力军作用。兵团宣传文化部门要加强管理，积极挖掘、宣传体现兵团精神的典型事例，用兵团精神推动兵团文化发展繁荣。

兵团理论工作者要加强对兵团精神和屯垦戍边核心价值观的研究和宣传，从理论上揭示兵团精神的丰富内涵和发展规律。兵团新闻媒体要注重发现和深入报道体现兵团精神的典型人物和先进事迹，形成宣传兵团精神的舆论强势。兵团出版工作者要精心策划、编辑出版弘扬兵团精神的优秀读物和视听产品。兵团文艺工作者要贴近实际、贴近生活、贴近群众，努力创作、演出一批弘扬兵团精神、具有强烈感染力的优秀文艺作品。兵团精神文明建设工作要以创建文明单位为抓手推动兵团精神的继承和弘扬，利用屯垦戍边爱国主义教育基地宣传和弘扬兵团精神。广播电视要发挥受众广、影响大、形象生动的优势加强对兵团精神的宣传。要充分利用网络的力量宣传和弘扬兵团精神，在互联网上开辟兵团精神教育的新课堂和新阵地，让兵团精神通过网络走入群众特别是青少年的精神生活。要坚持兵团精神“走出去”战略，借助内地研究力量加强对兵团精神的研究，组织中央、地方乃至国外媒体集中宣传、报道和弘扬兵团精神的典型事例，利用兵团卫视在其他省区市落地的契机加大兵团精神对外宣传，通过扩大同内地的经济文化交流推动兵团精神“走出去”。特别要利用对口援疆的有利契机，加强同对口支援省市宣传文化部门的合作，不断扩大兵团精神在内地的影响力。

落实继承和弘扬兵团精神的工作责任，要靠兵团各部门、各单位和全社会的共同努力。继承和弘扬兵团精神，不是哪一个部门、哪一个单位的事，而是全兵团各个部门、各个单位的共同工作，是全社会的共同任务，是一项系统工程。兵团各级各类管理部门都必须认识到，兵团精神是兵团的主流价值，是兵团屯垦戍边事业的核心价值观，每个部门和单位都承担着继承和弘扬兵团精神的具体工作，都有责任、有义务使之落到实处。要充分发挥各部门、各单位继承和弘扬兵团精神的积极性、主动性和创造性，将兵团精神贯穿到兵团经济、政治、文化、社会建设和党的建设各领域，体现在兵团经济社会生活的各方面，从政策、体制等多方面给予有力支持，使之得到群众的广泛认同和自觉奉行。

兵团各级出台的具体政策措施和工作部署直接影响着群众对兵团精神的

认同，要加强相互之间的衔接、配合。兵团各级各类管理部门必须把倡导兵团精神作为自己的分内工作，充分发挥政策措施的导向作用，在出台的各项具体政策措施和工作部署中很好地体现继承和弘扬兵团精神的要求。要发动和激发学习者、实践者的学习实践热情和积极性。运用这一抓手继承弘扬兵团精神，要把兵团精神融入具体的学习实践内容之中，融入兵团各行各业维护新疆社会稳定和长治久安的具体实践之中，融入兵团群众的工作、生活、学习之中，使兵团广大群众在不断学习实践中将兵团精神继承好、弘扬好。要按照学习实践这一抓手的特点，注重将兵团精神的丰富内涵提炼为群众乐意参与、乐意学习、乐意实践的生动可感的内容，注意运用群众喜闻乐见、便于参与、易学易用、易见成效、深入浅出的形式，以增强群众学习实践的主动性、积极性和创造性，保证学习实践活动取得实效和不断深化，并在不断深化的过程中将兵团精神打造成为兵团的主流价值和群众的核心价值观。

2.明确责任，完善制度

领导责任、组织责任、宣传责任、工作责任等不同责任的落实，不能仅靠各部门、各单位和每个人自身的认识和热情，也不能仅靠上级单位和部门的要求，从根本上讲要靠制度，靠建立健全继承和弘扬兵团精神的长效机制。

兵团精神宣传教育的责任，是指继承和弘扬兵团精神这项工作所涉及的各方面的责任，具体可以划分为领导责任、组织责任、宣传责任、工作责任等不同责任。每一种责任都对应着某一方面的工作任务和要求，都需要有具体的部门或单位来落实。只有全面落实了各方面责任，继承和弘扬兵团精神这项工作才能得到不断推进，兵团精神才能在长期的建设中变成兵团的主流价值和兵团人的核心价值观，成为群众的自觉追求。落实好各项具体责任，不能仅靠各部门、各单位和每个人自身的认识和热情，也不能仅靠上级单位和部门的要求，从根本上讲要靠制度，靠建立健全继承和弘扬兵团精神的长效机制，通过科学的制度将各种责任分解落实下去。具体来说，就是健全领导制度以明确领导责任，健全管理制度以明确组织责任，健全宣传制度以明确宣传责任，健全工作制度以落实工作责任。

落实继承和弘扬兵团精神的领导责任，要靠兵团各级党委和领导干部。继承和弘扬兵团精神，是兵团的一项根本性任务，是关系兵团事业发展前途和未来的一项长期工程、基础工程、灵魂工程。能不能领导好这项工作，是对兵团各级党委、各级领导干部执政能力和领导水平的重大考验。兵团各级党委和各级领导干部，应当从这一高度深刻认识继承和弘扬兵团精神的重要性、紧迫性，深刻把握继承和弘扬兵团精神同推进兵团事业发展的内在联系，切实担负起领导责任。要从制度上落实领导责任，建立健全党委统一领导、一把手亲自抓、分管领导重点抓、专人负责的领导责任制，认真抓好落实。要把继承和弘扬兵团精神作为事关全局的大事来抓，列入各级党委的重要议事日程，从兵团事业发展全局出发制订长期工作规划，建立继承和弘扬兵团精神同推进兵团经济建设、政治建设、文化建设、社会建设和党的建设相互促进、协调发展的体制机制，明确各阶段工作目标和工作重点，加强投入，加大力度，有力地推动这项工作。要时刻关注和了解这项工作的进展情况，建立定期解决工作中遇到的各种问题的机制，确保这项工作不断向前推进。要建立党政各部门、社会各单位共同推进这项工作、群众广泛参与的体制机制，把党政各部门、社会各方面的力量充分调动起来，把广大群众的积极性充分发挥出来，把群众的思想统一到继承和弘扬兵团精神这一重大任务上来。对于在一段时间内集中开展的继承和弘扬兵团精神主题活动，要成立专门的领导小组，加强具体领导，确保活动扎实深入地开展。

落实继承和弘扬兵团精神的组织责任，要靠各级宣传部门和有关部门的通力合作。继承和弘扬兵团精神的工作能不能抓好、能不能取得预期的效果，关键在于这项工作的组织责任能不能得到很好的落实，在于兵团各级宣传思想部门能不能切实负起牵头责任，在于有关部门能不能通力合作、形成齐抓共管的合力。要从制度上保证各项组织责任的落实，建立健全宣传部门牵头主抓、有关部门紧密配合、全社会积极参与的组织体制和工作机制，切实把各项组织责任分解到有关部门和人头上。继承和弘扬兵团精神，是兵团宣传部门的核心任务，宣传部门要切实加强对这一工作的组织，把继承和弘扬兵团精神纳入兵团国民教育全过程、纳入兵团精神文明建设全过程，处理好集中开展活动同长期性、经常性工作的关系，统筹兵团内外宣传文化教育资源，精心制订和细化工作方案，组织力量认真实施。要建立运用兵团精神推动兵团文化大发展大繁荣的体制机制，充分发挥兵团精神作为兵团整个党政部门的工作乃至整个社会的活动都是在营造社会氛围，都是在熏陶教育国民。从中等意义上说，氛围熏陶主要是指具有营造氛围职责的部门和单位如宣传思想文化部门和各级各类新闻媒体所开展的经常性工作。狭义上的氛围熏陶主要指为了某一项具体的工作内容、在一定时间内开展的营造氛围工作。本书使用的是中等意义上的氛围熏陶，重点在于强调氛围营造者即宣传、文化、新闻战线本身所具有的经常性职责，强调这一工作具有经常性、业务性，使用手段和采用形式具有固定性，实现效果具有潜移默化性。能不能对各种教育对象产生潜移默化的影响是使用好这一抓手的关键。这种意义上的氛围熏陶，可以将新闻报道、报纸杂志、广播电影电视、网络信息、社会舆论、文艺创作演出、艺术节、文体活动等形式包括在其中。开展好这些活动，要根据氛围熏陶的特点，围绕营造浓厚的宣传氛围、舆论氛围、文化氛围和社会氛围，充分发挥相关业务部门和单位的作用。要围绕营造宣传氛围抓好各级宣传思想工作部门和宣传工作者，充分发挥他们在宣传组织、综合协调上的牵头作用，调动兵团内外各方力量共同抓好兵团精神的继承和弘扬。要围绕营造舆论氛围抓好新闻广电部门、各级各类新闻媒体（包括中央媒体、内地媒体、新疆地方媒体、兵团媒体、境外媒体等）及网络媒体，充分发挥他们在舆论造势、信息传播上的宣传主力军作用，组织开展继承和弘扬兵团精神的多视角报道、深度报道、动态报道和集中报道。要围绕营造文化氛围抓好文化管理部门、各类文艺创作表演团体、文艺社团、电视放映单位和文化服务单位，充分发挥他们在文化服务、满足群众精神需求上的专业组织作用，创作、拍摄、播放各种反映兵团精神的歌曲、影片、剧目等。要围绕营造社会氛围抓好社区、连队等基层政工部门和政工人员，充分发挥他们熟悉舆情、联系群众的社会服务作用，通过加强对群众的服务推动兵团精神不断得到继承和弘扬。

示范引领是继承和弘扬兵团精神集中使用的抓手。这种形式主要指具体的示范者和引领者，通过自身的典型行为和先进事迹，来影响和带动受教育者思想行为的改变。示范引领者本身也属于施教者，但与宣传教育这一抓手不同，示范引领的施教者主要是依靠具体的行为和事迹来影响他人，这些行为和事迹更多地与自身有关，因而更加明确，施教方式也更多地集中在他们的行为和事迹本身的感染力、吸引力上，通过“看”和“感”来达到教育目的，施教对象也比宣传教育抓手更加具体。

示范引领本身也属于引领过程，但与氛围熏陶所具有的潜移默化特点不同，示范引领这一抓手更突出引领的可学、可感性，因而更加明确和具体。由于典型模范是从各行各业具体的生产生活、工作学习中评选出来的，因而他们具有更强的群众公认性、同生产生活联系的紧密性，但同时也具有时效性强的特点。这就要求在运用这一抓手时，要注重集中使用，以更好地发挥其鲜明的教育意义。

示范引领是个系列过程，包括典型评选、典型表彰、事迹宣传、形成示范效应等。示范引领也是一种综合性的宣传教育形式，包括评选先进、典型宣传、先进事迹报道、人物采访、经验交流会、现场会、事迹展览、参观学习等众多形式。运用好这一抓手，关键是按照示范引领的特点，突出先进人物、先进事迹的鲜活可感性、可亲可学性，以激发受教育者的学习热情。榜样的力量是无穷的，老军垦、有经验的老同志和在兵团发展过程中涌现出来的英雄模范及各行各业的先进典型，是继承和弘扬兵团精神非常宝贵的资源。老军垦、老同志熟悉兵团历史、受人尊敬，先进模范亲身实践兵团精神，事迹感人、示范性强，要充分运用示范引领这一重要抓手，将这些宝贵资源利用起来，深入挖掘他们的内心世界，宣传他们的典型事迹，通过他们推动兵团精神不断得到继承和弘扬。

学习实践是继承和弘扬兵团精神重点使用的抓手。这种形式主要指学习实践者自觉进行某项学习或实践活动，在学习实践中带来自身思想认识、价值观念、道德情操、工作作风等精神状态和精神面貌的改变。这一抓手同宣传教育、氛围熏陶、示范引领等抓手有一个最大的不同，就是注重从受教育者自身的内在动力出发，通过他们学习实践的主动行为来改变自身的认识和精神状态，活动本身的开展就可以直接达到活动目的。这一抓手也是一种综合性的形式，包括各种理论学习活动、理论研究、群众性精神文明创建活动、道德实践活动及中央和自治区党委、兵团党委部署的学习贯彻等形式。我们党十分注重运用这一抓手来统一思想、提高认识、凝聚力量、推动实践。中央和自治区党委、兵团党委每次重要会议召开之后，都要开展学习贯彻会议精神的活动，运用的正是这一抓手。运用好这一抓手的关键，就是要增强学习实践内容和形式的吸引力、可学性，加强对这项工作的整体组织协调，引导和调动群众继承弘扬兵团精神的积极性，通过各部门和各单位的通力合作和持久努力，建立健全调动群众自觉继承和弘扬兵团精神的有效激励机制。要注重在日常管理和具体业务工作中体现兵团精神、践行兵团精神，使兵团精神贯穿到兵团工作的各个方面，使符合兵团精神、践行兵团精神的行为得到鼓励和表彰，违背兵团精神的行为受到制约，最终形成兵团上下共同唱响主旋律、共同继承和弘扬兵团精神的生动局面。

六、弘扬兵团精神[11][12]

宣传教育是继承和弘扬兵团精神的实质。通过一系列具体的方法和途径宣传兵团精神、教育群众，使兵团精神深入全社会和群众中，成为兵团的主流价值和群众的核心价值观，变成群众的自觉追求和行动，进而使兵团精神成为兵团事业的鲜明标志，不断得到继承和弘扬。具体来说，继承和弘扬兵团精神，就是要做到明确宣传教育的对象以突出重点、明确宣传教育的载体以扩大覆盖面、明确宣传教育的抓手以丰富形式、明确宣传教育的责任以完善制度，实现兵团精神代代相传、永放光芒。

（一）明确对象，突出重点

高校与新疆的农垦企业协同育人，必须继承和弘扬兵团精神，需要兵团各级各部门和高等学校共同努力完成。要建立定期召开联席会议的制度，加强相互之间的联系协调，共同推动工作开展。完善继承和弘扬兵团精神的执行、评价、考核、激励机制，着重在深入人心、弘扬正气、联系实际上下功夫，锲而不舍、脚踏实地，使兵团精神始终为高校所认同、所接受、所掌握、所奉行、所坚守、所传承，真正转化为高校大学生的理想信念。

高校大学生是兵团事业的接班人和生力军，在继承和弘扬兵团精神中承担着学习者、继承者、传播者、弘扬者的作用，也是兵团精神宣传教育的重要对象。促进兵团事业的发展、履行“三大功能”、发挥“四大作用”、维护新疆社会稳定和长治久安，绝不是一代人的事，而是一项长期艰巨的工作，要靠一代又一代人前赴后继、继往开来、不断奋斗才能完成。继承和弘扬兵团精神，也不是只在一代人中进行宣传教育，而是要让兵团精神在兵团人中一代代传下去，成为兵团人世代相传、永久珍惜的宝贵财富。

高校大学生是兵团的希望和未来，必须坚持不懈地用兵团精神培养和教育他们，引导他们健康成长，承担起兵团事业合格建设者和可靠接班人的重任，确保兵团事业后继有人。培养和引导他们健康成长成才，是继承和弘扬兵团精神刻不容缓的紧迫任务。兵团承担着特殊使命，需要应对暴力恐怖势力、民族分裂势力、宗教极端势力的分裂破坏和西方敌对势力的“西化”“分化”。对未成年人和青年学生的争夺是意识形态领域反分裂斗争的重点，培养和造就兵团事业的可靠接班人是兵团履行职责使命的重要内容。必须通过继承和弘扬兵团精神，提高高校大学生对兵团优良传统和优良作风的认识，增强他们对兵团事业的了解和所肩负职责使命的认识，提高他们辨别是非、抵御错误思想侵袭的能力。

（二）明确载体，扩大覆盖

落实继承和弘扬兵团精神的宣传责任，既要靠兵团各级宣传思想文化部门和新闻媒体、文化事业单位，也离不开兵团各部门各单位的积极参与。宣传是营造继承和弘扬兵团精神的浓厚氛围，吸引、调动全社会参与的重要形式，是继承和弘扬兵团精神的基本途径。只有形成全社会人人唱响兵团精神、人人实践兵团精神的浓厚氛围和社会风气，才能够把兵团精神变成兵团的主流价值、变成群众的自觉追求。兵团各级宣传思想文化部门和新闻媒体在落实宣传责任上担负着主要职责，各级各部门也都承担着宣传和弘扬兵团精神的责任。要牢固树立“大宣传”的意识，建立对内宣传与对外宣传、对上宣传与对下宣传、宣传部门宣传与各行各业宣传有机统一、协调配合、信息共享的“大宣传、大服务”机制，用“大宣传、大服务”营造大氛围、大环境，以高度的责任感，创造性地开展工作，使兵团群众人人、时时、处处都能感受到继承和弘扬兵团精神的浓厚氛围，都能接触到体现兵团精神的人和事，能够受到兵团精神的感染和熏陶。兵团各级宣传、文化、精神文明创建管理部门和哲学社会科学、新闻出版、文学艺术、广播电视等事业单位，都应把宣传好兵团精神，在全兵团营造浓厚的思想、舆论、文化、社会氛围作为根本职责，充分发挥兵团精神宣传主力军作用。兵团宣传文化部门要加强管理，积极挖掘、宣传体现兵团精神的典型事例，用兵团精神推动兵团文化发展繁荣。

兵团理论工作者要加强对兵团精神和屯垦戍边核心价值观的研究和宣传，从理论上揭示兵团精神的丰富内涵和发展规律。兵团新闻媒体要注重发现和深入报道体现兵团精神的典型人物和先进事迹，形成宣传兵团精神的舆论强势。兵团出版工作者要精心策划、编辑出版弘扬兵团精神的优秀读物和视听产品。兵团文艺工作者要贴近实际、贴近生活、贴近群众，努力创作、演出一批弘扬兵团精神、具有强烈感染力的优秀文艺作品。兵团精神文明建设工作要以创建文明单位为抓手推动兵团精神的继承和弘扬，利用屯垦戍边爱国主义教育基地宣传弘扬兵团精神。广播电视要发挥受众广、影响大、形象生动的优势加强对兵团精神的宣传。要充分利用网络的力量宣传和弘扬兵团精神，在互联网上开辟兵团精神教育的新课堂和新阵地，让兵团精神通过网络走入群众特别是青少年的精神生活。要坚持兵团精神“走出去”战略，借助内地研究力量加强对兵团精神的研究，组织中央、地方乃至国外媒体集中宣传报道弘扬兵团精神的典型事例，利用兵团卫视在其他省区市落地的契机加大兵团精神对外宣传，通过扩大同内地的经济文化交流推动兵团精神“走出去”。特别要利用对口援疆的有利契机，加强同对口支援省市宣传文化部门的合作，不断扩大兵团精神在内地的影响力。

落实继承和弘扬兵团精神的工作责任，要靠兵团各部门、各单位和全社会的共同努力。继承弘扬兵团精神，不是哪一个部门、哪一个单位的事，而是全兵团各个部门、各个单位的共同工作，是全社会的共同任务，是一项系统工程。兵团各级各类管理部门都必须认识到，兵团精神是兵团的主流价值，是兵团屯垦戍边事业的核心价值观，每个部门和单位都承担着继承和弘扬兵团精神的具体工作，都有责任、有义务使之落到实处。要充分发挥各部门、各单位继承和弘扬兵团精神的积极性、主动性和创造性，将兵团精神贯穿到兵团政治、经济、文化、社会建设和党的建设各领域，体现在兵团经济社会生活各方面，从政策、体制等多方面给予有力支持，使之得到群众的广泛认同和自觉奉行。

兵团各级出台的具体政策措施和工作部署直接影响着群众对兵团精神的认同，要加强相互之间的衔接、配合。兵团各级各类管理部门必须把倡导兵团精神作为自己的分内工作，充分发挥政策措施的导向作用，在出台的各项具体政策措施和工作部署中很好地体现继承和弘扬兵团精神的要求。

第三节　北大荒精神

20世纪50年代中期，党中央、国务院和中央军委决定开发和建设北大荒，这一重大战略决策由王震将军指挥实施。20世纪50年代中后期，王震将军率领10万复转官兵、5万大专院校毕业生、20万各地支边青年、54万城市知识青年组成百万洪流，挺进人迹罕至的“北大荒”，将“北大荒”建成了五谷丰登的“北大仓”。南泥湾精神在东北的黑土地上衍生出了“艰苦奋斗、勇于开拓、顾全大局、无私奉献”的北大荒精神。

“艰苦奋斗、勇于开拓、顾全大局、无私奉献”的北大荒精神，是黑龙江垦区人民在七十多年的开发建设中，用青春和汗水、鲜血和生命，在极其艰苦的环境下培育和锤炼出的一笔宝贵的精神财富。它从军旅文化开始，由移民文化与知青文化承接，在几十年的农业生产建设中，在一代又一代的北大荒人身上打磨传递，赋予时代精神。如今，北大荒精神已成为中华民族历久弥新的精神财富的重要组成部分，在不同时期都发挥出积极向上的激励作用。新时代，高校大学生如何传承和弘扬北大荒精神，是摆在我们面前的新使命、新任务。

一、“艰苦奋斗”[13]

“艰苦奋斗”，是北大荒精神最重要的组成部分，是北大荒人的立身之本、传家之宝。七十多年来，北大荒人凭着不畏困难、拼搏实干的“艰苦奋斗”精神，在“一穷二白三苦”的环境里站稳了脚跟，直接推动北大荒经济社会逐步走向繁荣昌盛。新的历史时期，北大荒人的物质生活得到了极大改善，生产方式也由传统农业向现代农业转变。但是对于北大荒人来说，艰苦奋斗的精神不能丢，艰苦奋斗要与时俱进，要在转方式、调结构的过程中赋予新的内涵。

在改革发展的关键时刻，依然要有不怕困难、拼搏实干、敢于争先的使命担当，要有不达目的誓不罢休的魄力，这才是对北大荒精神的最好诠释。要与时俱进将艰苦奋斗精神赋予新的内涵，做到“富而思进、富而思源”，无论垦区的发展何等繁荣，都要生产出质量好、适销对路的产品，以获取最佳的效益；要励精图治，增强竞争力，用艰苦奋斗的精神去开拓市场。

二、“勇于开拓”

北大荒人以解放思想、敢闯敢试的开拓精神，创造了北大荒极大的物质成就和丰富的精神文化。当前，垦区率先实现农业现代化是一项前无古人的伟业，没有现成的模式和经验可以借鉴，与过去的创业相比，难度更大、意义更深远，更需要弘扬锐意改革、勇于开拓的创新精神，奋力进取，以改革、创新求突破。

2018年9月25日，习近平总书记来到北大荒垦区建三江管理局考察调研，对垦区过去的成绩予以肯定，对垦区的未来发展提出了新的要求。垦区在深化国有农垦体制改革，建设现代农业大基地、大企业、大产业市场经济的今天，就是要敢于打破枷锁，打破旧传统、旧框框，建立现代企业制度；破除画地为牢、封闭保守的思想观念，科学提出全力招商“提速”、上大项目“加劲”、做强产业“升位”的思路；破除因循守旧、落后陈旧的思想观念，树立勇于先行先试、敢于快行快试的市场意识；破除安于现状、不思进取的思想观念，树立抢抓机遇、开拓创新的机遇意识；破除过度依赖政策、创新意识不强的思想观念，树立百折不挠、勇争一流的看齐意识；破除小富即安、小进即满的思想观念，树立乘势而上、不懈奋斗的创业意识；破除缺乏责任心、得过且过的思想观念，树立令行禁止、执行到位的大局意识；要勇于开拓国内外市场，敢于在产品、质量、服务等方面充分利用国内外两种资源、两个市场，与跨国公司一争高下，抢占制高点；要勇于创新，进行思维的创新、体制的创新、管理的创新和文化的创新。

三、“顾全大局”

北大荒这个群体，从诞生之日起就肩负着为国家生产商品粮的重任，也创造了从北大荒到北大仓的辉煌，成为国家重要粮食生产基地，在保证全国粮食安全方面处于举足轻重的战略地位。在保障和维护国家战略利益过程中，实现垦区的自身发展，自觉把本地、本区域的经济社会发展纳入全国、全省的整体战略布局之中，以我们的奋斗和奉献为祖国提供保障，这就是顾全大局。顾全大局，就是要为取得长远利益，牺牲眼前的、局部的利益；就是要从全国、全省和全国农垦系统的整体出发，树立全局观念，全力构建垦区的区域经济，打破场与场之间、局与局之间的封闭和垄断，努力促进垦区经济与全国经济的共同繁荣；就是要坚持可持续发展原则，切实做好垦区的环境保护和生态建设，做到经济效益与社会效益、生态效益的有机结合、相互统一。

四、“无私奉献”

无私奉献就是为了党和国家的利益不惜一切代价，赢得事业的成功。不计较一时一事得失，坚持诚信为本、合作包容，在互利共赢中实现长远发展，是北大荒精神的闪光点。北大荒人承载着党和人民的殷切期望，一代接一代薪火相传，终将昔日的北大荒变成今天的北大仓，为垦区的繁荣发展做出了巨大的贡献。

新时代农垦企业要走出新路子、实现新业绩，就是要牢记习近平总书记的嘱托，坚持“中国粮食，中国饭碗”“农业振兴，就要插上科技的翅膀”等重要指示精神，坚定走中国特色国有农业现代化道路的信心和决心。在企业管理中深化改革，加快公司化改造，同时要弘扬无私奉献精神，以培育和践行社会主义核心价值观为理念，树立全心全意为用户服务的观念，将“无私奉献”融入企业文化，倡导“奉献、友爱、互助、进步”的志愿精神，不断丰富企业志愿服务内容，规范志愿服务激励机制，形成“弯腰行动”、“员工互助”服务站、“善行奉献银行”三项服务品牌工程。同时，公司通过一系列的制度化、标准化志愿服务推广活动，建立志愿服务台账，制定等级量化考核，通过多层次、多形式的激励手段，激发全体员工参与志愿服务和公益慈善活动的积极性，发扬不图名利、忘我工作的奉献精神，汇聚起新时代农垦企业现代化建设发展的正能量。

文化自信，弘扬民族精神和时代精神是全国高校思想政治工作会议精神和党的十九大精神。习近平总书记在视察黑龙江时发表重要讲话，要求发扬北大荒精神，传承好北大荒精神，在传承和弘扬北大荒精神过程中，汲取奋发前进的精神营养和智慧力量，立德树人，充分发挥北大荒精神育人功能，为谱写壮美的中华民族伟大复兴中国梦的伟大篇章做出新贡献。以“艰苦奋斗、勇于开拓、顾全大局、无私奉献”为主要内涵的北大荒精神是中国农垦企业优秀精神的源泉，也是全国人民宝贵的精神财富。传承和发扬北大荒精神，参观北大荒精神展示馆，用生动的图片和视频资料展示和传承北大荒精神对新一代的农业高校大学生具有重要意义。

五、北大荒精神的传承

黑龙江八一农垦大学成立了北大荒精神与文化研究所并建立了北大荒精神实践研修基地用来传承和弘扬北大荒文化。2019年4月24日，该研究所邀请了北大荒版画院院长张泽新作“版画中的北大荒精神呈现”主题学术报告。通过欣赏不同时期北大荒版画作品，从艺术的角度形象地解读了北大荒精神，让广大师生认识其中所蕴含的生活之美、艺术之美，感受到北大荒版画带给人们心灵的震撼和精神的熏陶，使得灵魂得到洗礼，思想得到升华。

（一）通过文体活动弘扬北大荒文化

黑龙江农垦企业通过作家协会、美术家协会、书法家协会、音乐舞家协会等，以博物馆、图书馆、文体馆、文化广场为阵地，广泛传播北大荒文化，弘扬北大荒精神，举办各种文艺演出、各类比赛活动，展出各类艺术作品，举办垦区青年歌手大赛。2015年中国龙舟公开赛（北大荒站）和全国钓鱼锦标赛（北大荒站），先后在八五二农场蛤蟆通水库举行，央视媒体、龙视媒体及垦区主流媒体、国家各大网站对这两项赛事进行了全方位的报道，向全国人民充分宣传展示了现代北大荒、绿色北大荒、幸福北大荒，提升了北大荒文化的影响力。“舞动龙江”——黑龙江省第三届快乐舞步争霸赛农垦赛区暨黑龙江垦区第二届全民健身运动会在红兴隆管理局文化广场举行，红兴隆赛区共有12个农场、11个局直党委和1个局直健身操协会共24支比赛队伍参赛。

（二）通过参加和举办交流会弘扬北大荒文化

黑龙江省农垦总局文化委与哈尔滨市文化和新闻出版局等单位在哈尔滨国际会展中心联合主办2015中俄（哈尔滨）文化博览会暨北大荒文化产品展

示交流会。展会设非物质文化遗产、瓷器、茶文化、珠宝、书画展区和独立的北大荒文化产业展区，参展商家共计400多个。展会以“彰显地域特色，促进文化交流”为主题，以扩大艺术产品交易、推动艺术市场发展为目的，各管理局共销售各类文化产品价值近30万元，签订意向性合作协议56份、总价值约300万元。新华农场还与参展客商签订了1 000吨富硒大米采购合同，价值1 000万元。黑龙江省农垦企业还参加了第十届中国（深圳）国际文化产业博览交易会，展示北大荒文化产品，推介北大荒文化产业项目，学习各省市发展文化产业的先进经验。黑龙江农垦总局文化委、北大荒版画院、北大荒文化创意产业集团有限公司精心挑选10余幅优秀的北大荒版画作品在这次展会上进行展示。其中，张泽新作品《太平沟记事之二》被大会评为“中国工艺美术文化创意奖”银奖，杨渝光作品《天地同春鹤舞丰泽》被评为“中国工艺美术文化创意奖”铜奖，此外延军农场葫芦烫画、汤原农场玉米皮粘贴画、二九〇农场宣纸烙画也在这次展会上进行了展示。展会期间，北大荒文化创意产业集团与深圳观澜版画村签订合作协议。由中国澳门贸易投资促进局主办的第二十届澳门国际投资贸易展览会在澳门威尼斯人度假村会展中心举办。在黑龙江省商务厅和黑龙江农垦总局的组织协调下，北大荒版画院参加了这次以“促进合作共创商机”为主题的展览会。这是北大荒版画首次在澳门展出，共展出北大荒版画家近两年创作的优秀作品31件。

（三）通过数字图书馆宣传北大荒文化

黑龙江省农垦总局数字图书馆拥有电子图书镜像资源310万册，学术期刊全文数据库7 660余种，博士学位论文全文数据库384种，优秀硕士学位论文全文数据库547种，重要报纸全文数据库543种，精品文艺期刊文献库322种，精品文化期刊文献库419种，精品科普期刊文献库149种，国家年鉴全文数据库995种，百科讲坛资源13 000集。

黑龙江省农垦总局数字图书馆开发的移动平台已完成系统建设工作，在满足管局、农场、管理区电子阅览室需要的基础上已面向垦区个人用户开放，垦区广大职工群众已经可以通过各种移动设备查询、浏览并获取相关信息。

（四）通过北大荒博物馆弘扬北大荒文化

2015年，北大荒博物馆接待观众1.4万余人次，提供讲解服务300余场；开展博物馆志愿者工作，与东北农业大学水利与建筑学院首批25位志愿者签约，为东北农业大学学生提供志愿讲解服务12场；做好“5·18”国际博物馆日和开馆10周年的宣传工作；征集展品40件（套）、新增入库书籍1 800本。在馆内显要位置张贴纪念世界反法西斯战争暨中国人民抗日战争胜利70周年宣传展板，举办“记忆与守望——北大荒博物馆开馆十年回顾”临时展览；做好研究资料的撰写和业务报表等材料的呈报工作，撰写《北大荒博物馆图典》一书的书讯，编撰《记忆与守望——北大荒博物馆开馆十年回顾》，由黑龙江人民出版社正式出版；撰写新闻稿《北大荒博物馆迎来十岁生日》，分别刊登于《北大荒日报》、东北网、《黑龙江日报》、《北大荒史志》；收集整理黑龙江垦区24家博物馆、纪念馆和场史馆讲解词；向黑龙江省党史研究室呈报馆内讲解词和出版的书籍，作为红色旅游景点的资料；按照大庆市文化局要求完成博物馆2014年度统计年报的网络上传工作和北大荒博物馆2014年年检资料的上报；向黑龙江省文化厅整理上报垦区7家博物馆年检材料；开展学习交流工作，先后到哈尔滨啤酒博物馆、哈尔滨城市规划馆、双城第四野战军纪念馆和哈尔滨世纪汽车历史博物馆参观学习；选拔4名讲解员参加黑龙江省2015年讲解员岗位讲解大赛；完成垦区及本馆文物普查工作，完成所有珍贵文物的定级工作，共确定二级文物18件（套），三级文物866件（套），完成垦区866件（套）三级文物的鉴定手续，并将相关手续报省文化厅备案；指导文物收藏单位进行文物信息录入工作，完成馆内340件（套）珍贵文物信息平台上报；拍摄一般文物402件，共1 652张照片，基本完成馆内402件一般文物的离线录入。

（五）通过文学创作弘扬北大荒文化

2015年，垦区作者创作出版作品22部，比上年增加4部。其中，黑龙江农垦职业学院陈彦斌在浙江少年儿童出版社出版儿童长篇小说4部，即《黑鱼泡子》《猞猁谷》《冰湖》《最后的狼族》。铁力农场学校金薇的《我的爱情睡醒》由译文出版社出版，《天下无敌的六五班》由河北少儿出版社再版，其根据自己的长篇小说《前妻来袭》改编的40集电视连续剧《头号前妻》由阿里影业与中汇影视拍摄。刘海生在中国文史出版社出版《高人》《最好不相见》两部长篇小说和散文集《爱情是什么东西》。廖少云的《云雀谷》由大连出版社出版。此外，还有彭丽的传记文学《一代英才邓嗣禹》，赵春雷的长篇小说《大荒谣》，高跃辉的散文集《寻梦北大荒》，王菲的散文集《故乡是条寂寞的河》，王菲与高绪波合作的诗歌集《手牵手，在阳光下行走》，高绪波主编的《建三江散文111篇》，黄黎、高明山的《黄振荣传》，马美玲的长篇小说《漫步的云》。2015年，黑龙江垦区广大作者在报刊上也发表了大量的文学作品。黑龙江省农垦总局党委副书记邹积慧，先后在《人民日报》《诗刊》《中华诗词》《黑龙江日报》《诗潮》等报刊发表格律诗58首。九三管理局廖少云的获奖长篇童话《云雀谷》，2015年1月由大连出版社出版并于2015年6月再版，散文和童话在《儿童文学》《读者》《小星星》发表。赵国春在《中国文化报》《散文百家》《中国散文报》《中国农垦》《特别文摘》发表散文11篇，有16篇入选《记忆与守望》等文集。赵宝海在《诗潮》《诗林》《生活报》等报刊发表新诗和格律诗78首，16首诗入选《东北三省诗歌年鉴》《中华诗词20年选粹》等书。宝泉岭管理局的王淑梅先后在《中华诗词》《诗词周刊》《诗潮》《中华辞赋》及网络上发表作品近百篇。红兴隆管理局友谊农场的中学生李楠在《中学生报》《少年月刊》《学生天地》等9家报刊发表童话故事12篇，在纺织出版社出版校园小说《专心才会赢》。牡丹江管理局作协主席张剑霜在《诗林》《诗潮》《扬子江诗刊》发表诗歌9首。牡丹江管理局孙文彬在《陕西文学》《章回小说》《阳光》等报刊发表小说散文11篇。八五七农场朱磊在《中国农垦》《杂文月刊》等省级以上报刊发表散文、随笔5篇。北安管理局作协常务副主席刘文在《微型小说月报》《西安晚报》等40余家报刊发表165篇，其中，省级以上79篇，作品入选《闪小说年度精选2015》《微篇小说佳作2015》。哈尔滨管理局作协主席张广玲多篇小说、散文在《北方文学》《生活报》《岁月》等报刊上发表。

第四节　高校文化与农垦精神融合育人

育人者，德育为先，德育是高校与农垦企业协同育人的重要组成部分。农垦精神是农垦企业骄傲与自豪的精神财富，是农垦人在我国边疆亘古荒原中历经三代人，用青春和汗水、鲜血和生命，在特殊的历史条件和极其艰苦的环境中培育和塑造的精神境界、道德情操和意志品格。在高校与农垦企业协同育人过程中，农垦精神的熏陶与教诲是高校立足农垦企业服务国家的精神脊梁。传承和发扬农垦精神，不忘初心，牢记使命，是高校与农垦企业协同育人的根基。

在高校与农垦企业协同育人中，无论将来培育的高校毕业生是否投身农垦企业建设，都应了解农垦文化继承和弘扬农垦精神，脚踏黑土，不忘本色，才能更好地为祖国做贡献。

2017年10月18日，习近平总书记在十九大报告中指出："没有高度的文化自信，没有文化的繁荣兴盛，就没有中华民族伟大复兴。"传承好中华传统文化，是当今时代大学文化建设的首要任务。中华传统文化是一个民族的文化根基，必须深深扎进历史的土壤，才能有长久的生命力，才能以独有的姿态屹立于世界而被其他民族尊重。"一带一路"的倡议促进了国与国之间的文化交流，不同国家和民族所蕴含的文化和价值观都为我国大学文化建设增添了新的思想，因此，坚定"文化自信"关系着国家、民族和社会的总体发展。坚定大学生理想信念，培养大学生仁爱、诚信、正义、求大同的核心思想，把社会主义核心价值观和农垦精神融入大学文化建设中，清除不良文化对大学生思想层面的侵蚀。通过智慧校园建设，丰富网络文化传播手段，构建多元化的大学文化传播体系。建立开放意识、海纳百川、兼容并包、自强不息、敬业乐群、见义勇为的大学文化氛围，增强大学文化建设的开放性。培养大学生崇正义、讲仁爱、守诚信的精神，坚定大学生认同我国传统文化、维护社会政治稳定和民族感情，能利用新理念、新媒体和新话语激发大学师生的民族自豪感和归属感。

一、高校文化

高校文化是在大学经过多年发展过程中孕育积淀而成的，浓缩了数代教育家的理想和追求，赋予了不同高校、不同文化的品质特点，包含着大学师生对学术探索的总体认识和理想期待，是高校发展的经验与智慧的结晶，是以高校德育为根基，在特定的历史条件下，经过不断积累、传承与创新形成的精神财富和物质成果的总和。高校的整体精神风貌、行业特色和办学水平可以体现大学文化建设的成效，优秀的高校文化是全校师生共同的价值追求，是塑造大学崇高品格的立校之本真。

二、农垦精神传承路径

在高校与农垦企业德育中，传承农垦企业文化，实行隐性育人和显性育人相结合，以隐性的方式进行思想的感化，推进智慧校园建设，搭建高校网络文化传播新平台，形成全方位、多视角、开放共生的高校文化发展新面貌。高校文化的传承要与农垦企业优秀文化相互融合，将我国农垦企业文化传承下去。

（一）精神文化建设

高校精神文化建设必须以人为本，以大学生的积极文化知识生活为本。精神文化建设是高校文化建设的核心，要追求真知、自由独立、继承和创新。

“文艺是铸造灵魂的工程师，承担着以文艺化人、以文艺育人的职责。”以文艺活动为切入点进行高品位的大学精神文化建设，是引领大学生的价值追求、满足大学生的精神需要，提升大学生审美能力的有效措施。

丝韵春风等大型文艺作品，既能通过浅层和感性的活动来感化大学生的感性认知，又能通过深层和系统的文艺熏陶来培养大学生的理性认识，发挥文艺的教化功能，激励大学生尚德求真和自强不息的品质，使他们在德行、知识和能力方面都得到全面发展。将社会主义核心价值观承载到文艺作品中，通过文艺作品表达本真的价值追求，使大学生对文艺作品表达的思想和价值观产生情感认同，顺应时代发展，将带有我国传统色彩的书法、太极、武术、国画等融入大学精神文化建设，表达新时代的主流价值观，以此对大学生进行精神上引导和教化。在“一带一路”的大环境下，各国文化在大学汇集，大学生受到多元文化的影响，价值取向也越来越丰富，可避免大学生受不良文化的影响，出现价值观偏差，通过弘扬蕴含社会核心价值观的优秀文艺作品，培养大学生仁爱、诚信、正义、求大同的思想，引导学生通过分析、比较和鉴别后树立正确的核心价值观。

（二）制度文化建设

制度是有形和科学的管理，文化蕴含在管理之中。大学制度文化有益于大学各组织之间合理、高效、规范地运行。大学制度文化是指大学制度规则本身及组织运行机制和制度执行过程中所蕴含的价值取向的总和。大学制度文化可分为表层的文本制度汇编和深层的内化于心的行为准则。制度具有强制性、规范性和组织性，可以保障大学各项活动得以顺利开展。制度文化建设要强调以人为本。由于大学生成长的环境与文化差异，形成的价值观不同，在大学制度文化建设中，结合大学制度价值体系，逐渐形成大学制度文化的认同，在思想上与时俱进，突破旧观念，使来自各国和各个省份的大学生拥有一致的价值观，通过建立奖惩机制和文化活动加强大学生对制度文化的整体认同感，激发大学制度文化的生机和活力。

（三）物质文化建设

智慧校园的建设是大学物质文化建设的新形式。网络平台的“人物入网、计算入云、数据入库”突破了大学物理空间的限制，云端“空间”服务站实现了资源的共通与共享，是新时代大学物质文化建设的新亮点。

加拿大教授史蒂芬利考克在《我见之牛津》中提出“大学生周围的生活环境是对他真正有价值的东西。这种被物化了的设计包含了设计者的审美观和价值观，直接形象并具有持久性，它折射出了物质背后所蕴含的精神与思想。”所以说，大学的物质文化是传播大学文化的第一印象。大学校园内的自然景观、校史馆、图书馆、名人雕塑、伟人画像、标语等都属于物质文化建设，可以直接影响大学生的感观。大学物质文化建设是以间接、内隐、浸透的方式熏陶着学生的精神和气质。加强大学校园物质环境文化建设，创建环境优美的自然景观，发展大学生网络文化，构建行业特色大学的独特风貌，在大学生活中让大学生全方位接受新时代的气息，对大学生的精神成长及人格品性的形成发挥着巨大作用。

（四）行为文化建设

行为文化是指人的生活方式、态度、价值观等在人的行为中的具体表现，是作为个体的人在人际交往中依靠习惯和自觉逐渐培养生成的礼俗、民俗和风俗等行为方式，是无意识的习惯与有意识的自觉相互作用而形成的。大学行为文化是大学校园中的所有人力资源（主要包括教师、学生和管理人员）在教学、学习和管理活动中以实际行动为载体，体现和实践出来的精神风貌和文化内涵。其主要包括管理队伍在学校各项活动运行中的工作态度、行为方式和精神风貌，教师在教学和科研活动中所表现出来的教学态度及学生在学习、生活和各类群体社团活动中所表现出来的行为，共同构成了大学的校风、教风和学风。行为文化是一所大学的价值理念、人际关系、工作状态和文化底蕴的综合体现。教师及其他教育工作者在大学的教学、管理等日常活动中的行为都会对大学生起到表率作用，影响着大学生的行为。学高为师，身正为范。教风建设要提倡“笃学敬业、崇尚学术”的精神，坚持正确的教育方向，提升教师的专业水平和师德层次。重视教师学术队伍建设，牢固建立学术自由和教师遵守学术道德，培养专业的学术团队。支持大学生参与学术研究和创新创业，充分发挥大学的学术引领作用。学风是大学生学习状态和精神面貌的表征，也是大学教学育人状态的表现，关乎大学的社会声誉，培养大学生笃学尚行、革故鼎新、崇尚学术的学习习惯。大学生们在大学的学习生活中交流感情、激荡思想，培育良好的思想品德。“见微知著，经典语录赏析”“真人图书馆”等大学文化活动使凝聚在文化著作和生活中的价值观融入大学生的学习和生活，引导大学生的人生观、世界观和价值观的形成。大学图书馆中的文化典籍在传递知识、传递经验中使大学生接受积极向上的社会主流文化思想。

管理人员和领导干部的工作作风对学校风气的形成也起着至关重要的作用。以人为本、严谨、求真、务实的工作作风在多元文化激荡、碰撞与交融的“一带一路”大背景下，既秉承本真，又融合多元文化的包容精神。这种兼容并包的博大胸怀让各种不同的文化范式在大学管理中凸显力量。

（五）网络文化传播建设

随着“互联网+教育”的迅猛发展，网络校园平台、“互联网+”大学生创新创业平台及校园新闻网、大学校园广播、微信平台和国家精品在线开放课程的建设成为大学文化网络传播的主要途径，使大学生参与到大学文化建设具体实践中，通过声音、文字、图片等多种形式让大学生及时了解大学文化活动的最新内容，传播新思想，传递正能量；积极建设大学文化网络交流空间，开拓多元化网络交流渠道，参与大学生互动；重视大学网络文化传播建设，构建崇德向善的网络文化，净化网络环境，保障网络安全，融合传统媒体和新兴媒体发展，构建新型大学网络文化主流媒体。

（六）高校文化建设评价体系建设

高校文化评价体系的建设要以社会主义核心价值观为指导，传递社会主义文化发展正能量，传承我国优秀传统文化，坚持中国共产党领导，不忘本来，吸收外来，面向未来；依靠大学党委、社会和政府三方对大学文化建设的评价与反馈，了解各种传播手段的应用效果和意见，倾听大学师生的主体情感诉求，根据各种文化传播方式，对不同的反响和意见及时调整应用比例和幅度，提升大学文化建设的有效性与合理性。

三、校企文化融合育人

“文化自信”要以高校文化建设为基点，增强我国大学生走向世界、面向未来的内在根基，也是培育大学生全面发展的重要力量。高校文化建设与农垦企业文化融合可积极发挥高校文化育人功能，通过文艺教化、制度建设、物质建设、行为文化建设等净化大学风气，将现代管理制度融入高校文化建设与农垦企业文化融合当中，体现以人为本的管理观念，健全高校文化的激励评价机制，提升大学章程的落实力度，从而激励高校师生参与高校文化建设的内生动力；重视高校行为文化建设，以思想意识教育作为重点，推进高校内涵式发展。高校与农垦企业文化融合是一项系统工程，在制度文化、物质文化、行为文化和精神文化及评价中端正大学生核心价值观，弘扬我国传统优秀文化，传承农垦文化，吸收外来，不忘本来。在新的时代的背景下，培育有深厚内涵和持久生命力的社会主义建设者和接班人。

“知农、学农、爱农”是高校大学生在农垦事业中从事科学研究和生产的必备基本素养。在高校与农垦企业文化融合育人中，了解农垦生产的历史，用现代化的科技手段发展农业，造福人类，对大学生尊重农垦发展历史，用现代科技改造我国农业生产具有深远意义。

四、农垦精神的传承

农垦精神是三代农垦人经过七十多年积淀而成的。中国的农垦事业越来越强大，已拥有农垦企业6 000多个，出口商品总额6 654 251万元，耕地面积6 446 931公顷。农垦事业的蓬勃发展，离不开农垦精神的薪火相传。正如王震将军所言：“时代前进了，生产发展了，我国农垦已有了雄厚的物资技术基础，但创业者艰苦奋斗的精神不能丢，要代代传下去”“最主要的是发扬农垦精神，把这个无价之宝一代接一代地传下去”。几十年来，一代又一代农垦人不畏艰险、顽强拼搏，他们战严寒、斗酷暑、艰苦奋斗、勤俭创业的精神不曾改变；几十年来，一代又一代农垦人解放思想、敢闯新路，他们破旧习、立新规、勇于开拓、敢于创新的精神没有褪色；几十年来，一代又一代农垦人携手共进、患难与共，他们“你帮我、我帮你，精诚团结、协作奋进”的精神一直没丢；几十年来，一代又一代农垦人不计得失、勇于牺牲，他们为国家、为人民，顾全大局、无私奉献的精神代代传承。

改革开放后，国家经济体制由计划经济向市场经济转轨，承担着很多社会职能的国有农场要实现自主经营、自负盈亏，给广大农垦干部和职工极大的压力。因为农业本身就是弱质产业，常受自然灾害侵袭，收入很不稳定。场部职工承包土地办家庭农场也要照章纳税，他们承担了为国家应急解难的任务，还要承担其中的经营风险。在“拨改贷”政策实施后，由过去拨款改成贷款，也要计利息，很多人苦不堪言。但农垦人从不怨天尤人，他们非常理解国家的困难，靠着“艰苦奋斗，勇于开拓”的农垦精神负债经营、纳税经营、风险经营。他们大刀阔斧地进行体制改革，转换经营机制，提高运营效率。一时间在农垦这片热土上蓬然兴起了50多万个家庭农场、家庭牧场、家庭茶场、家庭果场等。搞大农场套小农场，双层经营，负重前行的农垦人硬是凭着顽强的精神闯出了一条血路，实现了科学发展。广东、上海、黑龙江、陕西等垦区先后在泰国、俄罗斯、喀麦隆等国开办企业、开荒种地，创造了令异国友人叹为观止的一个个人间奇迹。而这一切仍然靠的是先辈们留下来的农垦精神。

农垦精神的核心内容之一就是顾全大局、无私奉献。非典时期，北京粮食市场一时紧缺，黑龙江垦区领导接到电话后不问价钱，连夜开动48条大米精加工生产线，连续七天七夜将20 000吨优质大米源源不断运往北京。抗震救灾期间，北大荒人又经受住严峻的考验，他们仅用了两天多时间，就将2 400吨大米运到四川灾区；寒害期间，广西垦区出资1亿多人民币无偿救助受害的乡村甘蔗农户；云南垦区勐捧农场无私解囊百万余元为傣家村民架桥修路等。在社会主义新农村建设中，农垦人广开渠道、多门路致富，人均收入大大超过了农村，成为农业战线最先富起来的群体。但是，农垦人深知“一花独秀不是春”的道理，他们响应中央的号召，正以先进的生产力和农业科学技术，支援着周边的农村，携手广大农村共同实现农业现代化。

农垦人崇高的精神风貌影响和感动了越来越多的人。近些年来宣传和报道农垦感人事迹的影视作品、书报刊物等越来越多。如央视一套就先后播出了反映农垦生活的《破天荒》《戈壁母亲》《龙抬头》《第一犁》等优秀作品，并创下了收视率的新高。而《当代中国的农垦事业》《一代农垦人》《盛世农垦》《突破北纬17度》《雁飞塞北》等书籍或画册也比较畅销。有些年轻人也会时不时地哼唱《草原之夜》《戈壁滩上盖花园》《兵团战士胸有朝阳》《北大荒人的歌》《何必让你记着我》等赞美农垦精神的歌曲。所以我们完全有理由相信，农垦精神一定会代代相传，永不褪色[14]。

五、农垦精神的升华

农垦精神是农垦事业发展的重要支撑，是指引农垦人阔步前行的内在动力。王震将军曾说："在今天，坚持和发扬这种精神，对推动我国的农垦事业以至进一步加速发展整个社会主义事业仍是非常重要的。"可以这么说，农垦精神已跨越时空，成为中华民族精神宝库中的一朵绚丽奇葩。今后，为了让这朵精神之花更加光彩夺目，我们要不断地丰富其内涵，提升其价值，确保农垦精神随着时代发展而不断升华。

首先，要坚持农垦精神与时代精神相融合，不断增强农垦精神的活力。时代精神，是一个时代的人们在文明创建活动中体现出来的精神风貌和优良品格，是激励一个民族奋发图强、振兴祖国的强大精神动力。弘扬农垦精神，必须把握时代的脉搏，与以改革创新为核心的时代精神紧密结合，从而引导农垦与时代同行，这也是农垦精神的价值及它能否生存和发展的关键所在。农垦精神绝不能停留在过去，弘扬农垦精神本质上就是一种建设和创新，是面向新时代的一种精神创造。农垦精神需要在创造中继承，在推陈中出新，在发展中与时代精神融为一体。一方面，要源源不断地为农垦精神注入新的内容，使其常讲常新，常用常新；另一方面，要着眼于新时代对农垦发展的新要求，在深化改革与扩大开放的过程中不断进行农垦精神的拓展与创新，培育新时期的新农垦精神。这其实是同一个过程的两个方面。历史已经证明，任何背离时代和时代精神的精神都会走向衰落，而农垦精神要永远兴盛于世，就必须不断地与时代精神相融合，做到与时俱进。

其次，要坚持农垦精神与民族精神相融合，不断丰富农垦精神的内涵。民族精神，是一个民族在历史长河中孕育而成的精神样态，它表现在一个民族的节操、气度、风范上，更表现在一个民族处于逆境中所呈现出来的镇定自若、奋发有为、自强不息、不屈不挠的志节和心境上。农垦人是中华民族大家庭中的一个优秀群体，他们的事业就是在以爱国主义为核心的民族精神指引下开创和发展起来的。可以说农垦人自始至终都是在为国创业，为国兴业。农垦精神就是民族精神在农垦人身上的生动体现。今后，进一步丰富和发展农垦精神，要坚守爱国主义的核心地位，急国家所急，想国家所想，随时听从国家的召唤。一旦国家和民族需要，要自觉服务大局，不讲条件、不计代价，替国家分忧，为民族解难，用自己的行动证实农垦人对祖国的赤胆忠心，用农垦精神的光辉印证中华民族精神宝库中这朵奇葩别样的风采。

再次，要坚持农垦精神与地方精神相融合，促其落地生根。目前，我国的农垦系统已覆盖了全国26个省（市）、自治区，而且多数都不同程度地在接受地方政府的领导。地方上现在都非常重视文化软实力建设，重视对地方精神的提炼。独具地方特质的地方精神，凝聚了地方认同，塑造了地方形象，彰显了地方特色。农垦人具有海纳百川的胸怀，也具有入乡随俗的自觉，因此，无论到了哪里，他们都会坚持与地方实际相结合，做到一切从实际出发。农垦精神具有兼容并包的气度，它对地方精神持开放态度，积极地与地方精神相融合，这让农垦精神更接地气。以广东农垦为例，在岭南这片热土上，“先天下、纳百川、重诚信、讲实干”是岭南文化的魂，也是广东农垦精神来源之一。广东农垦人长期受到岭南文化的浸润，对新时期的农垦精神——厚于德、诚于信、敏于行也非常认同，并自觉地与之相结合。这样，就使农垦精神无论走到哪里，都能通过与地方精神相结合而在那里落地生根。

农垦精神的具体化一方面是指将农垦精神具体化为农垦系统每一成员的精神作风，包括企业、农场、学校、医院，每一个农垦人都应自觉地将农垦精神与自身实际相结合，展现出自己独特的精神风貌。如广东农垦企业，就是以农垦精神为本，将现代意识与企业个性结合起来，形成了“艰苦创业、团结奋进、求实开拓、积极奉献”的企业精神，既赢得了市场效益，又赢得了社会尊重。黑龙江八一农垦大学，传承着“北大荒精神”并将其融入办学实践之中，凝铸形成了“艰苦奋斗、无私奉献、务实求真、负重致远”的八一农大精神，使学校发展内生动力强劲，声名远播。农垦精神的具体化，另一方面是指通过项目化、工程化的方式，将农垦精神由“虚”转为“实”。农垦精神不仅要内化于心，更要外践于行。

农垦精神的传承与发展，一定要以社会主义核心价值体系为指导，高举马克思主义的伟大旗帜，始终与中国特色社会主义共同理想保持一致，不断融入民族精神、时代精神与地方精神的新元素，自觉践行社会主义荣辱观，使农垦精神既有厚重的理论基础，又有阔远的提升空间，既有重要的理论意义，又有重大的实践价值。

第三章　智育——产学研协同育人

第一节　我国高校与农垦企业协同育人历史回顾

1984年，农垦系统有高等院校9所，其中部委直属的高等院校包括华南热带作物学院、新疆石河子农学院、塔里木农垦大学、石河子医学院、新疆生产建设兵团财经专科学校和师范专科学校，省属的高等院校包括黑龙江八一农垦大学、黑龙江农垦师范专科学校和吉林农垦特产专科学校。1984年，高等农垦院校设置的本科专业有16个，即热带作物栽培、热带植物保护、热带作物产品加工、热带园艺、热带作物机械化、农学、农业机械化、畜牧、兽医、植物保护、果树蔬菜、果林、农田水利工程、农业经济管理、财会、医学。1978年国家恢复培养研究生的制度后，各农垦院校努力创造条件招收研究生，黑龙江八一农垦大学、石河子农学院、华南热带作物学院先后开始招收硕士研究生。高等院校的师资除由国家分配外，主要从本校毕业生中选留，并采取请进来和派出去（国内外院校）的办法进行了培养。

一、农垦高等院校概况

（一）黑龙江八一农垦大学

黑龙江八一农垦大学创建于1958年，由王震兼任校长。1965年7月9日，农垦部党组给中央农办的报告中这样叙述：1958年，农垦部面临着大规模的开荒建场任务，在北大荒，需要有大批的农业科学技术人才，急需有根据农垦特点培养干部的基地。因此，根据中央教育方针，农垦部确定在生产基地办学，建立黑龙江八一农垦大学。建校初期，学校设4个系、6个专业：农学系设农学专业；农机系设农业机械化专业；牧医系设畜牧专业、兽医专业；

农经系设财务与会计专业、农业经济管理专业；基础部还设有英语师范专业，二年制。学校设有函授部，开设财务与会计专业，还有一个校办农场。1973年，黑龙江八一农垦大学划归黑龙江省人民政府。经过六十多年的发展建设，黑龙江八一农垦大学现已成为一所具有鲜明现代化大农业特色，以农为主、多学科协调发展的农业大学。学校诞生于十万复转官兵开发建设北大荒的历史大潮中，原校址位于密山市裴德镇裴德峰脚下。学校师生发扬解放军优良传统和“抗大校风”，传承北大荒精神，走出一条自强不息、砥砺奋进的发展之路。2003年，学校整体迁入大庆市，进入了提速升级、跨越发展的新时期。在长期的办学实践中，学校凝练形成了“艰苦奋斗、无私奉献、务实求真、负重致远”的办学精神，并因优良校风和办学实绩赢得了社会的广泛赞誉。

学校现址位于大庆市高新技术产业开发区，总占地120.04万平方米，建筑面积40万平方米，固定资产总值12.41亿元，教学科研仪器设备3.05亿元，图书213.22万册。学校现有教职工1 344人，其中专任教师833人，教授165人、副教授276人，具有博士学位教师317人，占比38.1%；海外经历累计1年以上教师122人，占比14.6%。学校拥有“国家特殊支持计划”（万人计划）领军人才1人、“长江学者奖励计划”青年学者1人、科技部“中青年科技创新领军人才”1人、“龙江学者”特聘教授1人、龙江学者青年学者3人、“王震讲座教授”22人、全国优秀教师1人、全国模范教师1人、省级教学名师4人，享受国务院和省政府特殊津贴38人，建有3个省级教学团队、6个省级领军人才梯队、21个农垦总局领军人才梯队、4个省高校科技创新团队。

学校具有三级学位授予权，现建有11个本科学院及马克思主义学院、体育教研部、继续教育学院等教学机构，学科专业涉及农学、工学、管理学、理学、法学、文学、经济学7个学科门类，拥有4个博士学位授权一级学科，9个硕士学位授权一级学科，6个硕士专业学位授权类别；建有49个本科专业，其中国家级特色专业3个、省级重点专业9个。学校面向23个省（直辖市、自治区）招生，全日制在校本科生近15 000人，各类在校研究生1 600余人。建校以来，学校累计培养和输送毕业生13万人，培训各类人员50余万人次。

学校着力推进教学改革，人才培养质量不断提升。“十二五”以来，获批1个国家级专业综合改革试点项目，2个国家级卓越农林人才教育培养计划改革试点项目（涵盖7个专业），1个国家新工科研究与实践项目，3个省级专业综合改革试点项目，5个省级卓越农业人才教育培养计划改革试点专业项目，2个省级新工科研究与实践项目，4个省级示范性虚拟仿真实验项目；

获批国家级实验教学示范中心2个，国家级校外实践教育基地1个，省级实验教学示范中心5个，省级虚拟仿真实验教学示范中心1个，省级校外实践教育基地3个；建有省级精品视频公开课4门，省级精品在线开放课程3门，省级线上线下精品课程1门；主编农业部“十二五”规划教材15部。学校毕业生就业率始终保持在省属高校前列，2015年度被评为“全国高校毕业生就业工作50强”。

学校科研工作以应用研究和技术开发为主要方向，现建有国家杂粮工程技术研究中心、新农村发展研究院、教育部粮食副产物加工与利用工程技术研究中心、农业部农产品加工质量监督检验测试中心（大庆）等21个国家、省部级科研平台，以及7个省高校重点实验室、工程技术研发中心。学校建有3个博士后科研流动站及1个博士后科研工作站，与地方政府合作共建“牡丹江食品与生物技术创新研究院”“大庆设施农业研究院”。“十二五”期间，学校获批国家级、省部级等各类课题300余项，科研经费2.4亿元。建校以来，学校共取得科研成果1 500余项，获得省部级以上奖励157项，以“大豆三垄栽培技术”“农作物种衣剂”为代表的一批重大科研成果在生产实践中得到有效转化，创造了巨大的经济效益和社会效益。学校先后3次获得“黑龙江省省长特别奖”，2次获得“黑龙江省大专院校和科研单位振兴经济奖”。

学校坚持开放办学，与美国、英国、加拿大、俄罗斯、法国、韩国、日本、印度、乌克兰等国家和地区近30所高校和科研院所开展交流与合作。目前，学校与俄罗斯符拉迪沃斯托克国立经济服务大学实施本科生中外合作办学项目，与韩国国立江陵原州大学、日本山形大学、波兰波兹南生命科学大学等国外高校实施交换生、留学生等项目，与加拿大阿尔伯塔大学实施中加合作食品研究发展中心项目，与印度UAS大学实施中印杂粮工程技术研究中心项目，与乌克兰哈尔科夫国立无线电电子大学、哈尔科夫国立城市规划大学实施交换生项目。

学校承担了传承北大荒精神的社会责任，现建有黑龙江省学校思想政治理论课教师社会实践研修基地和黑龙江省北大荒精神学术交流基地，充分发挥学校地缘、人才和科研等资源优势，以基地为平台，切实加强北大荒精神的实践教育资源的研究工作，将北大荒精神作为一种得天独厚的文化传统和教育资源，全方位融入办学育人之中，着力培养具有北大荒精神烙印的现代农业人才。

困知勉行，积厚成器。“十三五”时期，学校坚持“育人为本、质量立校、崇尚学术、特色发展”的核心办学理念，以立德树人为根本任务，以服务龙江全面振兴、服务国家农业现代化为办学使命，以产教融合发展为导向，以质量提升为核心，着力提高学校内涵发展水平和办学综合实力，向建设特色鲜明的高水平现代农业大学目标不断迈进。

（二）石河子大学

石河子大学前身诞生于1949年9月中国人民解放军解放新疆的进军途中，1996年4月由农业部部属的石河子农学院、石河子医学院、兵团师范专科学校和兵团经济专科学校合并组建。

石河子大学是国家“211工程”重点建设高校、国家西部重点建设高校和省部共建高校，是“中西部高校基础能力建设工程”和“中西部高校综合实力提升工程”（一省一校）入选高校。2017年，学校入选国家“双一流”建设一流学科建设高校，2018年入选“部省合建”高校，纳入教育部直属高校排序。学校始终坚持“立足兵团、服务新疆、面向全国、辐射中亚”的办学定位，坚持“以服务为宗旨，在贡献中发展”的办学理念，坚持“以兵团精神育人，为维稳戍边服务”的办学特色，成为维稳戍边、建设边疆的重要力量。

学校现有经济学、法学、教育学、文学、历史学、理学、工学、农学、医学、管理学、艺术学11大学科门类。学校有92个本科专业，8个一级学科博士学位授权点、26个一级学科硕士学位授权点、20种硕士专业学位授权类别、2个博士后流动站、2个博士后科研工作站。现有国家一流建设学科1个、国家重点学科1个、国家重点培育学科1个、自治区重点学科10个。有国家级教学团队3个、国家级教学名师2人、国家级精品课程4门、双语教学示范课程1门、精品视频公开课3门、精品资源共享课2门、国家级特色专业建设项目5个、实验教学示范中心1个。学校是教育部卓越（医生、工程师、农林人才）教育培养计划项目试点高校，设有6个卓越人才培养计划项目试点专业。学校还设有国家大学生文化素质教育基地、校外实践教育基地。

学校坚持走产学研一体化道路，发挥大综合、强应用的学科优势，在“荒漠绿洲区高效农业与生态、动物遗传改良与疾病控制、新疆地方与民族高发病防治、新疆农产品高效贮藏与深加工、新疆特种植物药资源与开发、化工绿色工艺及新型材料技术、新疆特色农业生产机械化技术与装备、兵团经济社会发展”等具有区位优势和特色的研究领域取得了突破性进展。近年来，主持国家“973计划”项目2项、国家“863计划”课题4项、国家科技支撑计划项目6项、国家哲学社会科学重大招标项目7项，取得科研成果300余项，获省部级以上奖励200余项。学校现有国家国际科技合作基地3个，省部共建国家重点实验室培育基地2个，教育部重点实验室2个，教育部工程中心2个，国家地方联合工程研究中心1个，国家地方联合工程实验室2个，国家大学科技园1个，国家新农村发展研究院1个，农业部重点实验室1个，兵团重点实验室4个，兵团工程技术研究中心3个，兵团协同创新中心4个，自治区教育厅重点实验室4个，自治区和兵团文科重点研究基地4个。

学校拥有良好的教学、科研条件。校园面积179.4万平方米，校舍面积119.2万平方米，实验室、实习场所面积20.18万平方米，绿化覆盖率41%，拥有设施完善的图书馆、体育馆、游泳馆、田径馆、标准体育场、会堂、综合教学楼等一批标志性建筑，有附属医院4个。学校2011年被评为“全国文明单位”。

学校现有教职工2 493人，专任教师1 714人，中国工程院院士1人，教育部“长江学者奖励计划”特聘教授2人，国家“973计划”项目首席科学家2人，教授249人、副教授624人。拥有教育部创新团队2个，黄大年式教师团队1个，入选教育部“新世纪优秀人才支持计划”10人，省部级以上专家人才73人。

学校面向全国31个省（市、区）招生，现有在校生41 559人，其中普通本科生22 180人，普通专科生973人，硕士、博士研究生4 352人。学校本科毕业生就业率连续多年稳居新疆高校前列。近年来，学校先后荣获“全国普通高校毕业生就业工作先进集体”“全国毕业生就业典型经验50所高校”等荣誉称号。

学校广泛开展对外交流与合作，成立了国际教育中心，在哈萨克斯坦建立了孔子学院，先后与美国、俄罗斯、白俄罗斯、哈萨克斯坦、吉尔吉斯斯坦、新西兰、加拿大、澳大利亚、奥地利、日本、韩国等国家70余所大学和科研机构开展了多层次、宽领域的交流合作，先后有15个国家1 200余人来校留学。

学校积极拓展校际、校地、校企交流合作。自2001年开始，北京大学长期坚持对口支援石河子大学，2010年，以北京大学为组长单位，华中科技大学、华东理工大学、华中农业大学为副组长单位，重庆大学、江南大学、对外经济贸易大学、南京师范大学、华南农业大学为成员单位的高校团队对口支援石河子大学。2018年，中国农业大学对口援建农业工程学科。学校先后与浙江大学、西北农林科技大学、陕西师范大学等30余所国内高校签订了校际合作协议，与三师、八师、十师、十四师、玛纳斯县、沙湾县、和硕县等兵团、自治区30余家单位签订了校地合作协议，与新疆天业、新疆天富、天山铝业、新疆西部牧业等30余家企业建立了校企合作关系。

（三）塔里木大学

塔里木大学原名塔里木农垦大学，位于新疆维吾尔自治区南疆塔里木盆地境域的阿拉尔，创建于1958年10月。塔里木大学是一所具有光荣革命传统的学校。1958年，为了适应国家屯垦戍边事业和开发塔里木垦区对各类人才的需要，在王震将军的倡导和关怀下创办了该学校，他生前一直任名誉校长。学校是国务院学位委员会批准的首批具有学士学位授予权的本科院校，2003年获硕士学位授予权，2004年5月经教育部批准更名为塔里木大学，2007年在教育部本科教学水平评估中被评为“优秀”，2017年成为“教育部创新创业示范高校”，2018年获博士学位授予权，2019年进入教育部第二批“三全育人”综合改革试点高校，原为农业部直属高校，现隶属新疆生产建设兵团。

学校的名称几经改易，学校的干部师生几经流动更迭，但胡杨精神一直未变，兴疆固边的初心和宏愿也一直未变，始终传承南泥湾优良传统，发扬“抗大”作风，以国家利益为至高利益，忠诚履行屯垦戍边职责使命，形成了“艰苦创业、民族团结、求真务实、励志图强”的优良校风，培育出以“艰苦奋斗、扎根边疆、自强不息、甘于奉献”为主要内涵的胡杨精神，确立了“质量立校、特色兴校、人才强校”的办学理念，明确了“做塔里木文章、创区域性优势、建综合性大学”的发展思路，形成了“环塔里木生物多样性和文化多样性”研究特色，彰显了“用胡杨精神育人、为兴疆固边服务”的鲜明办学特色，走出了一条有特色、可持续的学校振兴与发展之路。学校为新疆尤其是南疆经济社会发展做出了积极贡献，发挥了不可替代的作用，成为“教育战线上的一支奇兵”，传承了“共和国的伟大创举”，续写了“共产党人的伟大杰作”，创造了“人间奇迹”。

学校现已发展成为一所以农为优势，以生命科学为特色，农、理、工、文、管、法、经、教育、艺术、历史等多学科协调发展的综合性大学。校园占地面积2 613亩（1亩=666.6平方米），校舍建筑面积63万平方米。面向全国31个省区招生，现有全日制学生15 000余人，其中少数民族学生占27%。学校有11个学院（植物科学学院、动物科学学院、生命科学学院、水利与建筑工程学院、机械电气化工程学院、信息工程学院、经济与管理学院、人文学院、历史与哲学学院、继续教育学院、职业技术学院），58个本科专业，4个自治区重点学科（生物学、园艺学、作物学、兽医学），1个一级学科博士学位点（生物学），8个一级学科硕士学位点（作物学、园艺学、生物学、农业工程、畜牧学、马克思主义理论、化学工程与技术、农林经济管理），5个专业学位硕士点（农业、兽医、新闻与传播、教育、工程），2个国家级教学示范中心/基地（国家级动物医学实验教学示范中心、国家生物学理科基地—塔里木大学合作基地），2个省部级实验教学示范中心（动物医学实验教学示范中心、园艺学实验教学示范中心），2个省级大众创业万众创新基地（兵团级大众创业万众创新示范基地、兵团大学生工科创新实验室），2个国家级科研平台（塔里木盆地生物资源保护利用兵团重点实验室——省部共建国家重点实验室培育基地、南疆特色果树高效优质栽培与深加工技术国家地方联合工程实验室），6个省级重点实验室和人文社科基地（兵团塔里木畜牧科技重点实验室、南疆特色农产品深加工兵团重点实验室、塔里木盆地生态系统保护与生物资源利用国际合作基地、现代农业工程重点实验室、非传统安全与边疆民族发展研究院、西域文化研究院），3个省级（工程）实验室（南疆特色果树生产工程实验室、新疆兵团南疆化工资源利用工程实验室、新疆兵团塔里木动物疫病诊断与防控工程实验室），3个农业部试验站（农业部西北区域农业微生物资源利用科学观测试验站、农业部阿拉尔作物有害生物科学观测试验站、农业部农产品质量安全风险评估试验站）。

学校秉承红色传统，不忘初心，以培养下得去、留得住、用得上、干得好的应用型人才为历史责任。建校以来，学校培养输送了近7万名毕业生，就业率连续10年排在自治区高校前列，毕业生中85%扎根新疆，68.5%植根南疆，52%内地生源留疆工作。他们为新疆特别是南疆经济发展、社会进步、民族团结、维稳戍边等做出了突出贡献。用人单位普遍评价塔里木大学毕业生具有政治可靠、吃苦耐劳、实践能力强的优良品质，在“稳疆兴疆、富民固边”中发挥了不可替代的作用。学校已成为新疆高层次人才培养的重要基地、南疆干部的摇篮。

学校加强与国内外高校、科研院所的合作和学术交流。2010年教育部启动团队式对口支援工作，中国农业大学、浙江大学、华中农业大学、北京化工大学、东华大学团队式对口支援学校取得显著成效，与西北农林科技大学、东北农业大学、兰州大学、武汉大学、南京农业大学等高校建立了紧密的合作关系，与中国农科院“十一所一院”建立了全方位实质性合作关系，与20余所国（境）外高校建立了交流合作关系，与新疆各地州、县和兵团各师、农牧团场紧密联系，走产、学、研相结合的道路，积极开展科技服务扶贫，“百名科技特派员、千名学生下基层”团队和20多个科技服务专家团队常年活跃在南疆基层，为农牧民脱贫增收发挥了特殊作用。学校每年组织“万名学生三下乡”社会实践活动，长期为南疆中小学教师和基层干部开展双语培训。

在新的历史时期，学校将站在新起点，勇担新使命，谋划新发展，强化为党育人、为国育才的导向，全面贯彻党的教育方针，落实立德树人根本任务，加快兵团特点、南疆特色高水平大学建设，大力培养爱国爱疆、担当奉献的社会主义建设者和接班人，为实现新疆工作总目标作出新的更大贡献。

（四）华南热带作物学院（海南大学）

华南热带作物学院1958年创办于我国热带作物的生产基地海南岛的儋县（现儋洲市）。建院以来，周恩来、叶剑英、胡耀邦、万里等党和国家领导人曾先后到校视察。华南热带作物学院与华南热带作物科学研究院，从1958年建立时起就紧密结合在一起，一套领导班子，机关合署办公，系、所分设，实行教育、科研、推广三结合的体制，共同承担国家以天然橡胶为主的热带作物科学研究和培养热带作物高级科技人才的任务。

华南热带作物学院设有5个系、5个专业、1个专修科。热带作物栽培系设热带作物栽培专业、热带园艺专业；热带植物保护系设植物保护专业；热带作物产品加工系设热带作物产品加工专业；热带作物机械化系设热带作物机械化专业；农业经济管理系设农业经济管理专修科；学院和科学院设有教学试验农场。1956年，华南热带林业研究所更名为华南亚热带作物科学研究所，1959年，华南农学院（海南分院）改建为华南热带作物学院；1964年华南亚热带作物科学研究所更名为华南热带作物科学研究院；1996年华南热带作物学院更名为华南热带农业大学；2007年华南热带农业大学撤销，并入华南热带作物学院（海南大学）。

二、农垦科研机构

（一）中国热带农业科学院

中国热带农业科学院（简称“热科院”）是20世纪50年代初随着我国以橡胶为主的热带作物生产的发展而建立起来的，是我国进行橡胶和热带作物科学研究的中心。其研究方向、任务是解决我国橡胶、剑麻、椰子、油棕、胡椒等热带作物选育种、栽培、植保、机械化、产品加工和综合利用，以及热带农业资源区划等方面的重大科学技术问题，为热带作物生产服务，同时进行一些应用基础理论的研究。学院以应用技术研究和应用基础研究为主，也重视开发研究，初期以橡胶为主要研究对象，后逐步扩大到对其他热带作物如椰子、油棕、龙舌兰麻、胡椒、咖啡、可可、腰果、木薯、南药、热带果树和牧草等的研究，涉及的课题包括抗性育种和栽培、丰产措施、土壤农化、生理生化、植物保护、栽培机械化、产品加工和综合利用、标准化，以及农业区划、引种和资源开发利用等各个方面。学院现有7个研究所和2个试验站，与华南热带作物学院实行统一领导，共同建设测试分析中心、计算中心和试验实习基地。

中国热带农业科学院前身是“华南特种林业科学研究所”，于1954年4月在广州成立，由林业部领导，1956年划归农垦部领导，改名“华南热带作物科学研究所”，1958年4月研究所搬迁到海南岛儋州，1964年改名为“华南热带作物科学研究院”，1965年升格为华南热带作物科学研究院，1994年经批准更为中国热带农业科学院。

中国热带农业科学院是隶属于农业部的国家级热带农业科研机构，全院现有15个独立法人单位，分别为院本级、热带作物品种资源研究所、橡胶研究所、香料饮料研究所、南亚热带作物研究所、农产品加工研究所、热带生物技术研究所、环境与植物保护研究所、椰子研究所、农业机械研究所、科技信息研究所、分析测试中心、海口实验站、湛江实验站、广州实验站，分布在海南、广东两省的6个市。院机关现有16个处室，分别为院办公室、科技处、人事处、财务处、计划基建处、资产处、研究生处、国际合作处、开发处、基地管理处、监察审计室、保卫处、机关党委、离退休人员工作处、南繁科技服务办公室、驻北京联络处，附属机构3个，分别为后勤服务中心、试验场、附属中小学。

自1981年以来，先后示范、推广的技术项目有橡胶综合高产措施，抗寒品系93~114种，营养诊断施肥，草甘膦灭茅在胶园的应用，橡胶条溃疡综合治理，标准胶连续化干燥与自动打包工艺，橡胶木材防虫防腐与利用，胡椒高产栽培与瘟病综合防治，热带牧场草地改良，低毒早熟木薯6068，修枝整形机和挖穴机等共约70项。

该院与华南热带作物学院合办了《热带作物研究》《热带作物译丛》《热作参考资料》等期刊，与中国热带作物学会合办《热带作物学报》和《热作科技报》，并编著、翻译出版了有关橡胶等热带作物专著多种，还开展了对外学术交流，参加了国际橡胶研究与发展委员会，并与一些外国科研机构建立了科技合作、交流关系。

（二）云南省热带作物科学研究所

该所组建于1953年9月，前身是西双版纳车里特种林业试验场，1959年10月扩建为研究所。云南南部各植胶区小气候环境十分复杂，在“十里不同天”的环境里植胶，技术工作有其复杂性和特殊性。根据这一情况，该所主要进行宜胶资源和宜胶地类型区划，橡胶树选育种、栽培、割胶、植保等研究，为本垦区橡胶生产提供技术服务。科研人员结合生产实践，总结出一套具有云南特点的抗寒植胶技术措施，使云南高纬度、高海拔地区不仅大面积植胶成功，而且已成为全国橡胶的高产区。研究院和农垦生产部门及其他有关单位合作进行的《橡胶树在北纬18°～24°大面积种植技术》研究，获得国家发明一等奖，突破了世界上一般认为只能在南北纬10°～15°植胶的界限。该所获奖项目还包括首先移植成活现已割胶的花药橡胶、橡胶多倍体、三倍体诱导技术和苗期产量预测等。

2016年，全所在研各级各类科研课题748项，科技经费3.17亿元，其中稳定经费8 570万元（含基本业务费6 560万元，产业技术体系2 010万元），农业部部门预算项目约2 700万元，国家重点研发计划项目（课题）2 210万元，国家自然科学基金1 310万元，广东、海南、广西等省（自治区）科技项目4 453万元；建设运行国家重要热带作物工程技术研究中心、海南儋州国家农业科技园区、省部共建国家重点实验室培育基地、农业部综合性重点实验室等部省级以上科技平台72个，博士后科研工作站3个，联合国粮农组织“热带农业研究培训参考中心”国际热带农业中心合作办公室、科技部国际科技合作基地和国家创新人才培养示范基地等国际合作平台12个，建设和运行中国援刚果（布）农业技术示范中心。

2016年，全所获批建设农业部热带作物农业装备重点实验室1个，国家主要热带作物种质资源鉴定与种质创新等科学数据分中心3个，国家热带牧草育种创新基地和农业部儋州油棕种质资源圃；新获批建设广东省现代农业产业技术研发中心和广东省旱作节水农业工程技术研究中心；新建林下资源综合利用研究中心等6个应用技术院级平台和纳米技术及应用研究中心等2个基础研究院级平台。

在基础研究方面，该研究所构建了迄今为止最为精细的橡胶树全基因图谱，在天然橡胶树产胶生物学研究方面取得重大突破，发现了一组可能促使橡胶树进化出高产橡胶特性的基因，从源头阐明了乙烯刺激橡胶增产的原因，提出了橡胶物种进化和乙烯刺激产胶的新观点，该结果在《自然——植物》上发表，并入选《自然》杂志研究亮点；解析了香草兰微生物辅助发酵生香作用机理，香草兰豆荚的香兰素含量提高12%。

在应用技术研究方面，该研究所研发出具有调节土壤pH值、高效提供作物养分、抑制土传作物病害和降低农产品重金属镉含量等功能的碱性有机液肥——酸性土壤改良降镉肥，示范应用取得良好效果；研发建立了国内第一条标准化高性能天然橡胶中试生产线，并实现批量化生产，核心技术指标超过原进口马来西亚产品；研发出电动割胶刀并示范应用，提高割胶劳动效率20%以上，增效20%以上；突破橡胶木材加工利用关键技术，提升热改性加工能力15%以上；集成创新香蕉枯萎病综合防控技术，示范区发病率控制在8%以内；改进试制甘蔗、木薯、橡胶等热作种管收机械100多台（套），示范应用33 000公顷；成功研发了一种基于适配体和分子印迹联合识别机理的新型电化学传感器，实现兽药残留林可霉素的特异性识别和残留痕量检测分析。

（三）保亭热带作物研究所

保亭热带作物研究所组建于1954年，前身是橡胶育种站，1976年改为研究所，是以橡胶选育种为主的专业研究所。该所位于海南岛南部腹地，该地区高温多雨，热量、光能充足，土壤肥沃，风害较轻，较适合橡胶与热带作物繁殖、生长，承担了农作物育种攻关项目中的橡胶高产优质选育种和繁育体系研究的任务。1954年以来，该所为生产单位繁殖提供橡胶良种芽条200万米，选育出2个适合于本地区生长的优良品种。

1977年，该所与中国科学院遗传所等单位合作，培育出我国第一棵橡胶花粉植株。保亭热带作物研究所现在是海南省农垦总局下属以橡胶选育种为主的综合性热带作物专业研究单位，并承担一定的生产任务，实行事业单位企业管理体制。

（四）广西橡胶研究所

广西橡胶研究所是1958年在原华南热带作物研究所广西试验站的基础上扩建成立的，位于广西壮族自治区龙州县。该所围绕橡胶生产上存在的橡胶寒害问题，研究、培育抗寒高产的橡胶品种和抗寒防寒的植胶技术措施，为广西垦区胶园的更新改造服务。

三、农垦经济研究机构

我国研究农垦经济和管理科学的主要研究机构有中国农垦经济研究所、黑龙江国营农场经济研究所、新疆农垦科学院农业经济研究所和石河子农垦经济研究室及农垦系统大专院校农业经济系等。

中国农垦经济研究所的前身是农垦部国营农业经济研究所，成立于1980年，1982年5月中央国家机关实行机构改革，改称为中国农垦经济研究所。该所设有政策、经济、情报、资料、综合五个研究室和一个电子计算机室。研究所的中心任务是研究农垦系统国有农场的经营管理、技术经济、经济政策及经济立法等，同时承担收集有关国内外情报资料和编辑出版《国营农场经济研究资料》和《农垦情报》等内部刊物的任务。中国农业经济学会所属的“中国农垦经济研究会”的秘书处也设在这里。研究会每年举行一次学术年会，并出版论文集。

1978年，新疆生产建设兵团和黑龙江垦区分别在原有科研所的基础上扩建成立了农垦科学研究院，使之成为垦区的科研开发中心。新疆农垦科学研究院于1979年在石河子市扩建成立，其前身是1952年成立的新疆军区生产建设兵团农林牧科学研究所。农垦科学院下设农业、林业、农业机械、畜牧兽医、特产、水土改良、农业经济、情报8个专业研究所，并附属试验农场。该院重点研究水稻、小麦、玉米优良品种的引种、选育，作物综合高产栽培、农机具的选型配套和应用，畜牧品种改良、繁育，内陆盐碱地的改良和利用，以及瓜果等特产的加工储藏等应用开发技术。他们取得的“粳稻杂种优势利用”“盐碱土上胡杨育苗造林技术”“绵羊冷冻精液保存及提高受胎率技术”“白鲢冻精技术”“提高肥猪出栏率和经济效益综合技术”“4JCS-1680茎秆切碎机”“4YW-2（3）甜菜挖掘集条机”等科技成果均获国家或部级成果奖。新疆生产建设兵团各师（管理局）所属的农业科学研究所共有13个，业务上均接受新疆农垦科学院的指导，这些农科所的研究方向各有所侧重。农一师农科所，位于我国的长绒棉生产基地——阿拉尔垦区，成立于1960年，以研究长绒棉为主。农八师农科所，位于石河子垦区，1984年扩建为石河子农业技术开发中心，下设棉花、甜菜、蔬菜、绵羊四个专业研究所和农业、植保、酿造葡萄酒3个试验站。农七师农科所成立于1956年，位于天山北麓的奎屯垦区，该所培育的“新冬”“新花”“奎丰”“奎丽”等苹果、李子抗寒新品种，已成为我国寒区的重要品种。农六师农科所，成立于1962年，该所培育了“红心脆”“网纹香”等甜瓜（哈密瓜）新品种。啤酒花科研所是全国唯一的专门研究啤酒花的科研所。该所位于乌鲁木齐市郊区，1980年从国外引进并试种了大批国际香型和苦型优良新品种，并研究快速繁殖技术，已获成果。

1.黑龙江农垦科学研究院

黑龙江农垦科学研究院于1979年在佳木斯成立，下辖哈尔滨、佳木斯两个院区。该院设立作物综合技术开发、农业工程、农畜产品综合加工利用、特产、科技情报等专业研究所和一个测试化验中心，承担着三江平原、大豆、水稻等综合技术开发研究，和国家的重大科研开发任务，如谷物干燥工厂化、农畜产品的加工和综合利用以及开发当地自然资源和特产、引进新技术进行农业现代化科学实验等。该院原有10个地区农场管理局科研所，1979年按自然经济特点进行了调整，改建成7个各具特色的研究所，业务上由农垦科学院统一领导。其中位于垦区东部的红兴隆农场管理局科研所和位于西部的九三农场管理局科研所的建所时间较长、基础较好，分别成为垦区东部和西部研究农业生产机械化、作物育种和综合高产栽培、畜牧业、林业等技术的科研开发中心，并承担部分国家攻关项目的研究。红兴隆科研所为垦区提供了小麦、大豆、玉米等新品种37个，推广应用新耕作技术19项，畜禽饲养新技术12项，改革和研制农机具27项，已有41项科技成果获奖，其中瘦肉型三江白猪、ZQMSL-5.0轴向球塞液压马达、ZQK-130自走式清淤开沟机等成果具有较高水平。九三科研所位于垦区西部少雨半干旱地区，以研究甜菜、小麦、大豆和作物少耕栽培以及农田防护林等技术为主。该所研究的甜菜单胚种和少耕耙茬播种技术取得了成果，培育的大豆、小麦、杨树等新品种获得了显著的经济效益。

2016年，黑龙江农垦科学研究院已拥有12个研究单位和1个实验农场，职工1 500多人，在职科研人员330多人，占地总面积4 075.9公顷，其中耕地2 904.4公顷、林地90公顷、水面252公顷，20万元以上科研仪器100多台（套），固定资产总值2亿多元。建院以来，累计承担各级各类科研课题项目1 025项，培育水稻、大豆、玉米、小麦等农作物新品种200多个，鉴定科技成果635项，共获得国家、省部、农垦总局等各级科技奖励286项，新建国家杂交水稻工程技术研究中心北大荒分中心等科技创新、示范、推广、转化平台和人才培养共享平台2个，2015年，产果蔬40万千克，北大荒绿色庄园景区接待观光游客6万多人次，营收200万元。

（1）科技创新

黑龙江农垦科学研究院在农作物新品种选育高产栽培技术、新型农机装备研发、畜牧业“两牛一猪”、农业信息化等方面取得一批创新成果，农作物新品种选育获得新突破：在水稻品种选育方面，与中国杂交水稻工程研究中心合作，在寒地杂交粳稻育种上取得突破性进展，经过实际测产，比常规稻增产达8%以上；与沈阳农业大学陈温福院士合作的寒地超级稻达到690千克预期指标；由科学院水稻研究所自主培育的“垦香稻”，在全国稻米食味型品评中，获得特等奖；大豆品种选育方面，审定大豆新品种5个，大豆、玉米有100多个品系参加国家、省、总局的区、生试。畜牧业创新取得新进展：奶牛DH项目参测牧场达19个，参测奶牛11 200头，获得实用新型专利4项，承接万头黑猪养殖场规划设计，为垦区疫病防治和饲料应用进行检测化验，获取有效数据3万余个。新型装备研制进入新阶段：水稻钵苗摆栽机完成减重优化，取苗机构完成新型结构设计。农业信息化应用取得新成果：完成“黑龙江垦区农机监理信息系统研究”项目的验收工作；完成国家“863”项目子课题“农机精准作业物联技术应用示范”的验收工作；完成总局科技攻关项目“垦区综合业务信息整合平台研制与应用示范”的立项、研发与验收工作；推进国家项目“大田种植物联网示范项目”多源数据融合的农业遥感监测平台研究任务，完成平台总体架构与功能模块的设计和技术路线的形成，进行建模数据的实验和数据采集工作。农业测试及农机鉴定服务：农业测试化验方面完成农业部抽检样品2 455批次，覆盖黑龙江省、辽宁省、吉林省以及北京、上海、杭州、厦门、南昌等省市区近200个基地；承担完成黑龙江省黑河、伊春、鹤岗、绥化、七台河等30个市县抽检样品2 594批次；完成垦区9个分局90余个农场及企业和46个测土配方施肥等样品2 840批次。大豆质检中心等顺利通过农业部和省管理部门的认证、验收。农机鉴定方面共完成省级农机产品鉴定282项，省级推广鉴定163项，部级推广鉴定30项，监督检验17项，中储粮干燥机械设备专项验收15项，委托检验10项。

（2）科技成果推广

该研究院通过项目对接、高产创建、派出技术专家等方式，加强与垦区各管理局各农场的合作共建，为生产基层解决技术难题，取得了实际成效。水稻叶龄诊断技术，在垦区应用面积达200万公顷；大豆品种推广面积33万公顷、玉米品种推广40万公顷，水稻恶苗病防治新技术在全省推广33万公顷。

2.滨海盐碱地开发利用研究所

在渤海湾的盘锦和柏各庄垦区有两个以开发利用滨海盐碱地、研究发展北方水稻为主要任务的科研所，即辽宁盐碱地利用研究所和河北省农垦科研所。这两个科研所建立于20世纪50年代初期，当时两垦区的土地都是盐渍化土壤，其中大部分是寸草不生的光板地，他们针对这一情况进行了大面积土壤改良研究，探索水盐运动规律，研究水利、生物、肥料等排盐改土措施，培育推广耐盐、高产的水稻等作物良种。该所科技人员与广大农垦战士共同努力，把上百万亩不毛之地改良成为亩产达千斤以上的水稻良田，为滨海盐碱地的开发、改良、利用和我国北方水稻种植业的发展做出了贡献。

3.北京、上海奶牛研究所

1979年，北京、上海农场局先后在种公牛站的基础上扩建成立了奶牛研究所，设立了饲料、饲养、遗传、育种、繁殖、牛病、经营管理等研究室，以研究大群、健康、高产奶牛的选育、饲养、繁殖、管理和开展咨询工作。奶牛颗粒冷冻精液及人工授精技术，优秀青年公牛后裔测定，奶牛非手术取卵、胚胎冷冻保存及人工移植成功等均为这两个所的获奖成果。

此外，上海农场局农机研究所、北京乳品研究所、辽宁前所果树研究所、吉林抚松人参研究所、江苏新曹香料研究所、弥港生物防治研究所以及广西畜牧研究所等都各具特色，具有一定研究开发实力，并取得了科技应用成果，如北京酸奶生产技术、苹果矮化栽培技术、老山参（7910）加富培养及天然香料新品种——毛鞘茅香的应用研究等。

位于贺兰山麓的宁夏农垦科研所，东海之滨的江苏东辛农垦科研所、南通农垦科研所，洞庭湖畔的湖南大通湖农科所，江汉、关中平原上的湖北五三、东西湖农科所，陕西省农垦科教中心、北京市农垦科研所等为垦区及周围农村提供了大量作物的优良原种，引进推广先进科学技术，保证生产不断向前发展，发挥了科技开发中心的作用。

4.黑龙江农垦勘测设计研究院

黑龙江农垦勘测设计研究院为黑龙江省农垦总局直属事业单位，具有工程勘察（岩土工程、水文地质、工程测量）、农林行业、水利、测绘、工程咨询、建设项目水资源论证，水文、水资源调查评价、建设项目环境影响评价等甲级资质证书；水利（水库枢纽）、市政公用（道路、桥隧）、电力（送电、变电）建筑工程、工程咨询、编制开发建设项目水土保持方案、防火设计等乙级资质证书及公路工程设计丙级资质证书。该院2002年通过ISO 9001质量管理体系认证，现有职工415名，专业技术人员365名，其中，教授级高工34名，高级工程师82名，工程师90名，有70人次取得相关专业的全国注册资格证书。全院设有勘测设计及辅助生产部门19个，主要从事农林、水利、电力、建筑、道路桥梁、建设项目环境影响评价、编制开发建设项目水土保持方案、水资源论证、水文、水资源调查评价、土地整理、城市规划等工程咨询及设计，岩土工程勘察、质检化验、水文地质、工程测量、房产测绘、工程监理、图文处理等。其现有固定资产6 262万元，是一个专业齐全、设备精良、技术力量雄厚的综合性甲级勘测设计及科研单位。建院以来共完成各类勘测设计及科研项目770余项，其中，大型项目510余项，成果合格率100%，优良品率达98%以上，荣获总局级以上科技进步奖和优秀勘测设计奖的项目达323多个，其中省级部以上获奖项目达100余项。

2015年，该院承担勘察设计项目637项。其中，完成大型水利工程咨询设计和农林项目70项，完成工程勘察项目67项，建筑设计39项，农电网改造项目12项，道路桥梁设计47项，环境影响评价、水土保持与生态建设项目236项。

三、科研成果

（一）热带作物

1.橡胶树在北纬18°～24°大面积种植成功

这项成果荣获1982年国家发明一等奖。北纬15°以北原被认为是植胶的“禁区”。我国植胶工作者经过近三十多年的艰辛努力，针对我国的气候特点创造出一套独特的橡胶栽培技术，解决了寒害和风害两大难题，使橡胶在我国北纬18°～24°的地区大面积栽培成功。

2.巴西橡胶树花粉单倍体植株及花药体细胞植株的诱导和移栽成活

1978年春，广东省保亭热带作物研究所工程师许绪恩、海南农垦橡胶所高级工程师何永陶等和中国科学院遗传所副研究员陈正华等合作，首次诱导出世界上第一株橡胶花粉单倍体完整小植株。同年秋，华南热带作物科学研究院助理研究员王泽云等人又培养出完整的橡胶花药体细胞植株，并于1978年春成功地将橡胶花药体细胞植株移栽成活。1984年橡胶花粉单倍体植株及花药体细胞植株已达到开割标准，经试割测产，产量明显增高，这是将现代生物技术应用于橡胶育种科研的成功尝试。华南热带作物科学研究院受国际橡胶研究和发展委员会的委托，于1984年8月举办了一期有法国、马来西亚、泰国、斯里兰卡等国家参加的国际巴西橡胶组织培养技术训练班，受到好评。

以上两项研究成果分别获中国科学院科技成果奖和农垦部科技成果一等奖。

3.诱导橡胶多倍体及其细胞学的研究。

华南热带作物研究院副研究员郑学勤和助理研究员曾宪松等人应用化学诱变手段成功地诱导培育出具有各种优良性状的橡胶多倍体，并提出了从诱变处理、分离筛选，到细胞学的鉴定和形态组织学鉴定等一套行之有效的方法。采用这一套方法，能够在年半时间内将所需要的橡胶优良品系诱导成稳定的多倍体，大大缩短了分离筛选时间和节省了大量用于筛选的砧木。特别是创造了使雄花染色体加倍，再人工授粉一次获得稳定的多倍体的新方法，为染色体重组工程在橡胶育种上的直接应用开拓了前景，为提高橡胶杂交育种水平、丰富橡胶杂交育种理论做出了贡献。这项技术荣获1980年部级重大科技成果一等奖。

4.乙烯利刺激割胶新制度

乙烯利刺激割胶是一种提高产胶量的新技术，但如控制不当会导致“杀鸡取卵”的后果，必须研究出乙烯利刺激割胶的新制度。华南热带作物研究院与广东省农垦总局从1972年到1977年进行了长达五年的生产型试验研究，试验范围从8 000株发展到200万株。他们试用刺激、减刀、浅割、增施肥料以及动态分析等科学割胶技术，终于研究成功了一整套采胶新制度，提高了胶园管理科学水平，收到了既能高产稳产、又能保证安全生产的效果。采用这项新技术，一般可年增产干胶15%～20%，经济效益十分显著。本项成果获1978年全国科学大会优秀科技成果奖

5.国产标准胶生产工艺与设备的研究

国产标准胶生产工艺采用先进的机械造粒，以重油或柴油为干燥燃料，代替了落后的木材熏烟胶片加工工艺，实现了产品的更新换代，提高了产品质量和经济效益，是天然橡胶制胶工业的重大革新，按年产10万吨标准胶的产量计算，每年节省木材8万～9万立方米。采用该方法，产品干燥周期由烟胶片的72～120小时缩短到4～6小时，每吨干胶用工也比烟胶片减少4～5个工，每吨产品的成本比烟胶片低20～35元。建厂投资比相同生产能力的烟胶片厂低40%～50%。用这种工艺可将原来只能用于生产低级制品的杂胶加工成合格的标准胶，每吨杂胶产值可提高1 500元左右。这项成果获全国科学大会优秀成果奖

（二）农业和特产

1.“辽粳五号”等一批粳型水稻优良品种和杂交优势组合选育成功并得到推广

我国北方稻区主栽日本水稻良种已有五十多年历史。辽宁、河北等水稻垦区从20世纪50年代开始也先后引进推广了“水源”“银坊”白金”“京越”“信友早生“越路早生”“丰锦”“秋光”等日本优良品种。但这些引进的品种，存在易病易倒、生育期长等弱点。为培育适应性更强、产量更高的品种，辽宁盐碱地利用研究所、河北农垦科研所以及新疆农垦科学院、黑龙江农垦科学院等单位的科技人员，在引进良种的基础上，开展了水稻育种工作，通过杂交、辐射、系统选育、杂种优势利用等手段，先后培育出了“沙交5号”“石羽AX粳673”“垦丰2号”“垦丰5号”“矮丰2号”“垦糯2号”“垦稻3号”“辽粳5号”“垦系2号”“垦系3号”“D56A/C57-10”“恢73”“恢39”等新品种或新杂优组合和相应的良种良法。新疆农垦科学院副研究员黄明安等在我国首先研究成功野败型杂交粳稻三系配套，育成“石羽AX粳67-3”粳型杂交稻。河北省农垦科研所高级农艺师丛碧林等人育成的“垦丰5号”，20世纪70年代初就成为河北省稻区的主要品种。辽宁盐碱地利用研究所农艺师伊爱南等人培育的“矮丰2号”于20世纪70年代后期成为新疆南疆稻区的主要品种，大面积产量突破千斤。特别是辽宁省沈阳市浑河农场科技站高级农艺师杨胜东育成了具有高光效理想株型、穗型，有“麦穗稻”之称的“辽粳5号”亩产一般达1 100～1 200斤。这项成果荣获1983年国家发明二等奖。“石羽AX粳67-3”获1978年全国科学大会优秀科技成果奖。“垦丰5号”和黑龙江宝泉岭农场管理局农科所农艺师周辉群等人育成的“垦糯2号”及黑龙江省农垦科学院水稻所高级农艺师徐戎和农艺师孙作钊研究成功的“寒地直播水稻早熟高产栽培技术”和“直播水稻计划栽培防御冷害技术”均获农垦部和农牧渔业部科技成果二等奖和技术改进二等奖。1984年，河北省水稻稻瘟病大流行，一般水稻品种的亩产量只有400斤左右，唯独河北省农垦科研所丛碧林等人育成的“垦系2号”“垦系3号”新品种，仍保持亩产千斤以上的水平。黑龙江和新疆北疆高寒稻区产量长期以来一直较低，由于采用了黑龙江农垦科学院培育的“垦稻3号”等早熟抗寒品种及“寒地直播栽培技术”和新疆农垦科学院黄明安等人培育的“恢73”“恢39”及其新杂优组合，水稻单产有所提高。

2.变植棉“禁区”为高产优质棉区

新疆北疆地区原被认为是植棉“禁区”，新疆垦区首先在玛纳斯河流域大面积植棉成功。1978年，农八师下野地试验站农艺师刘汉珠等育成了“新陆早一号”陆地棉新品种，比原从国外引进的老品种早熟，霜前花达93.3%，比老品种多8.3%～13.3%，亩产量增加10%～15%。1983年，该品种已推广

100多万亩，增收800多万元，成为新疆北疆的主栽品种，并已在西北各省试种。1980年，农八师科研所农艺师杨立庭首先在新疆进行了地膜植棉试验，在0.31亩面积上创造了亩产皮棉271斤的高产纪录，受到了广泛重视。短短三年里，新疆垦区就改装试制了适应不同作业方式的地膜植棉机械近千台套，其中，由工程师聂潮海、王维祥等30余人研制的10台地膜植棉机械，是能适应不同地区和不同作业方式的新的适用机型，解决了地膜植棉机械化的问题，使地膜植棉面积得以迅速扩大。1983年，新疆垦区推广面积已达743万亩，在全国居领先地位。地膜棉每亩平均增产40～50斤，每亩节支增收达50～60元，棉花品质居全国首位。到20世纪80年代，玛纳斯河流域已发展棉田达40万亩，平均亩产皮棉达120斤左右，昔日的植棉“禁区”已变成我国高产优质棉区。新的地膜植棉机和新陆旱一号新品种，分别获农牧渔业部1983年技术改进一等和二等奖。

3.培育我国长绒棉品种

新疆生产建设兵团于1954年试种长绒棉成功后，从苏联引进了一批长绒棉品种。1959年，农一师沙井子试验场场长陈顺理选育成功我国第一个长绒棉新品种“胜利号”。20世纪60年代初，陈顺理等人在农一师科研所又育成了更优良的长绒棉新品种军海一号，该品种逐步取代了苏联长绒棉，成为新疆南疆的主栽品种。

20世纪70年代末，农三师科研所农艺师陈钟伟等人又育成并推广了南疆第三个长绒棉新品种“新海三号”，比“军海一号”一般增产15%左右。这项科研成果获农牧渔业部1983年技术改进二等奖。

4.黑龙江垦区在研究工作中应用系统科学

国有农场的大豆生产单产增长很慢，单产较低。黑龙江农垦科学院高级农艺师孙仕利和农艺师祝宝林、钱裕民等，运用系统科学的观点分析了大豆的农艺措施、环境条件和生长发育三者之间的相互有机关系，从中研究限制大豆增产的主要原因，再用系统工程科学方法组装农艺措施协调不同的自然生态环境。在国家科委支持下，1982—1984年，他们按不同自然生态条件选择了9个试验点，试验面积近万亩，深入进行开发研究，取得了较大幅度的稳定增产效果。在无灌水条件的五九七农场一队试验点上，在原来亩产200斤左右的中产地区，千亩试验地连续三年亩产都超过了350斤，1984年亩产为391斤。在有喷灌条件的友谊农场五分场一队，千亩试验地1984年亩产达到408斤。黑龙江垦区在进行大豆开发研究的同时组织大面积推广，三年合计推广141.19万亩，与研究前三年平均产量相比，总增产大豆16 487万斤，增收5

323.2万元。著名大豆专家王金陵教授认为，这项研究成果是将系统科学运用于农业栽培研究，迅速将科研成果转化为现实生产力的成功范例

5.“测土施肥”效益显著

黑龙江红兴隆农场管理局科研所农艺师计钟程于1980—1983年研究了“小麦测土施肥”技术，在研究方法上有所突破。

（1）摆脱了单纯研究产量与养分之间的关系，抓住了小麦水肥之间的密切关系，以“测土施肥”为中心，考虑当地气候因素来进行施肥设计。他们收集了不同旱涝年份小麦产量及其土壤肥料氮、磷量之间关系的许多经验参数，简化为小麦氮磷化肥合理用量和氮磷比例（P/N值）计算参数，用于合理施肥计算。

（2）由于土壤中影响氮磷养分利用率的因素极为复杂，把土壤中氮磷养分融合在一起，并按小麦需肥规律相应进行计算，所得参数虽属经验值，但有实用价值，并易于推广。

（3）突出了土壤和作物的P/N值研究，使土壤、作物同氮磷营养保持平衡和协调。大面积应用实践证明，该项技术比经验施肥法小麦平均增产13.6%，亩净增收入平均10元左右，效益显著，荣获1983年农牧渔业部技术改进二等奖。

6.我国第一个棉铃虫病毒杀虫剂中试工厂

利用昆虫病毒防治害虫，是生物防治害虫的一个重要内容，但由于病毒一般只能在活体上大量繁殖，这就给病毒制剂工厂化生产带来了很大困难。湖北蒋湖农场微生物研究所农艺师葛珞等人与中国科学院武汉病毒所助理研究员张友清、张光裕等协作，于1979年研究成功了我国第一个病毒杀虫制剂，在全国13个省、市、自治区20多个试验点取得良好防治效果，荣获农垦部1980年重大科技成果一等奖。之后，湖北省荆州微生物研究所和湖北省沙市自动化研究所协作机械化饲养棉铃虫成功。在此成果基础上，由四家协作攻关，经过三年努力，我国第一座养虫科学化、生产机械化、产品规格化的棉铃虫病毒杀虫剂中试工厂在蒋湖农场建成，填补了我国工厂化生产病毒杀虫剂的空白。

7.建立农业现代化实验基地

1980年，国家科委和国家农委为了探讨国有农场农业现代化的途径，决定在友谊农场五分场二队引进外国农业机械试点的基础上，扩大到五分场全场作为“北方旱粮产区农业现代化综合科学实验基地”。在实验过程中，采取科学实验与生产实际相结合、整套机械设备与系统农业技术相结合的方

法，对引进的先进农业机械进行了大面积生产考核和消化吸收，并根据我国实际情况和垦区历来精耕细作的特点，对部分引进机具进行了改进、创新，并借以改造国产机具，使其在整个五分场，乃至垦区和全国其他基地得到不同程度的推广应用，从而大幅度地提高了劳动生产率和农业机械化水平，促进多余劳动力的大量转移，为发展畜牧业、工副业和多种经营创造了条件。在基地实验中推广了一批科技成果，如少耕轮作、大型喷灌技术、秸秆还田、测土施肥、化学灭草及晒场粮食处理工厂化等，促进了农艺技术的改革，形成了有效的生产技术体系，初步建立了旱涝保收农田，对化肥、种子、农药、油料、机械零件等实行社会化、专业化生产和管理。从1980—1984年的五年实验中，有三个灾年、一个平年、一个丰年。由于进行了以上综合科学实验，增强了作物抗御自然灾害的能力，使生产建设发生了较大变化，取得了显著的经济、社会和生态效益，与实验前的1975—1979年的五年相比，粮豆总产增长33.4%，单产增长18.8%，总值增长1.6倍，经营利润提高25.3倍。五分场综合科学实验基地的建立和实验研究，得到了党和国家领导人的支持和关怀，李先念、赵紫阳、邓小平等先后视察过基地。

8.人参地上部分人参皂苷的研究与利用

人参一般均以根部入药，而地上茎、叶、果的绝大部分没有利用。为了开辟新的药物资源，1979—1982年，吉林省靖宇县第一参场承担了农垦部下达的人参皂苷的任务。经有关专家鉴定认为，该场农艺师杜尔逊、刘玉珍设计提取人参总皂苷的工艺基本合理，方法简便，成本低廉。该法提取的天然产物，经化学分析，确系人参总皂苷。药理试验表明，它有明显抗疲劳、利尿、抗缺氧作用，对神经系统具有调整作用，对缺血心肌细胞和四氯化碳性肝损伤具有保护作用，并且对肌体的免疫功能有较好的促进作用。经临床试验表明，应用人参地上部分皂苷治疗冠心病其显效率为34%，有效率达85.6%，并对治疗神经衰弱、植物神经功能紊乱、更年期综合征等疾病亦有一定的疗效。此项研究推动了人参药理学研究，使人参的细胞药理和免疫药理方面的研究工作有了良好的开端。该项研究成果获农垦部1982年科技成果二等奖。

9.甜菊甙提取新工艺

从多年生植物甜菊的叶片中提取的甜菊甙可应用于食品、医药、卷烟等行业。甜菊甙的甜度为蔗糖的300倍，而热量仅为蔗糖的1/300，在国际上被誉为“当代糖王”，是高甜低能的天然甜味剂用于预防和治疗糖尿病、高血压、心脏病和儿童蛀齿等常见病。湖南省西湖农场助理工程师黎恩施等研究成功以离子交换法提取甜菊甙的新的生产工艺，具有提取率高（达10.28%，一般可稳定在8%以上）、成本低、能耗少、无污染等优点，达到国内先进水平，受到国内外广泛重视。这项成果获1983年农牧渔业部技术改进二等奖。

10.几种历史名茶的恢复和创新

浙江省农垦局科教处农艺师应菊仙组织浙江省有关茶叶、特产农场的科技人员，经过几年研究，恢复的历史名茶有东阳东白春芽、泰顺玉塔黄汤、临海云峰；创新的名茶有东阳太白顶芽、临海蟠毫等。这些名茶外形、内质各具特色，色香味俱佳，深受饮茶者的喜爱养殖业。

（三）养殖业

1.育成并推广良种细毛羊军垦A型和B型品系

新疆生产建设兵团紫泥泉绵羊研究所高级畜牧师刘守仁、石河子农学院李一善副教授和北京农业大学蒋英教授等协作，自1972年起，经十年的努力，培育出了良种细毛羊军垦A型和B型品系，并在单系选择、封闭育种、近交利用、品系繁育等育种理论和方法上有所创新，获得农垦部科技成果一等奖和农牧渔业部技术改进一等奖。经选育的良种细毛羊A型、B型种羊主要生产指标已经达到了世界先进水平。为鉴定细毛羊的品质，在品种育成过程中，先后进行了5次试纺和工业验证。结果证明，其羊毛特征、纺纱性能及毛纺织品质量均与进口澳毛56型相似。在毛长、细度、乳白油汗、大中弯曲、柔软光泽等方面都为过去国产羊毛所未见。1978—1984年，已向6个省、自治区推广种羊3.2万余只，共获改良羊240万只，每只改良羊羊毛单产提高1～1.5千克。

2.育成并推广我国第一个瘦肉型猪种——三江白猪

在东北农学院畜牧系教授许振英、副教授陈润生等协作下，黑龙江红兴隆农场局科研所高级畜牧师汪嘉燮等以数量遗传理论为指导，在7个育种点上选择41个血统长白猪和27个血统民猪为亲本，互为父、母本进行正反杂交，再用长白猪回交。其后，对横交后代连续进行五世代到六世代严格定向选择，精心培育成我国第一个瘦肉型猪种——三江白猪。其特点：生长发育快，六月龄活重达90千克；每增重1千克耗料3.5千克；胴体瘦肉率在58%以上；初产母猪平均窝产10.2头；初生平均重1.08千克。该项成果获农牧渔业部技术改进一等奖和国家技术进步二等奖。

3.育成并推广北京鸭双桥Ⅰ系和Ⅱ系

北京市双桥农场畜牧师袁光斗和北京市农场管理局畜牧师杨学梅等

1973—1984年先后培育出我国第一、第二个专门化育成品系——北京鸭双桥Ⅰ系和北京鸭双桥Ⅱ系。北京鸭双桥系着重对产卵率进行选育，平均年产蛋量为280枚，是我国北京鸭高产品系，获1981年农垦部科技成果二等奖和1985年国家技术进步三等奖；1984年获农牧渔业部技术进步三等奖。

4.绵羊冷冻精液技术在育种和生产中应用

由新疆农垦科学院畜牧兽医研究所副研究员王立铭主持，中国科学院新疆分院化学所和石河子农学院等单位科技人员共同进行了提高绵羊冷冻精液受胎率的研究，经过七年的努力，在稀释液的筛选、冷冻技术，精液的生化指标测定，精子超微结构的电镜观察及输精方法与器械改进研制方面取得了较大的进展，先后共配母羊1万多只，情期受胎率由20%提高到50%以上。他们总结的一整套绵羊冷冻精液应用技术，便于在生产中推广，截至1980年春的不完全统计，用冻精液已繁育优良杂种后代3 500只，其中部分优异公羊已当作种羊使用。用冻精配种所产羔羊周岁时毛长8～10厘米，被毛均匀、大弯曲、白油汗，平均剪毛量5千克，高者达7千克多。这个项目1980年获农垦部科技成果一等奖。

5.肉脂兼用型北京黑猪的培育

北京市农场局畜牧师何叔铎、高级畜牧师张邦恢，在北京市农科院畜牧所副研究员赵书广、北京农业大学教授张仲葛、中国农业科学院畜牧所研究员李炳坦等人共同协作下，自1965年起经二十余年的努力，采用遗传学和数量遗传学的理论和方法，育成了肉脂兼用型新猪种——北京黑猪。现拥有1.2万余头基础母猪，共有3个品系。北京黑猪品质优良，遗传性能稳定，母猪窝产仔10.1头，窝重158.7千克，肥猪平均日增重550克至670克，90千克瘦肉率50.7%，为瘦肉猪生产中经济杂交利用的优良母本。此项目1983年获农牧渔业部技术改进一等奖。

四、高校与农垦企业协同育人现状

经过七十多年的发展，石河子大学、塔里木大学和黑龙江八一农垦大学是与农垦企业联系最紧密的三所大学。

石河子大学与新疆农垦企业走产学研一体化道路，建有3个国家科技合作基地，省部共建国家重点实验室培育基地2个，教育部省部共建重点实验室2个，教育部工程中心2个，国家地方联合工程研究中心1个。在强大的实习实践基地支持下，石河子大学培养的本科人才就业率达90%。

塔里木大学实行“双导师制”，本科生实践“2+2”（在校学习2年，在支援高校学习2年）、2+1.5+0.5（在塔大学习2年，在支援高校学习1.5年，在企业实习0.5年）的联合培养模式。塔里木大学有1个国家级科研平台（南疆特色果树高效优质栽培与深加工技术国家地方联合工程实验室）、1个兵团与科技部共建国家重点实验室培育基地（新疆生产建设兵团塔里木盆地生物资源保护利用兵团重点实验室-国家省部共建培育基地）和多个省级重点实验室。塔里木大学与新疆农垦兵团企业共建实习协同育人工作开展得十分紧密。

黑龙江八一农垦大学是黑龙江省农垦企业最重要的人才培养基地。1979—1984年，黑龙江八一农垦大学通过农垦企业实验基地、场校联合、技术攻关、科技成果转化等发展黑龙江农垦企业经济。1983—2000年，通过产学研一体化，在黑龙江农垦企业牡丹江管局八五零农场实验区科研基地，取得科技成果36项。

2010年，黑龙江八一农垦大学与大北农集团签订了“2+3”人才培养模式，同年，园林专业与农垦企业二龙山农场共建二龙山农场科技园区规划项目，与农垦总局财务处及九个分局培养适应现代经济发展具有专业水准的会计人才队伍，并在多个农场建有大学生实习基地，2015年举办新疆生产建设兵团第十师经济管理培训班，承担了大庆市及总局各级课题300余项。

2016年，黑龙江八一农垦大学科研团队首创具有自主产权的“水稻秸秆穴盘”育秧及全程机械化栽培技术，解决了水稻增产及秸秆还田难题，创新了水稻全程机械化、智能化生产模式，使我国水稻生产真正实现低碳、环保、生态、优质、高产和高校发展。“水稻秸秆营养穴盘”已在齐齐哈尔通力农业科技有限公司进行工厂化生产，由于以秸秆为主要原料，加上经过两次生物转化制备的新型育秧基质，使此产品具有透气、保水、营养全面、肥力持久等特性，可实现水稻无土化育秧和机械化摆栽，同时具有不伤害水稻根系、延长水稻生长期等优势。

2016年8月，黑龙江八一农垦大学作为第一届委员会副主任单位加入了中国农垦教育培训联盟，针对垦区和社会人才教育培训需求，提高现代农业人才支撑保障能力，搭建人才教育开放性公共平台，整合优化教育培训资源，与现代农业产业教育培训体系有效衔接。2012年，针对垦区企业农业现代化需求，学校以北大荒通用航空公司、青岛九天国际飞行学院以及海南航空学校有限责任公司等单位合作共建飞行专业，采用“2+2”校企联合培养，培养垦区需要的飞行技术人才。2015—2016年，黑龙江八一农垦大学举办各类农垦人才培训班9个，培训人数675人。2017年以来，举办各类人才培训班13

个，培训人数1 446人。

2016年，由黑龙江省农垦总局科技局主办、黑龙江八一农垦大学承办的历时16天、共4期的垦区现代农业技术培训班结束。培训既开设了水稻“旱平垄作双侧双深”高效栽培新模式、“玉鹅”种养模式等垦区主导技术课程，也更新了垦区大豆、玉米、马铃薯高产栽培技术知识，以及时下热门的“互联网+”农业现状分析及农业政策解读等内容。

2017年，黑龙江八一农垦大学根据黑龙江省农垦总局《2017年黑龙江垦区“全国基层农技推广体系改革与建设补助项目”实施方案》的要求，进一步推进基层农技人员知识更新工作。黑龙江八一农垦大学新农村发展研究院组织多名专家赴农垦九三管理局开展2017年基层农技推广技术员培训工作，来自九三局11个农场的180名技术员参加培训。培训主要内容包括现代农业技术、“互联网+”农业、农业电子商务等。

黑龙江八一农垦大学与农垦企业建立的实习基地有建三江农业科研所综合服务示范基地、五大连池农场特色产业基地、859农场综合服务示范基地、建设农场综合服务示范基地、赵光农场综合服务示范基地、克山农场马铃薯特色产业基地、宝泉岭生猪特色产业示范基地、绥滨农场综合服务示范基地、庆丰农业信息综合示范基地等。

2018年12月8日，黑龙江八一农垦大学与建三江管局就建设水稻产业创新研究院签订合作共建协议。2019年4月1日，三江水稻产业创新研究院正式揭牌。黑龙江八一农垦大学将推进项目进入、专家进入、实习进入、信息进入、培训进入、文化进入，发挥研究院的“综合大基地”作用，推动建三江“国家农高区”和国际“绿色米都”建设。

2019年5月18日，黑龙江八一农垦大学与农垦九三管理局共建的九三大豆产业创新研究院正式挂牌成立。校企共同签署了九三大豆产业创新研究院合作框架协议，双方合作共建正式启幕。研究院旨在技术创新与成果推广、品牌保护与价值提升、人才培养与职业培训、创业孵化与文化发展等方面打造“四位一体”的现代农业综合服务平台。黑龙江八一农垦大学农学院、工程学院、动物科技学院、食品学院、电气与信息学院及国家杂粮工程中心的相关负责人分别就与管理局相关合作对接的科研项目进行了交流洽谈，为打造九三大豆产业创新平台提供人才、科技与智力支撑。

石河子大学、塔里木大学和黑龙江八一农垦大学与农垦企业的协同育人都是围绕垦区生产实践中的热点和难点问题进行科学研究和技术攻关，科研课题大多来自农垦企业的生产实践。

我国其他高校和科研院所与农垦企业产学研协同育人情况总结如下。

2001年，由东北农业大学与农垦九三管局七星泡农场共同合作繁育的新品种小麦“东农7742”培育成功，在黑龙江省大量扩繁，取得了丰硕的成果。

2012年，中科院合肥智能研究所、北京农业智能装备研究中心、中国联通安徽分公司等单位与安徽农垦龙亢农场进行合作，开展物联网实践探索和示范应用，目前已经建成以3 000亩核心区为主的农业物联网工程，配套建设了500平方米物联网演示与控制大厅。

南京林业大学、淮海工学院和盐城工学院与江苏农垦临海农场开展校企合作，利用高校的科学技术、人力资源组建科研团队，发挥农垦企业生产条件和农业资源优势，提高了农场的生产技术和管理水平。

云南大学为农垦企业景洪农场提供免费专家咨询和送教下乡培训。农场职工到云南大学参加培训，在农场设立函授学区，推广函授大专班和成人高等教育。每年在农场学区评选出“函授班推广优秀干部”到云南大学参加表彰。云南农业大学依托云南资源优势，把教学、科研与区域生产实践有机相结合，形成了“利用生物资源多样性优势，针对多民族特点办学，坚持边疆建设培养人才”的办学特色。

2016年，在广东农垦建立的“湛江农垦国家现代农业示范区”是广东农工商职业技术学院热作科技创新基地的核心区，具有新技术成果试验示范基地、人才培养实习创业基地、农垦企业人员培训、新型职业农民培训基地和现代产学研合作推广等功能。

1998年10月，中华农业科教基金资助项目“中国农业产学研合作教育研究”正式启动。高等农林院校依靠科教、人才资源，积极响应国家政策，产学研相结合等教育模式普遍开展。目前，高等农业院校产学研结合模式已实践30余年。经过多年探索研究，取得了丰硕的成果。

河北农业大学本着农业教育应注重实习、注重试验的办学原则，开创了“太行山道路”育人模式。河北农业大学以科技创新为依托，以三大参与主体结合建立基地为载体，以培养高素质复合型人才为目标，将产学研结合进一步深化发展。

20世纪90年代初，华南农业大学通过与广东温氏食品集团合作开创了“高校+企业+农业”的产学研协作模式，并成为首个以服务于农业为目标的高校产学研相结合的成功案例。从1992年开始，在该校相关专家教授及技术人员的指导下，广东温氏食品集团迅速扩张其生产规模，并很快就从一个单一养鸡企业发展成为包括饲料生产、种鸡养殖、兽药生产、屠宰加工等多个领域的食品集团公司。如今，该企业的生产基地已遍布全国多个省区，年产值超过百亿元，成为全国行业龙头企业。华南农业大学与广东温氏食品集团的合作也从单一学院合作发展为校级层面产学研全面结合。

五、农垦高校的主要特点

（一）实行教学、科研、推广三结合的体制

农垦院校不仅为生产第一线培养人才，而且还要提供科研成果，使科研推动生产的发展。

华南热带作物学院与华南热带作物研究院（简称“两院”）结合体，就是这种体制的一个典型。他们合作承担国家科研任务，学院结合教学，侧重于应用基础理论的研究；而研究院以应用研究为主，做到既有侧重分工，又能通力合作，共同承担国家的各项重大科研任务。从1971—1984年，“两院”合作为华南四省、区（广东、广西、福建、云南）的国有农场和农村社队举办了乙烯利刺激割胶新制度、橡胶树营养诊断指导施肥技术、割胶技术、橡胶病虫害防治技术、田间试验设计及统计学原理、静电超低量喷雾技术、制胶工艺等培训班300多期，培训2.7万多人。其中橡胶树营养诊断指导施肥技术培训班取得了较好的效果，这个班共举办了30多期，培训了1 000多人，并配制了1 000多套营养诊断速测箱分发给有关农场。到1984年，推广面积已达100多万，产量普遍提高10%～20%，平均每亩增产干胶5千克，每年增产干胶5 000吨。“两院”合作办班推广科技成果和新技术，不但能使科技成果得到及时推广应用，同时还使研究人员和教师从实践中获得新的知识，进而不断充实教学内容，提高教学质量。为了共同搞好科技情报工作，他们利用电影、幻灯、出版科普读物和开放热带经济植物园等各种群众喜闻乐见的形式，宣传普及热带作物科技知识。他们还出版了《热带作物学报》《热带作物研究》《热带作物译丛》《热带作物加工》《热带作物机械化》《热作科技报》等科技刊物，编写教材和科技参考资料，编辑出版了《英汉热带作物词汇》等书。这些书刊和教材，比较全面、系统地介绍了国内外天然橡胶等多种热带作物的生产经验和科技成果，填补了我国热带作物科技和科普读物的空白。

1981年，150名应届毕业生全部进行毕业论文设计，有部分学生的论文是在各研究所研究人员的指导下完成的。这些导师帮助学生掌握科学研究方法和熟悉专业领域的最新科学成就，提供各种专业设备，指导试验、撰写论文

和组织论文答辩、评分等工作，有些论文已在一些专业会议上宣读或在专业刊物上发表，受到有关方面的重视。

"两院"还合作建立了测试中心和图书情报中心。测试中心有红外光谱、紫外光谱、气相色谱、液相色谱、超速离心机、大型生长培养箱、80万倍电镜，以及恒温冷冻等大型设备；图书馆现有图书18万余册，各种期刊1 000多种，逐步设置视听、检索等现代化设施。测试中心的建成为科教人员和学生的学习、研究工作提供必要的条件，并积极开展了对外服务。

（二）院校办学在垦区与生产紧密结合

院校专业设置根据垦区生产发展的需要，教材结合垦区生产实际，研究课题来自生产中急需解决的问题，研究成果直接为生产服务。教师熟悉垦区情况，讲课能理论联系实际。黑龙江八一农垦大学农学系教师将"大豆高产配套技术的研究"成果推广于生产，取得了显著经济效益。八五八农场推广应用这项成果，增产效果十分显著，大豆平均亩产比对照田增长3%。1984年，这项成果在其他一些农场得到大面积推广应用，"克菌丹等农药防治小麦根腐病"的研究成果也在垦区大面积推广。

（三）农垦院校培养的学生成为生产、科研的骨干

农垦院校学生大部分来自垦区，毕业后又回到垦区。他们在学习阶段就熟悉垦区情况，分配工作后能较快适应。他们的特点是富于实干精神，能吃苦耐劳，联系群众，既有较高的理论基础，又有较强的实际工作能力，是垦区建设中的一支重要力量。华南热带作物学院的毕业生主要分配到华南四省（区）工作，有许多毕业生已担任各级领导职务。在海南岛通什农垦局工作的132名毕业生中，有30人已担任农场科以上领导职务。云南热带作物研究所有科研人员56人，其中华南热带作物学院毕业生就有24人，占42.9%。该所共有6个研究室，其中有3个研究室的领导人是热带作物学院的毕业生。华南热带作物学院1982届本科毕业生陈章良，1983年由学院派赴美国留学。在美国，他通过植物遗传工程研究，把大豆蛋白基因转移到另一种作物矮牵牛上取得成功，受到国际上的重视。

六、我国高校校企协同育人主要模式

产学研结合是高校提升育人质量的必由之路，主要有校内专用型、科教

型、农业科技示范园区型、校企联合型、教科服务型、学院董事会型、龙型产学研结合型较为典型的产学研基地，并形成了台阶式产学研结合实践平台和两个特色创新模式。

（一）校内专用型实践教学基地模式

此模式主要目的是提高学生对所学专业基础知识的认知能力，训练学生如何把专业知识与生产实践有机结合起来，做好接触社会的“启蒙”和“基本功”训练。该模式起源于20世纪80年代，很多农林高校采用了此种模式，如校办果园、专门用于实习的工厂、农业实验站、蔬菜大棚等。20世纪90年代，校办企业数量开始明显增多，许多学校建立校内产学研实践教学基地。西昌农业高等专科学校在此种模式较为典型，根据学科专业实践教学需要建立了食品加工厂、花卉场、实验兽药厂，简称“两厂一场”。将学生实习纳入教学计划中，学生能把理论知识与实际结合起来，边学习、边生产，提高了操作技能，增强了适应社会的能力。

（二）科教型产学研基地模式

该模式是以科技为主导，通过科学研究与教育教学的良性互动，建立可持续循环机制。例如，原吉林农业大学、西昌农业高等专科学校等通过建立各种研究所使科研与“三农”有效结合，与教育教学充分结合，实现科研为教育和地方经济发展服务的目的。该种模式有如下特点：

（1）产学研结合以科技创新为目的，充分发挥科技创新主导作用；

（2）以科技运用者和受益者为动力主体，通过对宏观政策把握和市场需求分析，创造产学研结合的动力源；

（3）运行机制受国家教育、科技和市场运行机制的影响；

（4）以法律契约形式对参与主体的风险承担和利益分配方式予以明确界定；

（5）对三大参与主体人力、物力、财力投入要求较高；

（6）因各主体在合作中地位、性质和目标不同，会产生新的模式。例如，以技术转让、咨询服务等单项结合模式为主的科研主导型模式，以建设工程研究中心、校企联合开发研究中心为主的共建实体模式。

（三）农业科技示范园区型产学研基地模式

该基地模型主要是在园区建设中引入实践教学基地，具有一定的综合性，具体包括科研和推广团队建设、学生专业知识和实践能力训练等。该模式可以为青年教师和学生提供实践锻炼的平台，较为典型的有西北农林科技大学在杨凌建设的农业科技示范园区，原吉林农业大学在榆树、辽源等建设的农业科技示范园区等。学校在科技示范园区内示范最新技术成果，展示现代化农业样板，同时学校也从园区经营中得到科研经费，支撑和保障科学研究和教育教学活动开展。

（四）校企结合型产学研基地模式

此种模式在我国较为盛行，大部分农林院校都建有此种基地，校企双方取长补短，互惠互利：一方面，企业利用学校人才科技优势，解决企业发展中的技术难题及产品更新换代、技术人才补充等问题；另一方面，学校可以补充科研经费、扩大实验场地，有助于提高人才培养质量。此外，学生可以通过“顶岗带职–预就业”方式，了解参与将来所要从事的行业，同时企业也可以考查学生能力素质情况。这样就为企业、学生提供了双向选择的平台，架起了人才走向企业和社会的桥梁。

（五）教科服务型模式

随着国家科技兴农战略实施，高等院校大力推进开放式办学，通过与企业合作，把实践经验融入课堂教学，使课堂内容更加贴近实际生产，培养大批实用型人才。在产学研结合发展中，创建了多元化实践教学基地，构建了多种运行模式，如“多形式参与式”“综合组装式”等，进一步深化了办学体制改革，为农业发展提供了大量科技人才，为地方经济发展做出了突出贡献。

（六）学院董事会模式

此模式是一种开放式办学的产学研创新模式。高校通过学院建立董事会的方式与企业合作，克服了学校总体过于庞大而不便与企业直接接触的缺陷。在实施开放式办学实践中，各学校根据自己所处环境因地制宜进行合理选择。董事会体制下的办学特点如下：（1）董事会体制是在教育体制改革深化的背景下逐步形成的。董事会体制办学可分为两个层次，第一个层次即为校级董事会，指高等院校以学校的身份同政府、企事业单位合作成立董事会；第二个层次即为学院董事会，指学院作为直接参与方同企业、政府部门等合作成立的董事会。前者涉及的范围广但结合较为松散，而后者范围窄但结合较为紧密。（2）董事会有明确的章程，合作各方必须依照董事会章程行事。高校通过建立董事会与企业、社会连接起来，办学方式由封闭走向开放。（3）董事单位企业在指导学生教学与生产实习同时，可以参与实践教学方案制定。（4）董事单位应为学院提供实践教学基地，供合作各方联合进行产品研发。（6）学院为董事单位培养优质科技人才，该校或学院毕业生优先被合作企业录用。在企业与学校的合作过程中，一方面企业获得利润，得到了高素质实践性技术人才；另一方面，学院提高了就业率及人才培养质量。学院与企业达到了互惠互利的目的，实现了企业与学院双赢的目标。

（七）龙型产学研结合模式

所谓龙型产学研结合模式是以高等农林院校为龙头，带动企业、农户形成产学研结合的“一条龙”模式。高等农林院校作为龙型产学研结合模式的“龙头”，是人才、技术创新的源泉。高校与企业、农户结合方式多种多样，如“高等农林院校+公司+农户+居民”结合方式，“高等农林院校+政府+基地+农户”等。高等农林院校为龙头的结合模式是一种与国内外经济市场、千家万户密切联系的合作模式，达到了高等农林院校教学、科研与农业产业化有效结合的目标。

七、高校产学研结合模式特点

高校产学研结合模式特点如下：

（1）重点考虑高等农林院校的龙头作用。

（2）强调合作关系的多元化。农业作为弱质产业，受区域、资源、气候、生态等影响较大。高等农林院校因地制宜，以产业实际需求为依据，与生产广泛结合，优势互补，互惠互利，资源共享。

（3）强调“一头在内，两手在外，内促外展”。“一头在内，两手在外”是指高等院校作为龙型模式龙头，要求以学校为中心，人才培养、科学研究、技术推广转化要与农村实际需要相结合。科学研究处于至关重要的地位，是衔接农业教育和农业生产的纽带：一端向教学转化，使教学内容得以充实，提高人才培养质量；另一端向农业生产转化，把农业科技的研究成果转化为现实生产力，获取实际经济效益。

（4）强调结合形式的灵活多样性。由于合作主体较多，如农林院校、政府部门、中介组织、公司企业、居民、农户等，其结合的形式多样化。

（5）强调责权的明确模式化和契约化。各参与主体应依据法律规定和双方协议，明确自己的权利、义务。

（6）强调合作事务的农业特性。提高农业生产力、土地产率和资源利用率是龙型产学研结合模式的根本目的。它以服务农业、农村、农民为中心，为农业发展、产业升级、农民增收致富提供高质量、高效益的智力支撑和技术支持。

第二节 高校与农垦企业产学研协同育人存在的问题

一、农垦精神的传承深度不够

农垦精神是在开发建设我国农垦事业中形成的内心态度、意识形态、思想境界和理想追求，继承了红军、八路军和解放军的光荣传统，包含“南泥湾精神”“北大荒精神”“新疆兵团精神”。在高校与农垦企业协同育人过程中缺乏将农垦精神融入大学校园的精神文化建设、物质文化建设和行为文化建设，缺乏传播北大荒精神，不了解南泥湾精神和新疆兵团精神。

高校与农垦企业协同育人需要文化的互相融合，只有充分了解农垦的文化和农垦发展的历史，才能发扬艰苦奋斗的创业精神、勇于开拓的创新锐气、顾全大局的坦荡胸怀和无私奉献的高尚情操。

二、未形成完善的协同育人模式

目前，我国农业高校与农垦企业产学研协同育人模式比较单一，主要以“农业技术转移”来解决农垦企业生产的具体实际问题，集中体现在农垦企业的第二产业，满足不了农垦企业多样化的人才需求。协同育人模式虽然种类繁多但还较为零散，以往的校企协同育人具有区域性和局限性，未形成体系，缺乏各专业与生产实践的精准对接。随着农垦企业的改革，以市场经济为导向的农垦企业经济逐渐建立，在努力建设大基地、大企业、大产业的同时把科研创新和开发新农产品作为参与国际竞争力的核心，高校与农垦企业的协同育人需要重新建立与之匹配的协同育人模式。

三、高校信息化建设有待改善

我国多数农垦企业地处边疆或城市边缘地区，由于交通不便导致农业高校与农垦企业协同育人沟通不顺畅，阻碍了我国高校与农垦企业协同育人的顺利开展。在农业生产的关键阶段，利用网络平台进行基地与课堂互通，将田间地头的生产情况实时直播进课堂，加强农业高校大学生对农垦生产认识，提高农业高校与农垦企业的产学研协同育人效果，使农业高校大学生更加深入地了解农垦企业。

目前，我国农业高校信息化基础建设投入还需加强。首先是我国农业高效信息化基础建设缺乏相应的政策支持，其次是设备的更新与升级需要大量的资金投入，最后是数据库资源建设和设备的维护还需配备相应的信息技术人员。

四、高校专业设置未与农垦企业需求相结合

高校申报专业应充分调研社会需求，加强与用人单位沟通，明确社会对新设专业的具体要求，根据需求确定（或预测）新设专业的必要性和培养规模。

首先，坚持需求导向。各地各高校要坚持需求导向，主动服务国家战略和区域经济社会发展需要，积极面向新一代科技革命和产业变革、面向社会事业和改善民生、面向国家对外开放战略，大力发展新工科、新医科、新农科、新文科专业，切实做好人才需求调研，以翔实的人才需求调研数据作为增设专业的理由和基础。

其次，坚持标准导向。《普通高等学校本科专业类教学质量国家标准》是专业设置的重要依据。高校要依据标准设置专业，高校主管部门要做好审核工作，确保申报专业达到该标准的基本要求。

最后，是坚持特色导向。各地各高校要加强专业建设规划，高校按照自身办学定位和办学特色合理增设专业，高校主管部门做好专业布局结构宏观调整，避免同一区域（领域）大量重复设置“过热”专业。

高校与农垦企业协同育人在课程设置上应根据教育部的要求，深入农垦企业调研，开设与农垦企业发展密切相关的专业，废止一些严重脱离实际生产的专业，同时对没有培养能力的学科专业暂停学位授权。

2019年5月6日，国务院学位委员会、教育部下发《关于下达2018年学位授权点专项评估结果及处理意见的通知》，评估结果为“合格”的学位授权点可继续行使学位授权；评估结果为“限期整改”的学位授权点，自发文之日起进行为期2年的整改，2019年招生工作结束后暂停招生，整改结束后接受复评，复评结果为“合格”的恢复招生，复评结果达不到“合格”的撤销学

位授权。学位授予单位主动提出放弃授权的学位授权点和评估结果为“不合格”的学位授权点，自发文之日起撤销学位授权，5年之内不得重新申请，2019年招生工作结束后不得招生，在学研究生按原渠道培养、授予学位。撤销的学位授权点数纳入省级统筹增列，不得用于本次被撤销学位授权点的学位授予单位。

五、毕业生很难留在工作一线

随着社会生活水平的提高，多数大学生不愿留在地理位置相对偏远的垦区工作，导致垦区企业农业科技人才匮乏。其具体原因如下：一是当代青年择业观发生了变化，改革开放后部分家族生活逐渐富裕，导致一些学生家长和学生本人对毕业后的就业期望值过高，不愿意留在艰苦一线。二是学校学科设置与社会需求严重脱节，高校单纯地注重理论教育，忽视了实际能力的培养，导致学生走向生产一线时没有实践能力。三是一些学生片面强调“先就业，后择业”，在基层得到一些锻炼后，刚刚得到提升就急于跳槽，对企业缺乏责任心，只强调对企业的索取，缺乏对企业和社会的回报，即使是“新生代工人”和“新生代农民工”也与父辈吃苦耐劳形成了鲜明对比，不愿到生产一线锻炼。四是人力资源部门对企业发展缺乏长远发展战略，忽视了一线员工，特别是技术员工的培养与关注，只注意用而忽视了长远培养，致使工作一些时间后的员工本领荒废。五是企业缺乏长远有效的激励机制，虽然社会在进步，但一些企业仍停留在薪酬激励上，而没有采用当下较为先进的绩效管理机制，员工没有感受到来自企业的关怀，自己的成长与多样化需求也没有传导到企业高层，致使员工不能实现自身价值而选择离开，甚至更有一些企业对本单位员工的技能学习、专业评审、各种奖励申报、学历晋升采取麻木不仁和不支持的态度，使得员工不愿影响自身发展而离开。六是一些单位片面强调“人才战略”而忽视了本地人才的培养。七是政府部门对一线员工的鼓励与支持不够，对长期工作在农业一线的工人，特别是高学历、高技能人员缺乏关心关注，如出台一些子女考学制度、廉租房制度、退休奖励制度等以人为本的措施。

六、农垦企业一线职工培训工作不够

农垦企业一线职工由于所处地理位置偏远，接触的新农业技术的信息不及时，导致生产方式难以跟上新兴农业发展水平，需要高校定期组织培训，不断更新生产技术手段和技术知识。

农垦企业职工乐于接受再教育，以提升自己在新设备、新产品、新工艺和新科技方面的学习，提升自己的业务水平。特别是久离学校的职工，长期工作生活在基层、信息沟通不畅、前沿知识更新慢，对新任务、新措施、新技能不知晓，加剧了员工对技能提升和再培育的渴望。

高校应加强对农垦企业职工的终身培育，根据企业需求有针对性地对农垦企业职工进行再培养，让农垦企业职工在每个工作岗位上都能充分发挥自己的最大能量，创造更多的价值，提高劳动生产率，实现农垦企业和职工的双重收益。将农垦企业优秀员工选送到高校进行有目的地培养，或高校派专家驻企培训，开展课题研究、技术咨询和服务，参与企业技术攻关、产品研发等，从而提升高校教师的管理能力和科研能力。

七、高校的科研成果不能及时转化

2019年5月26日，《黑龙江日报》头版以《我省成功研发水稻秸秆生物法无污染制浆技术》刊发消息，报道了黑龙江八一农垦大学生命科学技术学院团队的新成果——生物法秸秆制浆技术。我国秸秆年产量10亿多吨，黑龙江省秸秆年产量1.2亿吨，资源化率低，30%以上的秸秆被焚烧造成严重的环境污染。研究人员历经10年大量试验探索，研究出以高效快速木质素分解复合菌系为核心，以水稻秸秆为原料，生物法发酵秸秆无污染生产草浆技术。草浆经过调制生产瓦楞纸、纱管纸、可降解餐具等产品，形成了一整套纸质产品生产技术。该技术体系完全采用生物法制浆，全过程无污染、零排放，使水稻秸秆变废为宝，实现高值化循环利用。这种生物制浆技术具备颠覆性，模式可复制，创造较高的经济效益，推动工厂化、产业化进程。以投资300～350万元的小型工厂为例，每年处理水稻秸秆能力可达3 000吨，生产瓦楞纸等产品生产1 000～1 200吨，去掉每吨1 800～2 000元成本，创造年利润百万元以上，3年即可资金回笼。

第三节　我国高校产学研结合案例及经验

一、河北农业大学的“太行山道路”

早在1917年，河北农业大学就提出了“农业教育非实习不能得真谛，非试验不能探精微，实习、试验二者不可偏废”的办学原则。河北农业大学一直秉承着重视理论与实践相结合的优良传统。1986年，该校十余年参与太行山开发工作的实践经验，被国家科委肯定为“太行山道路”，并被确定为农业高等院校科技推广工作的三大经验之一。

其主要做法可以概括为如下四个方面：

（1）构建全方位、立体的现代农业“人才培养+培训体系”，为服务“三农”输送合格人才。其具体措施是建立“一村一名大学生”工程并加以实施；通过“请进来”的方式，将农村的基层干部、技术骨干和重点示范大户吸收进来，建立培训网络；通过“走出去”的方式，加强专家与农民的联系，在田间地头为农户进行培训和现场指导。

（2）构建以科技创新为主的平台，为服务“三农”加强能力培养和层次建立。其具体措施是整合学科比较优势，建立多层次的科技创新平台；建设创新团队，以科技队伍组织化程度为手段；强化激励机制，调动各类人员的创新积极性。

（3）建立有效的创新机制，为服务“三农”提供保障。其具体措施是成立专门创新机构，组建推广创新技术的专业队伍；加强制度建设，使学校服务“三农”工作制度化、规范化。

河北农业大学在综合开发太行山的实践中，实行教学、科研、社会服务相结合，技术开发、经济开发与智力开发相结合，试验、示范、推广相结合。1981—1985年共取得40项科研成果，其中16项达到国内先进水平，以720万元的科技投资，为太行山区创造经济效益3亿元，山区人均收入从7元增加到300元。部分山区的生态环境也有了明显改善，山区经济开始由“输血型”向“造血型”转变。

河北农业大学由过去的单项技术推广向多学科、综合化、全方位开发转变；由实验点的开发转向示范区的综合开发，建立了一些综合开发试验区，并作为学校相对稳定的教学、科研、生产三结合基地。其重点是围绕如何使广大农村的“造血机能”更强、更有效地进行联合攻关，从学校内部来讲，确立了把“太行山道路”作为自己的一条办学道路，把促进教育、科技、经济、社会发展的紧密结合，作为学校教育改革的方向。“八五”期间，“太行山道路”由山区延伸到整个平原地区、黄淮海地区、坝上地区、经济发达的城镇郊区和沿海滩涂地区。在河北省6大生态类型区建立相对稳定的三结合基地20余个，在98个县（市）建立了“三结合联系点，科技辐射面”，同时，在三结合的深度上注重教育、科技与经济的紧密结合，使“太行山道路”更加深化。“九五”期间，“太行山道路”有了进一步的拓展，学校主动适应农业经济发展的新要求，在拓展和深化“太行山道路”方面，自觉地进行了一系列探索性的实践。

（1）加强基础和应用基础研究，为深化“太行山道路”提供有力的科技支撑和发展后劲。例如，学校科研人员利用小麦种质资源的研究成果，“九五”以来，先后培育出4个小麦优良品种，推广面积2 058万亩，创造经济效益307亿元；利用基因工程技术，成功培育出抗虫杨树树种——转双抗虫基因杂种741毛白杨，具有高抗虫性，并筛选出了昆虫死亡率达85%以上的高抗虫性无性系，经农业部农业基因工程安全评价，该树种安全等级为一级。

（2）构建技术创新体系，促进农业高新技术、常规适用技术和多种技术信息的有机组合，“九五”以来，取得了172项科技成果，其中97项被鉴定为国际水平，114项获得省部级以上科技奖励。

（3）积极探索与社会主义市场经济体制相一致的科技运行机制。学校通过将科技成果渗入企业或地方农业专业化组织，积极推动地方龙型经济的形成，并按照市场经济的规律，本着优势互补、风险分担、利益共享的原则，开展多种形式的科技合作，引导农业转换经营机制，提高对高新技术的吸纳能力。

（4）探索建立能够为农业可持续发展提供人才支持的网络体系。如不断拓展办学层次，建立以学校为龙头的河北省农业院校技术传播服务网络，建立多种形式、多个层次的农村技术骨干培训网络，充分利用现代网络技术优势，建立“太行之路网站”等。

（5）尝试建立推动农村社会全面发展的模型。学校在开展社会服务时，坚持把物质文明和精神文明建设“捆绑”进行，推进农村社会各项事业的全面发展。

（6）积极探索推进县域经济整体发展的模式。为了探讨建立推动农村区域经济发展的模式，按照农村区域发展的理论，学校与临漳和顺平等县签订了开展县域经济合作的协议。在临漳县，学校帮助建立起了集种植、养殖、加工、科研、市场、培训、观光为一体的“万亩现代农业科技示范城”，培植起了獭兔养殖产业，形成了养殖、加工、销售一条龙的产业化体系，使该县獭兔饲养量达500多万只，产值1.8亿元，仅此一项，使全县人均增收270元以上。该县东南旺村的张玉良2001年獭兔收入达10万元，兔皮加工生产的服装已出口到日本、韩国、澳大利亚等国家。獭兔产业已成为临漳县经济的支柱，被列为全国家兔育种试验县、国家“星火计划”重点项目重点建设县。

“太行山道路”的成就总结为建立固定“三结合”基地40个，联系点194个，科技辐射面已占河北省总面积的88.8%。二十多年来，学校完成科研课题447项，其中主持国家重大攻关专题5项、国家自然科学基金13项。通过科研成果鉴定的145项中，102项达到国内先进水平，16项达到国际先进水平，99项获得国家、省部级科技成果奖。这些成果80%以上在农业生产中得到推广应用，创造了25亿元的社会经济效益，相当于在此期间国家为学校科研投资的300多倍。与此同时，该校不断深化“太行山道路”，不仅学校的科研与社会服务取得了丰硕的成果，而且教育质量也得到全面提高，使河北农业大学显现出鲜明的办学特色。

二、湛江甘蔗高新科技示范园建设[15]

广东农工商职业技术学院是广东省农垦总局主办的一所农业高职院校，在湛江甘蔗高新科技示范园建设实践中取得了丰硕成果。他们的成果值得我们参考和借鉴。湛江甘蔗高新科技示范园项目是广东农工商职业技术学院和湛江农垦集团公司在湛江农垦国家级现代农业示范区共建的集生产、科研、社会服务、人才培养和社会培育为一体的综合性项目。

（一）管理模式

示范园由广东农工商职业技术学院和广垦糖业集团采取模拟股份制方式运作，学校出资440万元（占股55%），广垦糖业集团出资360万元（占股45%）。示范园种植面积5 508.83亩，分成三个基地，分别是广前基地（2 174.48亩）、丰收基地（1 264.94亩）、华海基地（2 069.41亩）。示范园在建设过程中，对学校师资和科研力量、广垦农机产业运作能力、农场的土地资源进行全方位资源整合，积极探索甘蔗产业全程机械化运营的新模式。示范园采取模拟股份公司运作，实行独立经营，自负盈亏，通过制订示范园管理方案、财务管理办法、物资采购办法等规章制度，规范其经营活动。示范园的组织架构和人员安排如下：

1.管理部门

成立项目领导委员会，由湛江农垦局和学校负责人任委员会主任、副主任。成立5人的模拟股份董事会，由学校和广垦糖业各选派相关负责人组成。成立项目经营团队，设总经理1名，由广垦农机总经理陈光担任；常务副总经理1名，由学校选派相关负责人担任。总经理负责团队全面工作。

2.财务部门

成立财务部门，负责日常财务管理和会计核算等事务。在广垦糖业农机公司开设独立账套，进行独立核算。学校安排财务人员任财务负责人。

3.科研与技术部门。

成立生产技术部门，主要由学校科研与产业服务处、热带农林学院团队人员构成。以李秀平博士为代表的“博士、教授服务团”，负责生产技术方案的制定、监控，并开展技术指导与培训，农业栽培措施，耕种收农业机械操作管理与维护，甘蔗生长现场监控、数据采集，灌溉系统操作、维护，甘蔗病虫害防治等。

（二）甘蔗高新科技示范园经营管理措施

1.采取目标管理责任制和成本核算管理制度

明确学校与广垦农垦糖业集团为投资主体，共同开展示范园的运营和监督；广垦农机服务有限公司为经营主体，确保生产质量和经济效益。蔗季开始前由学校和广垦糖业集团牵头，与广垦农机服务有限公司联合制订甘蔗成本控制方案并核定额度。

2.强化成本控制

实施过程中由广垦农机服务有限公司负责质量与成本控制，学校和广垦糖业集团监督协助落实，并对控制结果确认。对于广垦农机服务有限公司未能按质量完成的工作，由其负责返工完成，并承担相应的返工及农资等费用，合格后由学校方确认。

3.建立合理的评价体系

为便于沟通管理，学校团队根据现有地块情况重新编号，建立评价体系。每月第1周对3个基地各地块进行跟踪记录，对地块进行建档及信息跟踪，并对经营管理水平进行分级。学校团队根据调查结果，每月10日前发送一份评价报告给广垦糖业集团，广垦糖业集团于5个工作日内回复，并将情况通知广垦农机服务有限公司，共同监督其落实。

4.三方联合会议共同解决运营问题

每季度三方组织召开一次董事会，广垦农机服务有限公司就项目开展情况作汇报，三方共同商议解决项目运营中存在的问题。

5.共享关键信息

关键工序开展前，广垦农机服务有限公司需提前告知学校团队，如补种、破垄施肥、除草、砍蔗等工序。

6.设立常规农资采购流程

对于常规农资采购（如地膜、肥料、农药、除草剂等），需由三方联合制定采购需求和质量参数，走广垦物流统一采购流程，共同监控农资质量。

7.设立紧急农资采购通道

根据病虫害等紧急情况，设立紧急农资采购通道：1万元以下，由学校和广垦农机服务有限公司共同选购相关农资；10万元以下1万元以上，经请示董事会后，由学校和广垦糖业共同选购相关农资；10万元以上，上报董事会走流程。

8.农资管理

农资需设置单独库房存放，做好出入库登记，明确责任人，双方每月清点。

9.支付款项

学校根据项目进度按季度支付款项。

（三）甘蔗高新科技示范园经营状况分析

1.示范园经营成本分析

由于示范园经营团队优化了甘蔗机械化种植工序，大力推进良种良法，对化肥施用采用减量增效，严格控制生产成本，示范园获得了较好的经济效益。

2017年，示范园总面积为5 812.49亩，实际种植面积5 508.83亩，其中新植面积4 418.41亩，宿根面积1 090.42亩，总产量2 3151.443吨。示范园的收入总计1 046.29万元，其中原料蔗收入金额1 017.05万元，经营成本是1 032.68万元，平均亩成本为1 874.58元/亩，其中新植蔗成本为1 981.16元/亩，宿根甘蔗成本为1 442.65元/亩。与当地的新植蔗平均成本2 212.15元/亩相比，示范园每亩成本降低约230元。

2.项目经营盈利分析

示范园的总收入1 046.29万元，其中原料蔗收入1 017.05万元，甘蔗自然灾害保险29.24万元，示范园经营成本1 032.68万元，盈利13.61万元。

（1）示范园生产成本明显降低。目前，示范园平均生产成本为1 874.58元/亩，比当地的2 106.94元/亩要低230元/亩左右。其原因是：示范园优化甘蔗全程机械化工序，不断探索飞防、施用药肥、增施钾肥、中微量元素肥料等现代农业技术；在整体成本降低的同时，大力推进良种良法，比如示范园的蔗种成本为435元/亩，而当地的蔗种成本为301.77元/亩，示范园引种成本比当地高133.23元/亩。即使如此，由于示范园的其他成本（肥料地膜、机械作业、辅助工费用）比当地低363.23元/亩，使得整体上示范园成本明显低于当地同类种植成本。此外，甘蔗品种的差异直接影响甘蔗宿根性、产量、含糖率等，引种成本虽然高，但从长远来看更有利。

（2）示范园生产效益明显增加。示范园加大引种力度，优化全程机械化工序，提高了甘蔗的产量和含糖量。与同区域同规模种植基地相比，示范园产量平均要高0.79吨/亩，增收产值约340元/亩，平均生产成本降低230元/亩，直接生产效益达570元/亩，降本增收效果明显。此外，通过甘蔗生产机械化，可节约大量人力资源，从而节约职工社保的开支，大大减轻了农场的成本压力。

（3）优化湛江蔗区甘蔗品种结构。示范园积极推进垦区甘蔗品种的引进与淘汰工作，种植品系共有26个，其中新引进双高品种8个，即桂糖-08/120、桂糖-07/108、桂糖-08/1180、海蔗22、桂糖-49、柳城-05/136、粤糖-61、桂糖-46。经过实践，发现前6个品种为适合机械化种植推广的品种。另外，还更新淘汰不适宜品种4个。上述成果将极大优化湛江雷州半岛甘蔗品种结构。

（四）甘蔗高新科技示范园社会效益明显

示范园的建设是以加快垦区企业化改革并探索可供示范推广的农业生产经营改革模式为中心，以全新农机、农艺技术相匹配的全程机械化为手段，以示范推广适应垦区种植的高产、高糖、高抗良种为核心，以提升全程机械化生产经营水平、降低生产成本、提高单位面积产量和效益为目标，积极探索创新生产经营模式，为打造垦区糖业全新产业链提供示范和经验。

1.全程机械化种植技术为湛江农垦甘蔗全程机械化推广提供示范

示范园依托广垦农机公司的农机资源优势、农场的土地资源优势，主推甘蔗生产全程机械化，努力完善农机操作工序，并将农机农艺技术有效集成组合，逐渐摸索出适合全程机械化的种植规格，坚持深松整地和蔗叶粉碎回田，改善土壤结构，不断提升甘蔗生产机械化和信息化水平。

湛江农垦依托示范园大力推进甘蔗种植全程机械化进程。2017年推广面积1.7万亩，平均含糖量高达14.33%，比往年平均含糖量提高了5.03个百分点，产生经济效益1 654万元；由于采用全程机械化的种植技术，节省人工成本731万元，全年合计产生经济效益2 385万元。2018年湛江农垦推广全程机械化种植面积达7万亩，预计产生经济效益近亿元。

2.全程机械化运营成本为垦区甘蔗生产全程机械化提供标杆

示范园在甘蔗全程机械化过程中积累经验，并不断完善，对全程机械化各个关键环节进行质量把控与成本监控，制定出了垦区全程机械化的质量监督与完整的成本控制方案，并第一次完整系统地获得了垦区甘蔗全程机械化运营成本。此前每个农场独立运营，不同农场甘蔗全程机械化成本差异较大，而示范园区域分布涵盖了湛江甘蔗主产区且统一经营，使得其全程机械化生产成本具有很强参考性，为湛江垦区甘蔗生产全程机械化提供标杆和榜样。

3.创新“产教融合”校企合作人才培养模式

学校积极利用示范园的生产资源，在示范园实施现场教学。学校博士教授团队、农场专家、企业能工巧匠现场指导，学生直接参加示范园的生产过程，边学边做，从而使毕业生的职业能力与农业企业岗位群技能要求实现无缝对接。2017—2018年共培养了250人次的“工学结合”的毕业生，为广东农垦输送了懂理论、会技术的复合型技术技能人才。同时，示范园从建立开始，就主动扛起垦区产业改革的大旗，一直坚持立足垦区、服务垦区的职责，不断加大培训保障、优化培训内容。

4.提升学校科研实力和影响力

依托示范园，学校于2017年获广东省科技厅立项的省级工程技术研究中心2个（广东省精准农业信息工程技术研究中心、广东省南亚热带休闲农业工程技术研究中心），广东省乡村振兴专项资金——农作物良种良法项目1项（40万元），广东省教育厅科技重点科研项目立项2项，发表高水平学术论文7篇。更可喜的是，依托示范园，2019年1月，广东省职业院校的第一个省级决策咨询研究基地“广东农垦经济与乡村振兴研究中心”获得了立项，这将大大提升学校的科研实力和影响力。

在广东农垦推进全面深化改革、转型升级创新发展的攻坚时期，在服务垦区新一轮改革发展等方面，学校不仅可以“有所作为”，更可以“大有所为”。面对新要求和新形势，要勇于探索，积极谋划，不断形成新的工作思路与方法。下一步，学校要牢牢把握机遇，坚持产教融合、校企合作，加强农垦改革发展政策理论学习研究，在转变集团公司职能、培育新产业新业态与新模式、创新垦区管理体制、改革农业经营机制、健全现代企业制度、深化干部人事制度改革、推进办社会职能改革、建设美丽农场等事关农垦长远发展的重大课题研究和技术服务支持上有所突破，提出解决问题的新思路、新方法、新措施，为广东农垦经济社会发展做出新的贡献。

三、山东农业大学实习基地教学

山东农业大学将农学、植保、果树、蔬菜、蚕桑、动物科学、动物医学、水产、畜牧等农科专业和近农专业的三年级学生转移到距离学校10千米的校内基地进行为期一年的教学实践，完成第六、第七学期的课程。实践教学是基地的主要任务，进驻基地各教学单位以各试验站为依托，制定了专业实践教学大纲，规范了实践教学体系，使实践教学制度化、系统化。例如，农学专业四年共设8个实践环节，其中有6个环节是在校内基地农学实验站完成的。第一环节为劳动课，包括公益劳动、专业劳动和生产劳动，其中专业劳动和生产劳动都在基地农学站内完成，记录劳动课成绩。第二环节为农事操作与田间技术操作。第六、第七学期在基地隔周安排2学时，主要是参加标本园及教学实验田的管理。第三环节为教学实习和教学生产实习，共11门课程，其中有6门主课放在第六、第七学期进行。第四环节为课程论文，在第六、第七学期进行。第五环节为种丰产田、教学实验田和农作物生物学观察，在第六、第七学期配合课程，结合教学生产实习，专业劳动和学生课外作业进行。第六环节为社会实践、配合学生思想品德教育。在第六学期到教学基地后，通过与周围农村建立对口关系，定期参加劳动，进行技术服务等。第七环节为社会调查，在暑期进行。第八环节为生产实习，在校外实习基地完成。与此同时，学校还组织住在基地的学生到农村去实践与进行科技开发。由于教学基地毗邻农村，基地由教学科、团总支牵头，任课教师作指导，参与周边开发，同时也作为学生进行实践的一种方式被固定下来。基地的学生被分成不同的组别，利用课余或双休日到对口单位参观学习，参与科技推广、技术开发等工作。

四、中国农业大学校企协同育人五大模式

中国农业大学提出“推广教授制度”“顶天立地”的办学思路。中国农业大学的产学研结合可概括为以下五大模式。

（一）曲周精神

1973年，中国农业大学在河北省曲周县建立了“治碱实验站”，开始“改土治碱，造福曲周”。

（二）开封模式

从2003年开始，中国农业大学与开封市开展市校合作，探索和实践了高校服务中原农区、破解“三农”的新途径。

（三）广西范本

从2006年到2007年，中国农业大学与广西壮族自治区联合举办了四期现代农业高级研修班，培训500多名县处级以上农业领导干部。

（四）寿光突围

2006年4月，中国农业大学与寿光市联合成立蔬菜研究院，旨在建设管理一流、科研一流，逐步在蔬菜产业中有积极影响的蔬菜高科技开放式平台。

（五）北京经验

2006年，中国农业大学实施“教授进村入户行动”，拟定五年时间每年组织百名教授奔赴农村。他们的主要做法是：一是农业推广教授每年在农村服务6个月，为农村和农户提供技术服务、技术咨询，参加农村社会调查和政策宣讲等工作。其余6个月，回到校园为学生提供实践基础上的教学。在乡镇农技推广中心设立农业推广教授岗位（推广中心主任），并实行聘任制。大学和地方政府共同出台激励政策，鼓励科技人员深入一线开展工作。农业推广教授年终考核与在农村的实际工作效果挂钩，并建立当地农民对教授的评估系统等。

第四节　构建产学研“三元协同”育人体系

“三元协同”中的“三元”分别指高校、农垦企业和科学研究机构。协同是基于协同理论，通过三者之间相互促进，产生1+1+1>3的协同效应。

“三元协同”育人体系旨在充分发挥高校、农垦企业和科研机构三者的职能，在人才输出、基地实践和科学研究等方面发挥重要作用。

一、“三元协同”育人目标、原则和指导思想

（一）协同育人目标

贯彻落实十九大关于校企协同育人的精神和习近平主席视察黑龙江垦区精神，将农业科技与农垦企业发展相结合，加快农垦企业第一、二、三产业融合发展，延长农业“全产业链”，增加农产品附加值，为农垦企业提供强有力的科技人才支撑，发挥好农垦企业维护国家边疆稳定和保障粮食生产的压舱石的作用，把农垦企业建成我国农业领域的航母。

1.高校育人目标

提高我国高校的人才培养质量，加强高校大学生实践能力、农业生产技术及农业科学研究、创新能力的提高，精准对接我国农垦企业快速发展的人才需求。

2.农垦企业育人目标

（1）实现农业科研成果转化和推广，应用最新的农业生产技术，选聘农垦企业急需的科技和管理人才，汇聚高校人才资源、农垦企业的产业资源和科研机构的科研能力资源，实现优势互补，凝聚三方力量支持我国农垦企业的发展。

（2）借助高校教学资源培养农垦企业职业经理人。通过继续教育提升农垦企业内部管理人员的层次，在抓生产、引融资、促销售等方面，培养有能力、懂技术、善经营、会管理的农垦企业职业经理人。

3.科学研究机构的育人目标

拓宽高校人才培育的知识结构和研究方向，扩大高校学生知识面，提升高校大学生应用农业生产技术的能力和科学研究能力。

（二）协同育人原则

高校与农垦企业“三元协同”育人是以“科学技术”为核心，以“开发农业新产品”为结合点，以培养农业“高水平人才”为目标，通过“基础理论教学”“农垦企业实践教学”和“科学研究育人”紧密结合。协同育人有原则如下所示：

（1）全国高校和各垦区农垦企业遵循自愿、公平、守信的原则，因地制宜，依法律合同约定，实现利益共享、风险共担的协同育人原则。

（2）“三元协同”育人以农垦企业实际需求为导向，以农产品为龙头，以科技成果向实际生产转化为重点，增强农垦企业科技研发的实力，将农业新科技和新成果在农垦企业推广和应用，创造经济效益，促进农垦企业的科学技术进步。

（3）建立人才优选机制，提升高校与农垦企业人才培养层次，为农垦企业建设储备人才。

（4）通过三方协同开发农业新技术和新兴农产品，提升农垦企业竞争力，提升高校大学生科学研究水平、农业生产实践操作能力及农垦企业在国际市场上的竞争力。

（5）高校与农垦企业在“三元协同”育人的专业设置、实验设备制备、人才培养方案和师资队伍建设上实现三方实质性合作，提高高校大学生的实践操作能力。

（6）坚持产学研“三元协同”互惠多赢原则，培养投身我国农垦事业的建设者和接班人。

（三）协同育人指导思想

高校与农垦企业协同育人是以习近平总书记对农垦企业“三大一航母”建设为指导方针，以“科研创新”为驱动的产学研协同育人，坚持农业人才培养与生产和科研紧密结合，加快农垦企业农业航母的建设。《国家中长期教育改革和发展规划纲要（2010—2020年）》指出，要“建立健全政府主导、行业指导、企业参与的办学机制，制定促进校企合作办学法规，推进校企合作制度化”，要“聘用一大批有实践经验和技能的专兼职教师”，要“完善教师定期到企业实践制度。”

（1）利用网络信息技术，通过互联网视频会议和实地参观访问相结合的方式加强校企沟通和互动，完善产学研运行机制和产学研协同育人体系，充分发挥高校的人才和智力支撑，围绕农垦企业产业结构调整和战略性新兴产业发展，增强我国高校专业结构与农垦企业改革后的产业结构契合度。

（2）立足农垦企业经济发展需要，加强高校、农垦企业和科研机构的联系，与农垦企业共同优化课程设置，协同培养人才，创新办学模式，紧跟农垦企业需求，共建教学实习基地，深化合作层次，深入开展产学研协同育人，最终实现高校、农垦企业和科研机构互利多赢，协同发展。

（3）通过设立全国性质的领导行政组织机构，组织协调我国高校和6 000多家农垦企业的协同育人工作，撰写高校、农垦企业和科研机构“三元协同”育人章程，规范协同育人三方权责与义务。

（4）建立三元协同育人“三导师”团队，在农垦企业、高校和科学研究机构选聘导师参与高校与农垦企业协同育人工作。

（5）通过优势互补建立高校的人力资源、农垦企业的基地资源和科学研究机构的科技成果资源之间的协同关系。

（6）由高校、农垦企业和科研机构共同规划和投资建设科学实验室、实习基地和科研中心，用于发展农垦企业的高端技术，提升高校科研水平，实现资源共享、风险共担和收益共赢，共建实验室框图如图3-1所示。

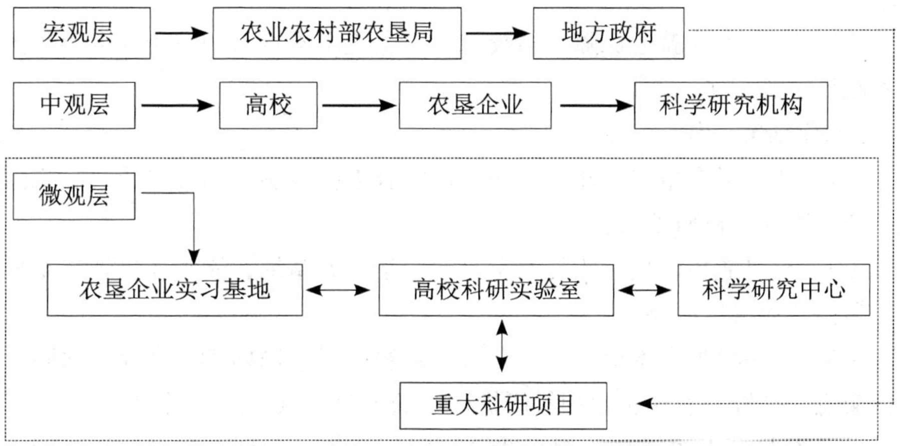

图3-1　高校、农垦企业和涉农科研机构共建实验室框架图

①宏观层。由国家宏观协调地方政府与高校、农垦企业和科研机构的关系，制定产学研协同育人计划，提供政策和资金支持。

②中观层。解决高校、农垦企业和科研机构共建研究基地、实验室和科研中心的具体事宜。

③微观层。解决实习基地、实验室和科研中心内部项目管理等问题。

从高校课堂到农垦企业的顶岗实习，再到国家级重点科学实验室进行科学研究，高校大学生通过实践与农垦企业和高校三位导师共同研究实际问题，在实践中进行科技创新。

二、“三元协同”育人主要内容

（一）共签协同育人协议

高校、农垦企业和科研机构在协同育人过程中需要签订协同育人合作协议，明确互聘委派目的、期限、人员基础条件、工作职责、考核奖励办法、薪金待遇等，特别是要明确根本任务内容与要求、权利与义务、违约责任等，使校企协同育人有章可循。协同育人协议主要包括以下内容。

1.人才培养方式

（1）高校学生进入农垦企业实习、实训。高校、农垦企业和科研机构共同制订个性化人才培养方案，每年根据农垦企业需求分期、分批进入农垦企业实习、实训，满足高校教学、科研和人才培养工作需要。

（2）农垦企业农业技术培训。依托高校教育资源，积极开展农垦急需人才培训。

（3）高校人才就业保障。高校与农垦企业协同育人的高校的毕业生优先进入农垦企业工作。

2.科学研究合作

（1）项目联合申报。建立长期项目联合申报机制，共同申请和实施国家级、省市级各类科研项目。

（2）科研成果转化。依托农垦企业科学研究基地，制定成果转化激励政策，尽快转化科研成果。

（3）开展科学学术交流会议。联合组织国际、国内学术会议，共同参与合作交流。高校与农垦企业和科研机构定期组织互惠交流座谈。

①三方共享人才资源，相互选派管理、业务骨干到对方培训学习和交流访问。

②凡列入校企合作的项目，双方优先提供仪器设备、科研数据、人员培训、实验设施和场地，以促进共同发展。

③共建协同育人机制，提供科技和教育发展等信息交流保障措施。

3.工资待遇

通过绩效核算的方式制定三方导师的工资、高校大学生顶岗实习的工资和开发农业新产品的利益分配方案。

（二）共建校企协同育人领导机构

高校、农垦企业和科学研究机构分属三个不同管理系统，需要三方共同建立全国性质的产学研协同育人领导机构，负责管理三个系统的协同育人工作。整合各省农业高校、农垦企业和科学研究机构，进行资源共享，制定总体规划与奖惩制度并给予三方国家政策补贴和资金支持来保障农业高校与农垦企业协同育人。

机构设立层级介绍如下。

1.国家级产学研“三元协同”组织领导机构

该机构负责管理全国高校与农垦企业协同育人总体规划事宜，汇总各省和下属地市产学研开展情况，进行优惠政策的制定和资金的划拨。

2.省级产学研“三元协同”组织领导机构。

该机构负责各省高校与农垦企业产学研协同育人培养事宜，制订高校产学研合作的中长期发展规划和年度计划，并组织实施；制定产学研合作的规章制度和激励政策，组织建立产学研协同育人机制和管理体系。

3.地市级高校与农垦企业产学研“三元协同”组织领导机构

该机构负责各地方高校与农垦企业协同育人的开展和落实实践育人工作，负责促成高校内外产学研合作资源的对接，整合组织高校内部力量争取产学研合作项目。拓展产学研交流合作渠道，搭建产学研合作交流平台，负责地市级产学研合作项目合同的归集管理，并会同相关职能部门加强产学研合作项目管理。

4.高校内部“三元协同”管理机构

该机构负责学校工程技术研究院的管理，发挥工程技术研究院的功能和作用；负责学校产学研合作的文档收集、整理、归档及统计报表的填报等相关工作，承办高校、教育部及主管部门交办的其他事项。

（三）共建协同育人沟通渠道

（1）定期开展网络视频会议和高峰论坛等交流活动。利用网络交流平台，建立农垦实验基地教学与高校课堂教学直播互动。三方机构导师和高校大学生在网络协同育人平台进行讨论和交流。

（2）定期开展培训交流学习班。建立“三元协同”育人智囊团，对高校与农垦企业协同育人的科技创新给予智力支持。在重大国家农业科研技术项目上，加强高校、农垦企业与科研机构的智力对接。

（3）建立农垦实践基地现场沟通交流模式。在高校、农垦企业和科研机构协同育人中，三方导师共同深入农垦企业参与高校大学生的实习实践，现场指导高校大学生应用新农业生产技术和实地研究。

（4）高校、农垦企业和科研机构共同承担国家农业科学研究重大课题，共同投资购置新型研究设备。建立产学研战略联盟，根据市场需求，共同应对国际竞争与挑战。

（5）深化文化沟通渠道。在产学研“三元协同”育人中，缓解文化的冲突造成产学研协同育人阻碍。农垦企业来源于人民解放军，传承艰苦奋斗、勇于开拓、顾全大局和无私奉献的农垦精神。在我国边疆，少数民族众多，多种文化共存，通过文化融合疏通产学研协同育人更加重要。可通过以下几点策略解决：

①开展文化交流活动，通过诗歌、征文、版画、文艺演出增强文化融合；

②通过纪录片和参观农垦精神展示馆了解农垦文化；

③通过回忆录和垦区文献等进行文化融合。

三、建立“三元协同”育人机制

（一）高校与农垦企业运行机制要素分析

高校与农垦企业协同育人运行机制的构成要素可以分为狭义和广义两个方面，狭义的理解是指学校、产业界、学生和政府四个要素，广义指运行目标、运行动力、运行模式、运行环境和运行的调控。下面基于我国高校与农垦企业的特殊情况，从广义的运行目标、动力、模式、环境和调控来进行分析。

1.运行目标：“资源共享，利益诉求”

农垦企业农业领域航母的建设和农业高校人才质量的提高是双方协同育人的共同目标。高校培养人才需要与生产劳动相结合，从实践中获取经验，避免理论脱离实际，与农垦企业产学研协同育人解决了高校教与学同实践相脱离的窘境。高校大学生通过进入农垦企业实习实践，在实践中发现问题，进行科研创新，收获的科研成果能提升高校毕业生在农业行业中的影响力和竞争力，高校教师在农垦企业研究基地的国家级重大科研项目能提升高校人才的培养层次。农垦企业要建成农业领域的航母必须要有科技力量和人才支撑，两者具备相同的运行目标，共同运行目标框图如图3–2所示。

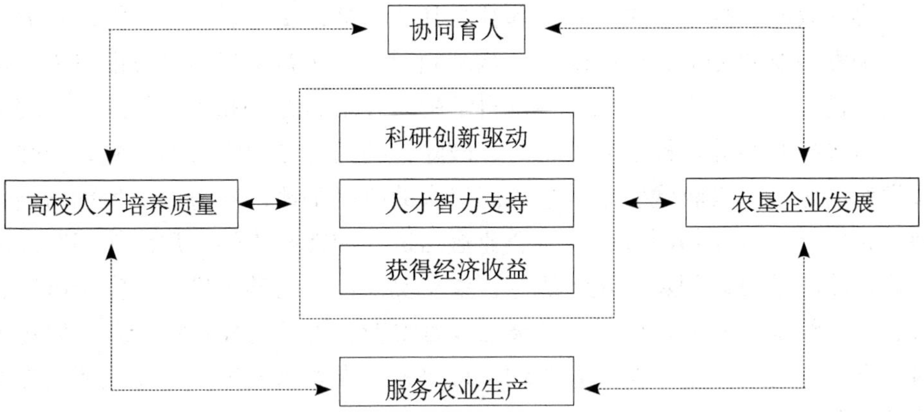

图3-2 共同运行目标

2.运行动力："合作共赢，互利互惠"

企业与高校和科研机构合作的主要动力是获取互补性研究成果、探索新技术领域、开发新产品及与大学的重要人员对接以提高学术研究能力。高校能从合作中得到企业的经济支持、开发研究的实用性并探索新的研究领域以获得更多的学术成果。

农垦企业是我国农业先进生产力的代表，引领我国现代化大农业的发展方向，高校与农垦企业协同育人使农垦企业得到农业科技的支持，高校育人利用农垦企业提供的实习基地和科学研究实验室，达到了资源共享的诉求。高校的科学生产技术和科研成果在农垦企业推广应用，得到了经济上的收益，实现了利益双赢，构成了高校与农垦企业协同育人的内生动力。运行动力框图如图3-3所示。

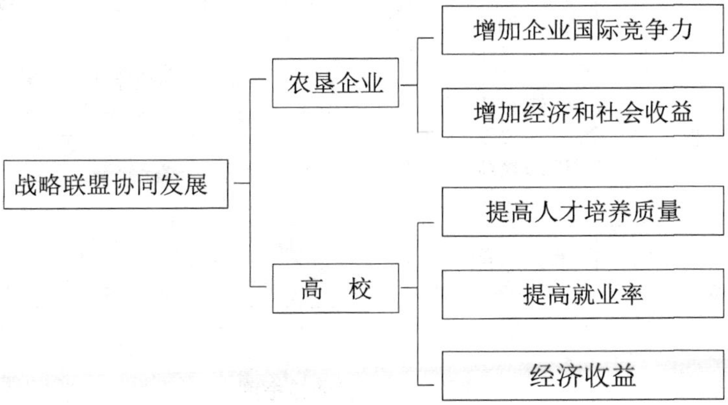

图3-3 运行动力框图

3.运行模式："多元联合–分层培养–分类成才"

协同政府、高校、农垦企业和社会其他因素，多元联合，依据高校大学生未来发展意向分类、分层培养。从基础课程、实践课程等多方面对人才培养模式进行改革和实践；制定系统科学的人才培养方案和教法体系，实现就业方向选择和培养目标的有机结合；破除传统的各专业学科的界限，加强交叉学科的融合，吸收优质学生进入高层次的科研基地，参与大学生创新创业项目；坚持"双导师制牵引""企业冠名班"和常态化的"顶岗轮训"以及专业技能的学习和创新创业训练等；建立奖学金和助学金机制，完善国家、省、校三级重点专业建设体系，灵活设置专业；力求高校特色专业设置更为科学合理；建立"工学交叉式"和"订单式"人才培养等多样化人才培养模式相融合。

4.运行环境：中国农垦企业现代化农业航母的建设

根植于农垦企业的现代化大农业生产环境，基于农垦企业与高校的多年的协同育人经验，加快我国现代化精准农业生产和智慧农业的推进。十九大报告中提出大力倡导产学合作、协同育人，正是契合了我国高等教育发展的大方向

5.运行调控：国家宏观调节

通过国家立法、教育部和地方政府给予特殊政策进行宏观调控，协同高校和农垦企业紧密合作，形成三元联动机制，完善农业高校与农垦企业协同育人，运行调控框图如图3–4所示。

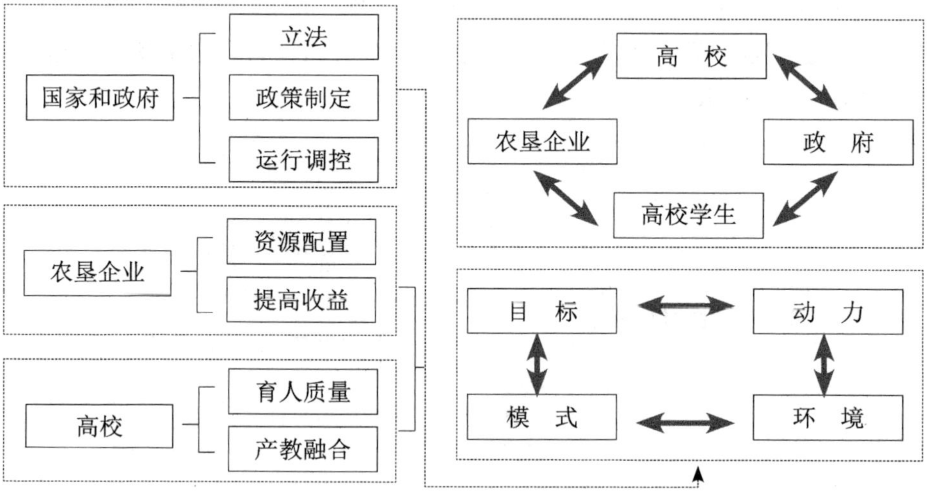

图3–4 运行调控框图

西方发达国家对于农业教育的发展都会给予土地或资金的补贴，通过立法支持来保障校企合作。例如美国最早的1862年的赠地法案，使美国的农业教育与实践生产紧密结合，加快了美国农业发展的速度。我国的宏观调控和政策支持以及通过立法保护高校与农垦企业协同育人尤为重要，尤其是在高校与农垦企业协同育人的土地使用、基金支持和减免税收等方面。

（二）建立“三元协同”育人“1+1+1”战略联盟机制

外国学者Zoogaha认为以知识和技术为纽带，通过多维互动形成的合作性动态联盟，是企业获取外部关键知识的重要途径。我国高校、农垦企业和科学研究机构的“1+1+1”战略联盟协同育人机制是指1所高校、1个农垦企业和1所科学研究机构通过科技创新和技术合作形成的由政府规划协同农垦企业参与的产学研战略联盟。高校、农垦企业和科研机构通过“1+1+1”战略联盟开发农业生产新技术，提高原生粮食产量，开发加工制造新型农产品，提高农产品附加值，提升我国农产品在国际市场的竞争力。

企业创造新知识、吸收新知识和使用新知识体现在组织的产品、服务和系统之中。高校、农垦企业和科学研究机构共同分担研发成本，共同获得产品收益，互相学习联盟伙伴的经验性知识，通过经验分析、技术交流增强战略联盟三方研发实力，使知识和经验有效传递给联盟伙伴。

产学研战略联盟初建期，农业高校、农垦企业和科研机构是以最核心的技术和资源加入的，因此战略联盟实力不是单个农业高校或单个农垦企业及单个科研机构所能达到的，实现了1+1+1>3的成效。

1.建立“1+1+1”战略联盟组织机构

该机构专门负责管理产学研战略联盟协同育人团队建设事宜，成立农业专业学科指导委员会，建立咨询、决策和行动专家小组为产学研战略联盟指导方向。

2.建立“1+1+1”战略联盟保障措施

高校与农垦企业的“1+1+1”战略联盟在“优势互补、平等互益”的原则下签订战略协议。

（1）构建多层次合作关系的农业高校与农垦企业协同育人战略联盟。首先，在宏观上高校与农垦企业签订总体合作协议，建立合作关系；其次，在二级学院各院系与农垦企业建立合作关系并签订协议；最后，学院课题组或个人与农垦企业建立合作关系并签署协议，加强合作项目的针对性和独立性。

（2）构建科技成果相互流动的高校与农垦企业产学研战略联盟

科技成果相互流动的产学研战略联盟就是农垦企业的新技术、新发明可以向高校流动，高校的最新科研成果可以尽快在农垦企业推广和应用。

2003年，中国农业科学院饲料研究所与北京“7+1”高科技饲料企业联合体建立了饲料产业技术创新战略联盟。其中，“7”代表全国排名前10的7家预混合饲料知名企业，“1”代表中国农科院饲料研究所。2005年后又增加了新希望集团、四川通威集团和广东温氏集团等企业和中国农业大学、浙江农科院等农业高校，建立了饲料产业技术创新链，形成了实力雄厚的饲料产业联盟。

此成功案例给我们的启示是：校企产学研协同育人战略联盟有助于整合科技资源，建立共性技术研发平台，在产业技术标准形成时提供数据，有助于建立重大技术成果产业化示范与推广基地。而在高校与农垦企业“1+1+1”战略联盟协同育人中，高校不仅与农垦企业通过科技创新获得经济效益，而且在参与科研过程中培养了一批高水平的农业领域科技人才。

（三）建立“三元联动”机制

2019年中央1号文件提出：突破农业关键核心技术，建设农业领域国家重点实验室等科技创新平台基地，打造产学研深度融合平台，加强国家现代农业产业技术体系、科技创新联盟、产业创新中心、高新技术产业示范区和科技园区等建设。该文件充分体现了国家政府对农业产学研应用于实践的政策引导，高校和农垦企业应在国家政府的支持下，整合资源，利用双方优势，互补合作协同育人，通过资源整合、科研融合和产学研结合达到“三元联动”和协同育人的目标。“三元联动”示意图如图3-5所示。

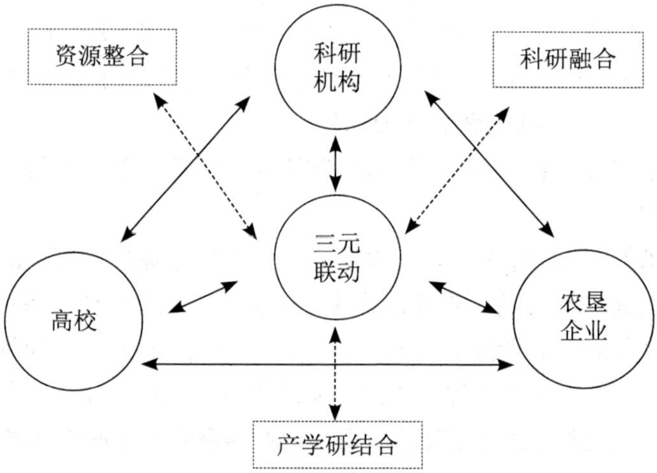

图3-5 “三元联动”示意图

在高校与农垦企业协同育人过程中，研究人员受益于行业的互动，因为其可以激发新的研究方向，并提供额外的资金。在申请国家级课题项目时加入辅助农业高校人才培养的功能，明确规定此项目应培养几名高校研究生或者本专科生，同时发挥高校产学研协同育人优势，发扬农垦企业无私奉献、顾全大局的精神，加快农业产业核心技术攻关，解决生产实践的共性问题。

（四）农业科技成果转化机制

农业科技成果转化要坚持政府主导原则，制定相关优惠政策，进行宏观调控，扶持农业科技成果转化。在财政支持、产业政策、金融政策和贸易补贴方面给予大力投入。为了确保农业成果转化的规范、有序、有效，应该对参与农业科技成果转化的中间环节的主体进行资格审定，要在稳定政府农技推广体系的基础上，放开社会性农业技术推广服务市场，统一条件和标准，建立和完善农业科技推广服务主体资格审定制度，推动我国农业科技推广服务步入规范化管理的轨道，保护双方的利益。要不断完善有关农业科技成果转化的相关法律、法规，保护参与农业科技成果转化的各个主体的权益，明确经济法律关系。加强执法管理，依法开展服务，推动农业科技推广工作由主要依靠行政管理向全方位依法管理转变。农业科技成果转化过程始终要以农业、农村经济发展形成的科技需求为出发点，农业科研体制改革、农业科技中介机构的发展，必须尊重市场经济规律，更好地服务于农业产业系统。要在农业科技转化过程中逐步引入竞争机制，在平等、互利、共赢、公平竞争、优胜劣汰，通过竞争机制使农业科研机构和中介机构提高人员素质、创新服务模式、提高服务质量的基础上，逐步向集团化、社会化、产业化方向发展。要加强农业科技成果的登记管理，严格控制农业科技成果的鉴定、评价，提高成果产出的衡量标准，赋予质量高、成熟度高、具备转化条件的农业科技成果市场准入的资格。积极培育龙头企业、农业科技企业的科技成果吸收能力和市场开发能力。由于我国农业龙头企业的发展对农业科技成果的转化影响很大，因此，要突破传统的计划体制和制度的束缚，建立一套新的运行机制、组织体系和保障制度，提高农业龙头企业的整体素质。在农业龙头企业的建设上，鼓励其进行以技术创新为核心的二次创业，应创造有利于其发展的外部环境条件，并改善内部的运行机制，政府必须发挥其引导、组织、协调作用，通过兼并、重组、参股、联合等多种途径，通过制定相应的工商、税务、财政、金融、法律等政策，造就大型的龙头企业，增加龙头企业的市场开发能力和吸收科技成果的能力。培育和发展农业科技企业，实现农业科技成果产业化是农业科技成果转化的好形式，它不但可以使农业科技成果研制机构和农业科技成果推广部门所进行的活动与自身利益挂钩，提高各方面的积极性，激发其根据农业发展对科技的需求而进行科研和推广活动的积极性，推进农业科技成果迅速转化，而且可以使农业科技成果直接通过市场进入农业生产经营环节，把科技与农业经济紧密结合起来。因此要通过各种途径，大力培育和发展农业科技企业，促进农业科技企业内部有良好的运作机制，外部有良好的发展环境。

（五）构建高校与农垦企业协同育人顶层设计机制

高校与农垦企业协同育人的顶层设计具有前瞻性。农垦企业若想建成我国农业领域的航母必须要与高校形成双方合力、稳固协同的关系，提高农垦企业参与协同育人的动力。外部环境包括国家对高校与农垦企业协同育人的法律体系建设、各级政府完善相关政策法规，细化有关政策内容，明确协同育人双方享受的权利和承担的责任与义务，保证政策的顺利执行，保证优惠政策和资金供给的连续性，通过政策引导，提升高校与农垦企业协同育人的积极性。政府应提高对农垦企业在协同育人过程中应享受的权利和获得的利益，在现有减免税等政策的基础上，增加农垦企业在协同育人过程中投入成本与资源消耗的补偿与激励措施。应表彰在协同育人过程中表现突出的农垦企业。在制度层面支持高校与农垦企业协同育人的合法性及优惠税收政策和资金的到位。政府加强“协同育人”的正面宣传，创造高校与农垦企业良好育人氛围。

从农垦企业内部理性决策的角度分析，农垦企业集团管理者应解放思想，从战略性角度考虑高校与农垦企业协同育人的长期效应。由于我国正在走创新型国家建设的道路，作为创新型主体的中国农垦企业需要大量的创新型人才。而协同育人能够让高等教育聚焦于农垦企业国际大航母建设和快速发展，能不断改革与创新，培养与之匹配的农业领域高级人才。

从高校的角度分析，高校应与协同育人的农垦企业共同制定人才培养方案，建立实习基地和评估人才质量的管理，突出农垦企业在协同育人过程中的主体地位。高校可以通过为农垦企业制订人才供应方案、培养学生快速适应入职的能力，优化农垦企业的人力资源结构，以激励农垦企业投身于高校协同育人中。

（六）完善沟通与协调机制

设立高校与农垦企业协同育人专门机构，定期组织会议共同规划指导协同育人工作、交流信息确保协同育人有序进行。增强高校与农垦企业的沟通的频率，建立网络协同育人平台，通过现代信息技术即时沟通，实现信息的快速传递。

（七）构建高校与农垦企业协同育人评价与反馈机制

高校与农垦企业协同育人的评价与反馈机制需要农业高校与农垦企业通过制定合理的育人评价标准，以人才培养质量为依据的主客观相结合的评价指标体系，运用主体明确、科学有效的评价方法对参与协同育人的各主体进行评价，并将评价结果反馈给各合作主体的一整套科学体系。由于育人的实施过程主要由高校与农垦企业共同完成，因此对协同育人效果的评价主要以农垦企业和农业高校两个育人主体为主。在评价指标选择方面要通过大学生业务能力、双导师评价及国家职业技术认证通过率等方面进行评价，改善协同育人过程出现的问题。

（八）建立合理退出保障机制

退出保障机制是指高校与农垦企业在协同育人过程中由于自身发展需要或评价考核不合格等原因所造成的主动或被动退出协同育人项目后，保障双方利益不受损失的机制。协同育人主体任何一方退出时应主动退还剩余的政府育人补贴。若育人效果未达到要求，需通过政府部门协商设立劝退机制。政府需协调退出机制各个环节的监管，重视退出的程序的实施，确保退出保障机制的良好运行。

（九）建立高校与农垦企业协同育人激励机制

高校与农垦企业每年对协同育人工作进行考核与评定，对于人才培养突出的农垦企业给予资金奖励，以激励高校与农垦企业协同育人的内生动力。对于协同育人表现懈怠的农垦企业协调其退出协同育人合作，合法保障双方协同育人利益不受侵害。

第五节　农业“全产业链”协同育人模式

农垦企业的“农业全产业链”宏观上可以理解为生产、精深加工和品牌营销，从微观上可细分为“水稻产业链”“大豆产业链”“剑麻产业链”“橡胶产业链”等。在建立农垦企业“农业全产业链”协同育人时，根据不同产业链的点对点对接，推动农垦企业第一、二、三产业的发展，着重农垦企业第二产业和第三产业的薄弱环节进行链点对接的人才培养。农业高校根据农垦企业的需求增设急需的学科专业，制定与农垦企业接轨的人才培养方案，设置特色培养课程，根据农垦企业的实际情况，在保证与农垦企业传统的第一产业的产学研正常合作的前提下，着重开展二、三产业的产学研协同育人，延长农业全产业链，提高农产品附加值，推动“休闲农业”和“认养农业”等第三产的快速发展，达到资源共享，互惠共赢的目标。农业“全产业链”协同育人是基于高校与农垦企业双方优势进行的合作。下面首先分析高校与农垦企业双方优势。

一、高校与农垦企业双方优势分析

（一）高校的优势

截至2019年6月15日，全国高等学校共计2 956所，其中普通高等学校2 688所（含独立学院257所），成人高等学校268所。高校高水平师资力量雄厚，普遍拥有一支高素质和结构合理的科研队伍，拥有一批学风好、严谨敬业的学科带头人和中青年学术骨干，有享誉国内外的学科专家，在长期科学研究过程中，拥有丰富的科学生产技术积累，可在农垦企业进行技术推广。

（1）高校人力资源丰富，有长年持续培养的博士、硕士、本科和专科人才以及可提供农业技术情报咨询的高校图书馆。

（2）高校研究的“禽、畜、种”等物种齐全，能满足农垦企业的科学研究的需求和新型农产品的研发。

（二）农垦企业优势

农垦企业组织化程度高、规模化特征突出、产业体系健全。农垦企业的土地归农场所有，农耕生产实行集约化管理，农场负责规划农场土地的耕种品种，有先进的标准化生产模式和科学的农业生产技术指导，有规模化的育苗设备，在气象专家的大数据分析和农业专家多方考量的情况下，可严格精确到几月几日最佳育苗，几月几日喷洒农药，并且能保证措施执行到位；提高了粮食生产的质量，每公顷土地比地方农户同等面积的土地产量高，品质好；实行大机械化作业，生产成本低。农垦企业不仅是我国重要的粮食生产基地，也是我国农业的示范基地和农业科研基地。全国农垦企业的农产品主要有粮食、棉花、油料、糖料、水果和茶叶，畜产品有奶牛、猪、羊、牛奶和禽蛋，工业产品有混配合饲料、食用植物油、成品糖、乳制品、饮料酒、水泥、砖和发电量。农垦企业土地资源和农产品资源丰富，分布于全国各个省份，具有完整的农业全产业链（生产、加工、运输、销售和产品回溯等）运营模式。

《2016年全国农垦经济和社会发展统计公报》显示全国农垦经济实现生产总值7 365.49亿元，其中第一产业增加值1 800.87亿元，第二产业增加值3 338.82亿元，第三产业增加值2 225.8亿元。“三大一航母”建设，彰显了农垦企业的发展潜力。

1.黑龙江垦区

（1）土地资源

垦区土地总面积5.54万平方千米，耕地面积290.21万公顷，水面25.67万公顷，林业用地9 249万公顷，草地34.27万公顷。

（2）水资源

垦区水资源总量97.5亿立方米，其中，地表水资源量56.6亿立方米，地下水资源量40.9亿立方米，过境水量十分丰富，黑龙江、松花江、乌苏里江和兴凯湖过境水量达2 785亿立方米。2015年，垦区水利工程供水总量达82.43亿立方米，其中，农业用水81.78亿立方米，占总用水量的99.21%，地表水利用量25.63亿立方米，占总用水量的31.09%，地下水利用量56.8亿立方米，占总用水量的68.91%。

（3）野生植物资源

垦区内共有植物1 600余种，其中，裸子植物8种，被子植物近1 000种，分别属于450属130科。垦区内有国家级重点保护野生植物10种，主要是红松、紫椴、兴凯湖松、水曲柳、黄檗、野大豆、松口蘑等，主要树种有红松、落叶松、云杉、杨柳、榆、桦、黄菠萝和水曲柳等。山林中有130多种野生植物可入药，山林是人工栽培人参、党参、防风、黄芪等中药材的天然场地，也是水果、蜂蜜、柞蚕、木耳和白瓜子等副业生产的良好地区。

（4）野生动物资源

垦区共有国家级和省级保护野生动物145种。其中，国家级重点保护野生动物16种，包括鸟类11种，兽类5种；国家二级重点保护野生动物67种，包括鸟类56种，兽类11种；省地方保护野生动物62种，包括两栖类3种，爬行类3种，鸟类43种，兽类13种。国家一级保护野生动物有丹顶鹤、白鹳、黑鹳、大鸨、金雕、梅花鹿等，国家二级保护野生动物有白枕鹤、大天鹅、小天鹅、白琵鹭、鸳鸯、黑熊、马鹿等，省地方保护野生动物有雉鸡、鸿雁、啄木鸟、猫头鹰、赤狐、狍、林蛙、野猪等。

（5）矿藏资源

垦区储藏有煤、铁、铜、金、石油、大理石、云母和石英等矿产资源，种类多、分布广，但蕴藏量基本上无详细记载。

（6）黑龙江垦区机构分布

黑龙江省农垦总局下辖9个管理局，113个农牧场。辖区可分为三大片。东片三江平原有4个管理局，54个农场。其中，宝泉岭管理局下辖二九〇、绥滨、普阳、江滨、军川、名山、延军、共青、宝泉岭、新华、汤原、梧桐河、依兰共13个农场，红兴隆管理局下辖友谊、五九七、八五二、八五三、二九一、饶河、红旗岭、双鸭山、江川、宝山、曙光、北兴共12个农场，建三江管理局下辖八五九、胜利、红卫、七星、大兴、创业、青龙山、前进、勤得利、洪河、鸭绿河、浓江、前哨、前锋、二道河共15个农场，牡丹江管理局下辖八五〇、八五四、八五六、八五八、庆丰、云山、八五五、八五七、八五一一、兴凯湖、八五〇、海林、山市种奶牛场、宁安共14个农场。北片小兴安岭南麓有两个管理局，26个农场。其中，北安管理局下辖锦河、红色边疆、逊克、龙门、襄河、龙镇、二龙山、引龙河、尾山、格球山、五大连池、长水河、赵光、红星、建设共15个农场，九三管理局下辖鹤山、大西江、尖山、荣军、红五月、七星泡、嫩江、山河、嫩北、建边、哈拉海共11个农场。西片松嫩平原有3个管理局，32个农牧场。其中，齐齐哈尔管理局下辖克山、依安、红旗种马场、富裕、繁荣种畜场、查哈阳、泰来、绿色草原、大山种羊场、巨浪、齐齐哈尔种畜场共11个农牧场，绥化管理局下辖嘉荫、铁力、海伦、红光、绥棱、安达、和平、肇源、涝洲鱼种场、柳河共10个农牧场，哈尔滨管理局下辖庆阳、岔林河、沙河、香坊实验、青年、闫家岗、红旗、四方山、松花江、阿城原种场、九龙山柞蚕育种场共11个农场。另有总局局直所属农场佳南实验农场。黑龙江省农垦总局所属管理局农（牧）场总图如图3-6所示。

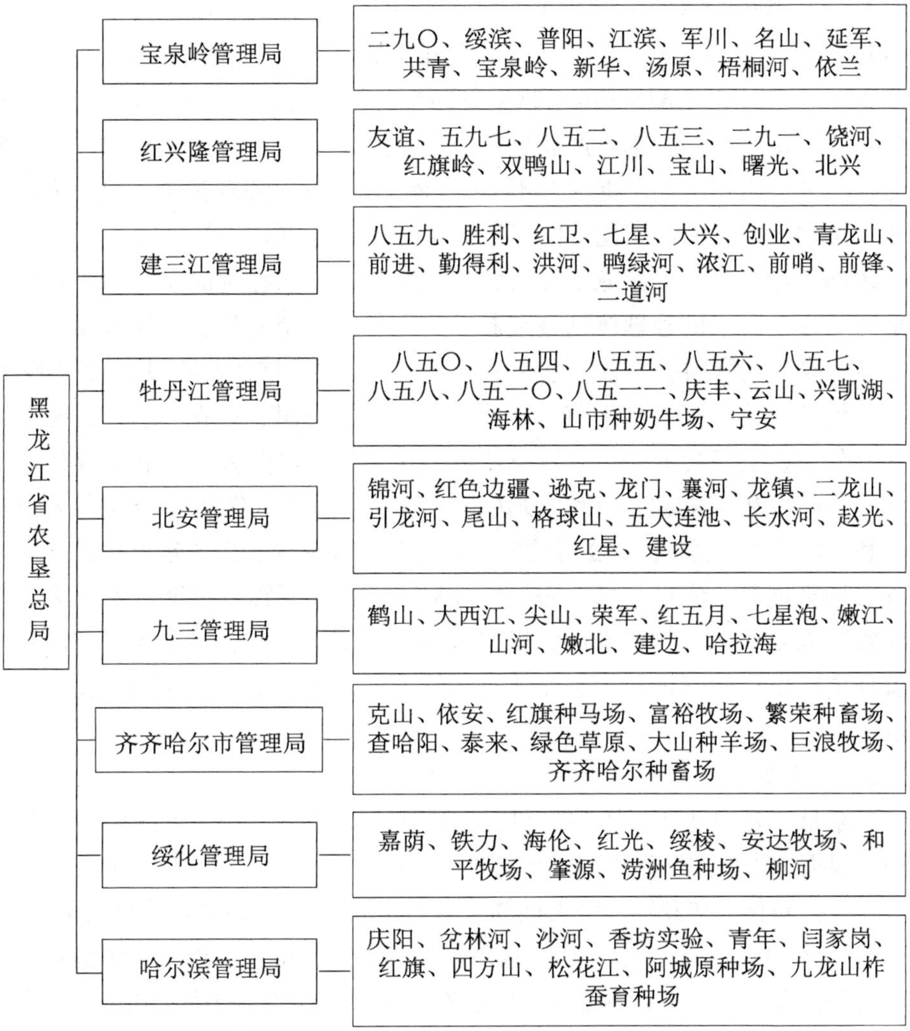

图3-6　黑龙江省农垦总局所属管理局农（牧）场总图

截至2016年底，黑龙江垦区拥有专业科研机构19个，技术推广中心（站）113个，省级科技成果推广示范基地11个，国家级农业科技园区1个，省级农业科技园区3个，国家级工程技术中心1个，省级工程技术中心5个，生产力促进中心2个，全国青少年农业科普示范基地16个。

《黑龙江省农垦总局2016年经济和社会发展统计公报》显示黑龙江垦区实现地区生产总值1 193.7亿元，按可比价格计算比上年增长6.1%，人均地区生产总值达到71 286元，增长6.7%，以当年平均汇率折算达到为10 732美元，比上年减少444美元，全年实现公有经济增加值715.0亿元，非公有经济增加值478.7亿元，增长9.6%。第一产业增加值518.9亿元，增长1.4%。第二产业增加值247.6亿元，增长3.9%，第三产业增加值427.2亿元，增长10.9%。一、二、三产业对垦区当年经济增长的贡献率分别为11.2%、13.4%和75.4%。三次产业结构43.5 : 20.7 : 35.8，第三产业比重比上年提高3.8个百分点。第二产业比重与上年持平，第一产业比重比上年下降3.8个百分点；公有和非公有经济结构为59.9 : 40.1，非公有经济比重比上年提高1.3个百分点。

2018年12月16日，黑龙江北大荒农垦集团总公司挂牌成立，标志着黑龙江垦区从政企合一的管理体制整建制地转入集团化企业化经营管理体制，实现了垦区改革发展的新突破，进入了垦区全面振兴发展的新阶段。2019年6月27日，黑龙江北大荒农垦集团（总公司）九三分公司、齐齐哈尔分公司、红兴隆分公司、宝泉岭分公司、建三江分公司、牡丹江分公司、北安分公司、绥化分公司相继挂牌成立,至此黑龙江北大荒农垦集团（总公司）8个分公司全部顺利挂牌成立。这8家分公司的名字曾经叫过农垦局、生产建设兵团某师、国营农场管理局、农垦分局，农垦管理局。这是垦区深入贯彻落实中央、黑龙江省委战略部署，扎实推进农垦改革的重要举措，标志着垦区管理局层级的管理体制由行政管理转为企业化经营管理，进入了垦区全面振兴发展的新阶段。

2.广东垦区

广东垦区是农业部直属垦区和创建最早的垦区之一，创建于1951年8月，最初是根据党中央关于发展我国橡胶事业的决定而成立的华南垦殖局，叶剑英元帅任首任局长。1952年，中央抽调中国人民解放军2万多名官兵组建了2个林业工程师和1个独立团，参加华南垦殖局的橡胶垦殖事业。1957年华南垦殖局改名为华南农垦总局，1958年改为广东省农垦厅，1969年改为广州军区生产建设兵团，1974年改为广东省农垦总局，1994年成建制转为经济实体“广东省农垦集团公司”，同时保留广东省农垦总局牌子，实行“一个机构、两个牌子”运作。

建垦60多年特别是改革开放40年来，广东农垦大力弘扬“艰苦奋斗、勇于开拓”的农垦精神，披荆斩棘，艰苦创业，改革创新，勠力发展。垦区建设了一批现代化的国有农场和天然橡胶、蔗糖、粮油、畜牧、乳业、剑麻等重要农产品生产基地，培育了1家上市公司、13家国家及省级重点农业龙头企业，省农垦集团公司已经发展成为一、二、三产业融合发展，国内外市场同步开拓的现代农业企业集团，列入广东省政府重点支持的大型骨干企业名单。从1978年到2017年，垦区国内生产总值从2.02亿元增长到172.76亿元，年均增长12.1%；国有单位在岗职工年平均收入从484元提高到54 309元，年均增长12.9%。从1999年到2017年，省农垦集团公司营业收入从31.36亿元增长到256.01亿元，年均增长12.4%，资产总额从100.24亿元增长到376.87亿元，年均增长7.6%，负债率保持在良好水平。自2002年以来，省农垦集团公司连续16年保持盈利，其中自2010年以来，每年盈利都在3亿元以上。

其主要改革成就可以归纳为以下几点。

（1）集团化改革取得新成效。广东农垦在1994年就开始实施集团化改革，并以资本为纽带，组建了湛江、茂名、阳江、揭阳、汕尾等5个区域集团公司和一批现代公司制产业集团。国有农场作为产业集团的生产基地，是全产业链的基础环节，与产业集团形成紧密型利益共同体。

（2）现代产业体系建设取得新突破。垦区按照“产业化、集团化、股份化、国际化”的思路，加快推动资产资源优化整合，形成两大主业板块和一个支持板块。两大主业板块包括：一是国家战略资源板块，包括天然橡胶和剑麻产业；二是城市安全食品板块，包括蔗糖、粮油、畜牧、乳业、果蔬等。支持板块包括商贸流通、金融服务、小城镇开发建设、休闲旅游、健康养老等。垦区先后组建了广垦橡胶、广垦糖业、广垦畜牧、广垦粮油、燕塘乳业、东方剑麻、广垦绿色农产品、广垦辰禧国际农产品物流投资公司、广垦旅游、广垦置业、燕塘投资公司等专业化产业集团。各产业集团着力构建和完善产业链、价值链、利益链，推进产业链向上下两端延伸。例如，广垦橡胶集团业务范围涵盖天然橡胶种植、加工、销售和科研开发。垦区已培育了一批优质农产品品牌，通过“三品一标”认证的产品达50多个。广垦橡胶、燕塘牛奶、黑加宝土猪、华粮米业、蜂泉白砂糖、三叶菠萝罐头、佳鲜农庄等蜚声海内外。2016年，“燕塘”牌牛奶、“雄鸥”牌蒸青绿茶、“华煌”牌红茶、“红江”牌红江橙、“名富”牌番石榴入选广东省第二届“十大名牌”农产品。在2018年第十六届中国国际农产品交易会上，全国农垦共有13个产品荣获参展农产品金奖，广东农垦就占了4个。

（3）是垦区现代农业建设迈上新水平。一直以来我们高度重视“科技兴垦”战略，完善垦区科技研发推广体系，建成一批省部和地市级企业科技研发及技术工程创新中心、优质种苗繁育中心。2018年，整合垦区科研资源，组建了广东农垦热带农业科学研究院。橡胶工厂化育苗技术推广项目荣获全国农牧渔业丰收奖一等奖。推广“六天一刀”“七天一刀”等高效低频橡胶新割制，橡胶开割树人均割株从2014年的1 500株左右提高到目前2 422株。广垦糖业集团与中科院、广州中糖生物科技公司合作研发全球首创的膜法制糖新工艺试验取得了成功，该工艺以纯物理工艺生产最高等级的绿色蔗糖，全程无添加化工产品，具有很高的环保性。继续加大力度推广节水灌溉、生物育种、甘蔗机械化、测土配方施肥、病虫害生态防治、农产品质量追溯、土地信息化管理等农业新技术。加强与科研院所的战略合作，与中国热科院合作建设热带农业科技创新中心，与中国空间技术研究院合作建设中国航天育种广东研发中心，与省农科院合作建设省农科院粤西分院。垦区农业机械化水平不断提升，建立了3个甘蔗全程机械化试验示范推广基地。2017年垦区农业科技进步贡献率达到66%，农业机械化水平达到72%。

（4）“走出去”发展打开了新局面。提出“海外再造新农垦”目标，深入贯彻落实国家“一带一路”倡议，积极开展国际农业合作，推动优势产业对外延伸。2016年，广垦橡胶集团顺利完成对全球第三大天然橡胶企业——泰国泰华树胶（大众）公司的收购，一举成为全球最大的天然橡胶全产业链经营企业。在马来西亚沙巴州投资建设的第一代橡胶园正式开割，并通过并购将沙巴州的橡胶种植基地面积拓展到20万亩。截至目前，广东农垦已在泰国、马来西亚、印度尼西亚、柬埔寨、新加坡和非洲贝宁等国，投资建设了天然橡胶、剑麻、木薯等45个热作生产经营项目，累计向境外投资32亿元，正在实施的海外热作产业面积约200万亩。广东农垦农业对外合作尤其是在东盟地区拓展橡胶橡胶等热作产业，为增强我国农业国际竞争力、影响力、控制力做出了积极贡献，受到中央、省高度重视。2013年10月初，习近平总书记在访问马来西亚、出席“中国-马来西亚经济峰会”时指出，要继续推进中马天然橡胶种植、加工领域的合作；2013年10月中旬，李克强总理出访泰国签署了《中泰关系发展远景规划》，明确两国将在橡胶产业进行投资与合作。广东省委省政府肯定了广东农垦“走出去”发展取得的成绩，强调要以广东农垦为龙头，加强广东与东盟国家的农业开发合作。

（5）垦地合作取得新进展。广东农垦分别与湛江、茂名、阳江、揭阳市政府签订战略合作框架协议，在统一优化整合区域资源、加速生产要素合理流动、加快发展现代农业、推进农垦土地开发利用、建设产业园区、加强农场基础建设、推进城镇化进程、发展公共事业等方面开展深度合作，促进农垦与地方经济社会融合发展。垦区各产业集团结合实际采取订单收购、“公司+农户”等方式，带动农户发展种养业，促进周边农村经济发展和农民增收致富。

（6）社会民生呈现出新面貌。把握国家扩大内需和广东省支持水库移民安置工程等机遇，启动实施职工安居工程。“十二五”以来累计投入60多亿元，修建2 100多千米的农场等级道路，实施危旧房改造9.26万户，新建、改扩建各类住房近600万平方米，帮助职工群众实现安全饮水，主要居民点实现小区化、社会化管理，创建了98个“生态文明示范社区”，建成了23个农业部“美丽乡村”示范点。垦区职工群众收入水平逐年稳步提升，农场城镇化率达到70%以上，主要居民点环境实现净化、绿化，中心区绿化率达到40%以上。垦区公安、农场电网、职工社保、基础教育已整体移交地方，国有农场社区管理与企业生产经营职能实行内部分离，基本实现职能、机构、资产、人员和财务核算相分开，企业办社会负担大幅减轻。

广东农垦的成功经验主要有以下几点：

①坚持市场化改革道路，较早推进垦区集团化、农场企业化；

②坚持产业化经营，在主业选择上紧紧围绕农垦战略定位，培育壮大产业集团，建立上下游一体化的现代农业全产业链经营体系；

③坚持稳步有序推进办社会职能改革，逐步将农垦办社会职能移交属地政府统一管理，切实减轻企业包袱；

④坚持“走出去”发展，主动适应经济全球化潮流，树立世界眼光，积极推进优势产业向外延伸，在全球范围内谋划布局、利用资源、拓展市场；

⑤坚持党的领导，充分发挥农垦党组织的领导核心和政治核心作用，确保党对农垦改革发展的绝对领导。

自中央农垦改革发展文件印发以来，农业农村部、财政部等中央部委和广东省委、省政府对广东农垦改革发展高度重视。农业农村部把广东农垦确定为开展农垦改革发展综合示范工作的6个垦区之一，广东省把农垦改革发展列入全省“十三五”规划、农村改革综合性实施方案和省政府重点工作。广东省委、省政府印发了《关于进一步推进广东农垦深化改革加快发展的实施意见》，并多次召开专题会议研究农垦改革发展问题。该实施意见既全面贯彻了中央农垦改革发展文件精神，又结合广东实际，创新提出含金量很高的支持政策，例如“将广东农垦视同为省级拨款单位，纳入广东省财政有关专项资金和广东省农业供给侧结构性改革基金扶持范围”等，为广东垦区改革发展创造了良好的政策环境。广东省政府建立了由分管副省长任总召集人，农垦属地5个地级市政府和省编办等17个省直部门为成员单位的广东农垦改革发展联席会议。广东省财政、农业、发展改革等部门和农垦属地政府认真落实政策，有力支持了广东农垦的改革发展。

“十一五”期间垦区有10个产品通过国家无公害农产品和绿色食品认证，共有41家企业通过ISO 9000质量体系、ISO 14000环境体系、OSHMS

18000职业安全卫生体系、HACOP食品安全体系等国际标准认证。目前垦区有9个产品被评为广东省名牌产品；燕塘、名富、雄鸥、红江等商标被评为广东省著名商标，雄鹅牌茶叶、红江牌红江橙、三叶牌菠萝罐头等被评为中国名牌产品，广垦牌橡胶被中国橡胶协会评为全国知名品牌。

垦区通过大力实施“走出去”战略，外向型经济取得跨越性发展。2010年，广东农垦完成全年完成出口商品总额达到4 523亿元。广东农垦累计利用外资（含港澳台商投资、外商投资、国际金融组织贷款、外国政府贷款、国外无偿援助款等）超过3亿美元，与日本、美国等跨国公司合作生产了“明治雪糕”“亨氏米粉”等名牌产品；通过海内外筹集资金5亿元，在东南亚的泰国、马来西亚等国建设了年总产超25万吨的天然橡胶生产基地；在马来西亚砂捞越州和沙巴州租赁与合作种植30万亩橡胶基地；利用自身的资源和技术优势，大力发展了包括菠萝罐头、畜牧、水果、剑麻制品、水产品、木片出口基地等在内的大型出口基地。

随着经济和社会的发展，我国天然橡胶需求量正逐年快速增长。我国制造业尤其是汽车工业的快速发展，对天然橡胶的需求明显增加，已成为世界最大的天然橡胶消费国和进口国，占全世界耗量的21%。世界橡胶研究组织预测，在未来的10~15年内，中国的天然橡胶年消费量将达到300万~400万吨。所以，增加国内市场的天然橡胶供给是中国经济发展的必然要求。作为中国三大天然橡胶生产基地之一的广东农垦，一直把橡胶产业作为主导产业重点发展。但是，由于广东宜胶区域和土地的限制，橡胶产业发展空间有限。广东农垦对于胶生产的国际化经营，无论从企业责任还是扩大经营规模都显得尤为需要。从资源条件看，泰国、马来西亚和越南等东南亚国家种植橡胶的气候条件等都比国内优越，具有比较好的区位优势。这三大天然橡胶生产国就提供了全球69%的橡胶产量。上述主产胶国实施开放政策，积极扩大橡胶产业的发展，为外国资本的进入提供了契机。于是，广东农垦审时度势推进国际农业合作，采取以独资、控股或参股等形式，收购或新建加工厂，租赁经营和投资建设橡胶园，实行橡胶产业国际化经营。

首先广东农垦为更好地落实国家促进天然橡胶产业发展的意见，提高我国短缺型战略资源的供应能力，开拓国际市场，尤其是到国外寻找资源是广东农垦企业继续发展的必然结果。以全球视野策动国际化产业联动转型，对国家赋予示范带动现代农业使命的农垦企业而言，不失为一条又好又快的发展之路。另一方面，自2004年1月1日起，中国已全面放开进口橡胶非关税的所有限制，橡胶市场竞争更趋白热化。广东农垦用宽广的视野、长远的眼光谋划发展方式的转变。着力从国家利益、发展大局、产业导向出发，致力于国内短缺型资源的国际化合作共赢，致力于农垦优势产业的国际化经营，开辟多样化的销售渠道，获得更广阔的市场空间；其次，在橡胶产业发达的地区合作开发橡胶资源，可以利用和引进其更丰富、更先进的技术和管理经验，有利于进一步增强农垦的产业竞争力。此外，还可在投资地充分利用东道国的投资、融资优惠政策，促进产业的较快发展。

二、人才的培养理念

根据不同农垦企业的地域和岗位的需求，各农业高校和农业院系培养方案和实践教学计划也不同。

（一）成立农业高校与农垦企业协同育人专家小组

共同研究制定人才培养方案，及时将农垦企业实际生产经验编入教学内容，强化农业高校大学生在农垦企业基地的实习和实训；运用现代信息技术改进教学方式，选择高品质的农业教育在线精品课程进行翻转课堂教学，实现教学基地与课堂教学互通互连。

（二）建立农业“全产业链”产学研协同育人组织管理机构

由农业高校、农垦企业和科研机构共同组织实践基地的对接和科学研究机构的对接。三方导师共同参与育人的相关事务。

（三）共同编撰特色教材

农业高校与农垦企业和科研机构人员共同组建特色教材编委会，每3年修订1次教材，教材内容随农业产业结构变化状况及时更新。

三、人才培养方式

高校与农垦企业是两个完全不同的运行体系，将二者共同的需求连接在一起，需要全方位的对接。

（一）人员对接

农业“全产业链”的人员对接，包括管理人员对接、农业高校教师、农垦企业导师与科学研究机构导师的对接。

1.农业高校、农垦企业和科学研究机构管理人员对接建立定期沟通协调机制，拓展沟通方式和渠道，利用网络和无线通信手段定期开展座谈会、学术交流会及网络视频会议，共同探讨协同育人事宜。

2.导师的对接

通过农业高校、农垦企业和科学研究机构分别筛选和聘任农垦企业工程技术人员和科学研究机构人员作为农业高校特聘导师，长期指导农业高校大学生在农垦企业的实习、研究和实践，逐步建立“三导师”协同育人梯队。

“三导师”中农垦企业导师的类型可分为科学研究型、管理型和技术应用型。在农垦企业中，将众多实践经验丰富的管理者、一线科研人员和生产一线的技术职工纳入协同育人“三导师”协同育人梯队，通过企业导师和科学研究机构导师带领农业高校大学生参与实践，通过加强农业高校大学生实际操作能力，逐步实现用所学知识或技术解决实际问题的能力，提高农业高校的协同育人层次。不同层次的企业导师和科研机构导师需要制定不同层次的聘用标准及激励金奖励制度。根据农业高校大学生的实践能力和职业资格认证通过率等建立企业导师育人评价指标，通过评价机制改进企业导师育人成效。“三导师”协同育人是农业高校与农垦企业协同育人的关键一步，导师在企业实践课环节过程中发挥着重要的作用。农业高校通过建立“三导师”协同育人梯队实现长期稳定的协同育人活动，达到提升农业大学生实践能力，增强学习动力和不断探索新技术的理念。

农业高校以科学研究为基础，在校本部建立农业行业教师实践教学发展中心，加强农业高校教师在实践基地教学的辅助功能，每年春耕和秋收季节派遣农业高校教师深入农垦企业生产一线，了解农垦企业发展形势，促进实践教学水平，将生产技术、农机使用、动物养殖及防疫、食品安全、新农村小城镇建设等涉农理论与生产一线实践紧密结合，补充专业领域的知识和技能，完善理论知识体系，明确研究方向，提升应用技术攻关能力和社会服务能力，通过网络信息化手段改革教学方式培养中青年教师加入“三导师”协同育人梯队。

（二）专业对接

调整农业高校学科建设，针对农垦企业的粮油、畜牧、乳业、果蔬业等整合多方资源进行专业对接，对于农垦企业农业“全产业链”相对薄弱的第二、三产业的关键链点，加强人才培养力度，扩充农产品精深加工、物流、品牌营销等相关专业的招生，重点解决农垦企业第二、三产业人才匮乏的困境。

（1）深入农垦企业调研，分析农垦企业急需人才应具备的能力，根据农垦企业实际需求，制订人才培养方案。

（2）增设农垦企业所需新专业，配备高素质相关教师，紧密结合农垦企业需求，开展定向培养。

（三）课程对接

1.制定与农垦企业对接的专属人才课程培养体系

实现知识与技能共通的农垦企业人才培养课程，加入“农垦精神”文化育人特色课程和精准农业课程，加强培养农垦企业所需的特殊人才，依据全国各农业高校的学科专业优势，对农垦企业所需的农业现代化科技人才进行特色课程设置。高校与农垦企业协同育人经典课程如图3-7所示。

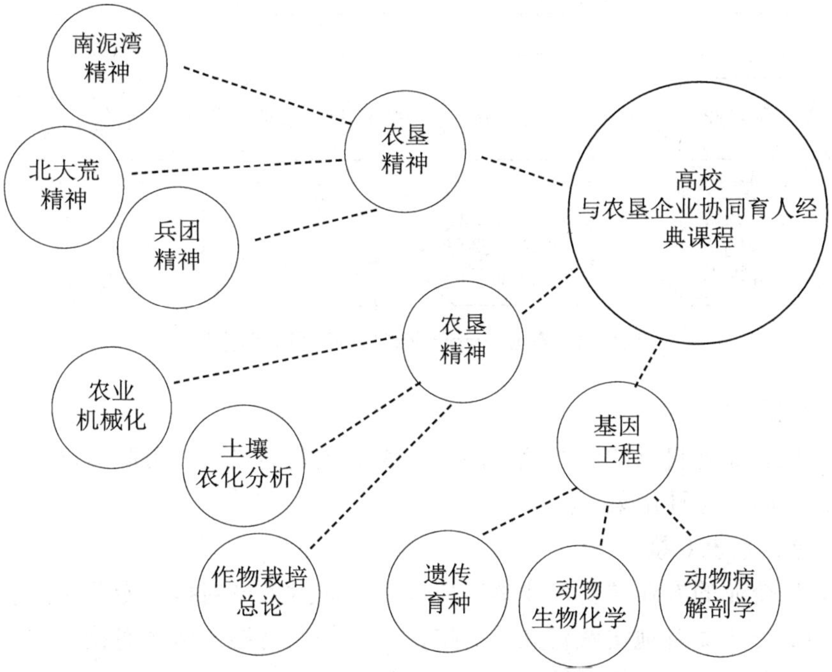

图3-7　高校与农垦企业协同育人经典课程

2.设置国际化农学课程

引进外文原版教材、加强国际化师生交流及中外合作办学，聘请世界著名专家和学者任教或讲学；针对“一带一路”沿线国家开设小语种教学。

3.开设农产品精深加工课程

安徽农垦集团乡村振兴发展规划（2019—2022年）提出：围绕主营产品

延长产业链，着力发展精细加工产业，包括大力推动以米业、面业为龙头的稻麦加工业上规模，积极促进以茶业、酒业为特色的农副加工业提效益，配合生态畜禽养殖配套养殖加工业。因此高校与农垦企业协同育人应加大农产品精深加工课程的设置，增加此类人才的培养数量。

4.实践教学对接

建设农产品精深加工培育基地，引领农业高校大学生到实习基地实习并开展技术学习和农业新工艺研发。建立数字化农产品精深加工车间，运用人工智能技术提升农产品高精深加工产能，加强农业高校与农垦企业休闲农业和认养农业等第三产业的协同育人。农业“全产业链”协同育人示意图。

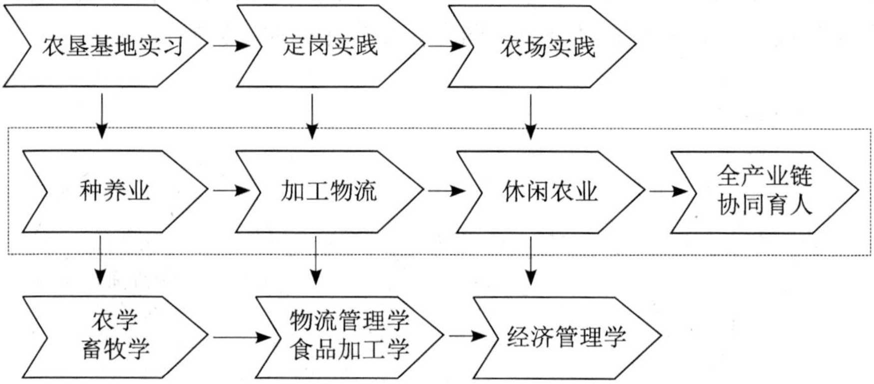

图3-8 农业“全产业链”协同育人示意图

5.科研对接

农垦企业有自己的研究院，高校与农垦企业的研究院可联合培养硕士研究生，共同参与研究课题。

6.整体系统对接

农垦企业的农业“全产业链”协同育人通过人员对接、专业对接、课程对接和实习实践基地实践育人的对接形成了链点对接，将各对接链点连接起来构建农垦农业“全产业链”协同育人体系，可培养适应农垦企业发展的复合型农业“全产业链”一体化人才。

（1）构建农业“全产业链”人才培养体系，将农业“全产业链”一体化课程整合后嵌入农学、畜牧学和食品科学等相关专业，培养适合农垦企业“全产业链”的复合型人才。

（2）带领农业高校大学生深入农垦企业进行顶岗实践，真正参与到农垦企业“全产业链”系统化运作，将课堂所学应用在农垦企业具体实践中。

（3）把农垦企业生产中真正遇到的问题作为毕业设计主题，培养农业高校大学生解决实践问题的能力和科研创新的意识，完善整个复合型人才培养过程。

四、人才培养制度

（一）推行弹性学分制度

在农业“全产业链”人才培养模式中，根据不同专业和大学生自身专长，通过个性化人才培养方案，在保证本学科基本理论和基本能力训练达标的基础上，将学习主动权交由学生，自主选择学习课程、调整学习进度和实践环节，鼓励辅修专业，跨专业、跨学科选课。提高自学能力、团队协作能力和创新能力等。

（二）建立“三导师”制

“三导师”制是培养全面高素质农业人才的关键点，对于“三导师”的管理和考评是实现高规格农业人才质量的关键一环。要明确“三导师”各自职责，统一教学理念，共同参与人才培养过程，共同完成育人任务。

（三）选派农业“推广教授制度”

借鉴中国农业大学的“推广教授制度”，实施“教授进垦入场行动”，组织教授奔赴农垦集团，每年在农场服务6个月，为农场提供技术咨询服务，参加农垦社会调查和政策宣讲等工作，其余6个月，回到大学为学生提供实践基础课的教学。

（四）农业职业经理人培训制度

农业职业经理人是指运营掌控农业生产经营所需的资源、资本，为农民合作社、家庭农场、农业企业谋求最大经济效益的同时，从中获取佣金或红利的农业高技能人才。在课程设置上，协同相关学院进行专题研究和讨论，确定授课内容，重点讲授现代农业发展趋势、职业经理人素养、市场营销、农产品质量安全、人力资源管理等课程及农业相关政策、法律知识和当前涉农企业管理中急需提高的薄弱环节，以及农业行业职业经理应具备的农业技术和专业管理知识等。

2018年10月10日，黑龙江省农垦总局科技局和黑龙江农垦总局党委组织部联合举办的黑龙江农垦总局首期农业职业经理人培训开班仪式在黑龙江八一农垦大学举行，来自黑龙江垦区6个管理局47名学员参加了开班典礼。培训班以农业管理知识教学为主、能力训练为辅，通过情景分析和案例研究报告等多种能力训练方式，全方位提高参训人员分析问题、解决问题的能力和水平。同时为保障授课效果，还聘请了校外兼职教师进行专题授课。

五、质量评价体系

（一）建立多元综合评价体系

（1）通过农业“全产业链”协同育人模式，从校内导师评价、企业导师评价、学业研究水平测试、同行评议和社会考核等多个维度进行综合评价，对大学生各阶段成长进步进行记录。

（2）将创新能力和意识纳入考核评价体系，在思想品质、文化素养的基础上加入文献检索能力、实践操作能力、科学研究能力、论文质量和团队协作能力等因素。

（二）完善教师教学评价体系

改善教师“重科研，轻教学”的思想观念，将主要精力用于人才培养，评价指标由科研主导转向提高人才培养质量，做好个性化人才培养方案。

（三）建立团队绩效考评体系

组建高绩效人才培养团队，建立“三导师”人才培养梯队，发挥导师团队集体的智慧和潜在资源，促进“三导师”教学团队的快速成长和高效运转，强化集体评价效能，将个人利益与团队利益紧密联系在一起，使每位教师都追求团队绩效最大化，在整体上提高农业人才培养质量。

（四）建立教师分类管理和分类评价体系

分类别、分层次、分学科制定评价内容和评价条例，加强教学绩效考核比重和教学业绩，突出教师的奖励力度，设立“课堂教学质量奖”；增加教学型教授岗位数量，提高课时费补贴标准，在专业技术职务评聘、绩效考核和津贴分配中把教学质量和科研水平作为同等重要的依据，引导教师提高教学质量，潜心教书育人。

（五）农业高等教育质量评价“中国标准”——五度

1.培养目标达成度

农业高校校自主制定的人才培养目标与结果实现程度。

2.社会需求适应度

各农业高校分别担负着独特的社会责任，即社会对其需求度。

3.条件支撑度

重点评价学校的师资队伍和办学资源能否满足支撑培养目标和社会需求。

4.质量保障运行有效度

是否有专门质量检测部门、专业质量监督队伍、可操作的专业教学质量标准、定量定性的督导评价、及时到位的评估结果反馈、持续有效的质量改进。

5.学生和用户满意度

学生对学习效果的满意度和用人单位对毕业生使用情况的满意度。

第六节 “一带一路”国际化人才培养[16]

2017年8月14日，农业部副部长余欣荣率团访问立陶宛，共同签署《2018—2020年农业领域合作行动计划》，计划将通过农业技术、粮食生产、牲畜养殖、食品安全、农产品贸易及在多边框架下开展农业交流与合作等方式进一步加强中立关系。“和平、发展、合作、共赢”是时代发展的主题。2016年7月，教育部印发了《推进共建“一带一路”教育行动》，形成了平等、包容、互惠、活跃的教育合作态势。古代丝绸之路主要是因农产品或基于农业加工品贸易而形成的，一带一路沿线国家与我国农业经济贸易关联紧密，农业生产和农业经济贸易是“一带一路”沿线的主要互通方式。农业高校国际化人才培养对推进“一带一路”农业发展具有重大意义，有利于推动形成全球农业国际合作的新格局，对促进“一带一路”农业领域人才有序流动、农业资源合理配置和促进农产品市场的深度合作具有积极意义。

一、“一带一路”环境下我国农业国际化人才的需求

“一带一路”环境下，我国农业高校需要培养具有国际视野和创新能力强的一大批农业领域卓越人才。在“一带一路”的倡议下，沿线国家对农业现代生产管理技术的需求增加，实用的农业生产技术需求增强，尤其是新品

种培育和栽培技术、农产品加工技术、灌溉技术等。“一带一路”沿线国家农业资源多样化，对我国轻简型农机制造技术的需求很大，特别是东南亚国家农机制造工业基础薄弱，层次不高，生产的农机产品不能满足本国农业发展的需求。这些需求给我国农业卓越人才就业提供了大量的空间。

（一）西方国家农业人才培养概况

美国高等农业教育人才培养注重国际化，鼓励学生出国留学，多年来培养了大批具有国际竞争力的农业人才。他们从初中阶段就渗透有关农业生产知识，培养学生将来从事农业生产的兴趣，为将来他们升入大学后继续接受农业教育打下良好基础，也为学成之后继续从事农业相关职业做了准备。荷兰农业现代化高度发达。他们有系统化的农业教育和特制型教育方式、实习方式，可以根据需要变更教育时间和教育内容，使学生在教室里学过的知识带到学校实验基地进行实践，以达到最佳学习效果。在日本，高等农业教育课程注重生物工程和农业信息处理的高端技术，注重让学生进行各种试验和实操，注重农业与粮食、人类与环境的有机联系，根据科学技术的发展开设新兴技术专业。西方发达国家的农业高等教育重视与经济发展相结合，在办学定位上注重融入地区特色，在人才培养上注重分类培养，注重学科交叉与融合，在交流上着眼国际和文化交融。

（二）我国“一带一路”农业人才培养现状

2010年6月，教育部实施了“卓越计划”，卓越农业人才培养研究取得了较多成果，陆续培养了一大批获得农业行业认可和具备良好国际视野、创新能力的高质量农业人才，农业教育培养模式改革取得了新突破，双师队伍建设愈发完善，为后续卓越计划的实施和最终达成目标奠定了基础。部分农业高校毕业生就业率达百分之百，育人质量受到了用人单位的认可。自实施“卓越农林人才培养计划”以来，多数用人单位表示“卓越计划”的毕业生专业水平高，对毕业生的工程实践能力、创新能力和综合素质表示肯定。不足表现在农业人才培养模式的研究还不够系统，学者们多数从某一专业或学科出发，研究本专业的培养方案，关注点比较分散，未形成学科体系，专业课程设计结构没有紧跟社会发展需要，“产学研用”实践不够紧密，缺乏高水平的双师力量，经费投入不足。

二、“一带一路”卓越人才“贯通式”培养

（一）“一带一路”环境下的国际意识和全球观念的培养。

在“一带一路”背景下，努力推进“一带一路”合作办学计划，建立农业高校大学生的国际化视野与观念，了解一带一路目标国家的文化、经济和法律，精通一门外语和一门专业，拉近目标国家的空间距离，保证学生能够适应当前状态下的“一带一路”农业经济的迅猛发展；学习和借鉴欧洲先进的教学理念和成熟的培养体系，提高人才培养国际化水平，培养高层次的农业人才；利用专业特色确立符合学校实际情况的人才培养模式，大量开展中外互换学生培养交流，促进一带一路的民心相通，共同繁荣发展。

（二）建立“本—硕”“硕—博”和“本—硕—博”专业“贯通式”培养体系

首先对新入学大学生进行分类选拔，了解学生的职业人格特质和个性特长，结合个人意愿，进行分类培养，允许学生按学习兴趣调转专业。根据测试结果通过“本—硕”“硕—博”和“本—硕—博”三种培养方案进行“贯通式”分类培养,建立“卓越人才试验班”“卓越技术人才创新班”等，班级人数控制在15～30人，将具有“企业型”或“社会型”职业人格特质倾向的大学生作为复合应用型人才培养对象。“贯通式”人才培养过程学期计划分配见表3-1。

表3-1　国际化卓越农业人才“贯通式”培养学年分配表

学　年	“贯通式”农业卓越人才培养	
第 1 学年	学科专业认知教育	行业专业认知教育
第 2 ～ 4 学年	“产学研用”与科研实训	创业认知与技能训练
第 5 学年	目标国家留学 + 课题设计与课程实验	技能实操 + 综合实践
第 6 学年	理论创新与学术研究	撰写学术论文
第 7 学年	科研创新	撰写毕业论文
第 8 学年	科研实践	创新创业实践

（三）优化课程体系

1.国际化课程设置

引进外文原版教材、加强师生交流和中外合作办学，聘请世界著名教授、学者任教或讲学，针对“一带一路”沿线国家开设小语种教学。

2.建立国际化的教学体系

加强外语及双语教学，提高学生的跨文化交流能力，建立特有的国际化人才培养模式、体系和有效的国际化人才培养运行机制。

3.实施国际化产教合作

与国外农业企业协同培养农业领域人才，实施“一带一路”留学推进计划，设立“一带一路”中国政府留学基金，为沿线各国专项培养农业行业领军人才；建立海外分校，营造国际化的学术氛围，实施中外联合培养计划；积极发展留学生和海外交流项目，以国家公派留学为引导，派遣中国学生到一带一路沿线国家留学，同时吸引国外留学生到我国学习；扩大教学规模，提高育人质量、完善全程留学人员管理服务体系。

（四）构建实践教学体系，参加国际职业技术资格认证

农业领域的国家职业资格认证包括兽医资格、出入境检疫处理人员资格、职业药师、建造师、注册城乡规划师等。农业高校要加强相关农业行业技术学习，实行多层次、分梯队，以各平台资源和多种实践教学方法相结合，提高农业大学生的职业技能，适应一带一路国际化的人才需求。

（五）“双导师”制，跟踪培养

构建国际化的双导师制培养策略，聘请外籍导师，邀请海外专家来校讲学和指导是短期提高农业高校学术氛围的有效方法。目前，我国农业高校教师作为访问学者参与国际交流的方式增多，青年教师出国学习的机会越来越便捷。

1.全程双导师制培养

在“一带一路”国际化农业人才培养中，新生入学时即召开导师见面会，通过双向选择确定一位校内导师和一位外籍导师，通过网络和访学进行交流和学习。

2.建立双导师制个性化沟通模式

（1）校内导师对学生的行业基础课给予指导，外籍教师则通过网络与学

生交流，了解国外农业发展趋势并指导课程学习。

（2）引导学生参与科研项目与实践学习，在出国留学期间与外籍导师共同参与项目，参与当地农业生产实践。

（六）改革教学方法

充分利用强大的MOOC资源，采用翻转课堂的方式进行教学，与国际化农业企业协同培养，通过课堂传授式教学与国际企业实践过程中的启发式教学相结合。

三、“产学研用”深度融合

“一带一路”国际化农业人才培养必须协同国际农业企业，通过实践发现问题，更新教学内容，紧跟国际农业发展前沿，并适应“一带一路”目标国家的实际情况，培养的农业人才具备在“一带一路”目标国家工作的能力。

（一）建立学业评价制度

评价“一带一路”国际化农业行业的学生，需从国际农业企业的认可度、国际导师和国内导师的综合测评来考量，通过量化研究建立科学的国际化农业大学生的考察制度，通过分析培养国际化农业大学生的优势和不足，建立新的教学改革方案和措施。

（二）“一带一路”背景下，卓越农业人才“贯通式”培养建议

（1）国家通过立法，在法律和经济上给予保障，重视国际化农业人才培养，在人身安全与应享受的利益上提供法律保护。

（2）结合“一带一路”目标国家实际需求，补充相应的课程到国际化人才培养的教学内容中，并在传统课程中加大一带一路国际背景知识和跨文化交流比重。

（3）重视小语种教学，减少与“一带一路”目标国家的语言交流障碍。

（4）在“一带一路”目标国家建立联合办学机制，选派我国联合培养的留学生在当地合作高校学习专业课程，汲取当地高校和企业实践经验。

（5）加强教师的国际交流，开阔农业高校教师的国际化视野和国际交流与合作的能力，学习现代化教学手段及管理模式，为培养具有国际意识和国际交往能力的学生做准备；开展大量的国际交流活动，提升农业高校的办学品质

和国际知名度；开展合作研究项目，合理构架大学内部管理体制和运行机制；聘请国际高层次农业专家，大力提高外籍教师在学校师资中所占的比例。

（6）不断更新国际化人才培养课程，紧跟“一带一路”目标国家农业发展人才需求，创新国际化人才培养体系，提高国际化农业大学生的学习能力、实践能力和思维创新能力，做到创新和实践操作充分有效，科研与实习贯穿全程；打破“分课程、分专业”的实验实践教学局限，落实项目式教学，内容根据导师项目定向培养，具有先进性、可行性和实用性；结合“产—学—研—用”培养理念，实验基地课程与科学研究紧密结合；根据国际化农业卓越人才培养要求，以“一带一路”目标国家的实际项目、双导师的科学研究等为基础，从自主学习到创新实验的全过程科研训练模式，提高学生的专业兴趣、科研能力和敬业精神。针对“一带一路”目标国家的不同需求设立单独辅修课程，单独考核。

第七节　个性化育人模式探究

一、“农时交替”育人模式

“农时”在《现代汉语词典》是指农业生产中配合季节气候，每种作物都有一定的耕作时间，即称为农时。中国古代用二十四节气指导农事，节气是指24个时节和气候，农业生产需要严格了解太阳运行情况，农事依据太阳和月亮的运转规律进行。二十四节气包括立春、雨水、惊蛰、春分、清明、谷雨、立夏、小满 、芒种、夏至、小暑、大暑、立秋、处暑、白露、秋分、寒露、霜降、立冬、小雪、大雪、冬至、小寒、大寒。中国的“二十四节气”于2016年11月30日被列入联合国教科文组织人类非物质文化遗产。

“农时交替”式育人模式是根据农作物的最佳耕种时间调整教学方案，在最佳的耕种季节去农垦企业实习基地实习，并利用网络课堂补充理论知识；在农闲季节回归校本部进行理论学习和科学研究。

在高校与农垦企业协同育人过程中，可尝试根据我国农业生产的“农时”规律安排学生进入农垦企业进行农耕实习、生产实践和科学研究。“农时交替式”育人模式由两个教学基地组成，第一个是农业高校本部教学基地，另一个是农垦企业实践育人基地。在人才培养过程中嵌入农业精品网络课程，使理论课程和实践劳动紧密结合，通过网络信息技术，将农业高校与农垦企业实践课程实时相连，建立农垦企业实践基地网络云课堂，加深农业高校大学生对农垦企业实际生产的了解和认识。“农时交替”育人模式是依据农业生产的客观规律，根据各专业的最佳季节特点制定个性化教学内容，其学期计划如图3-9所示。

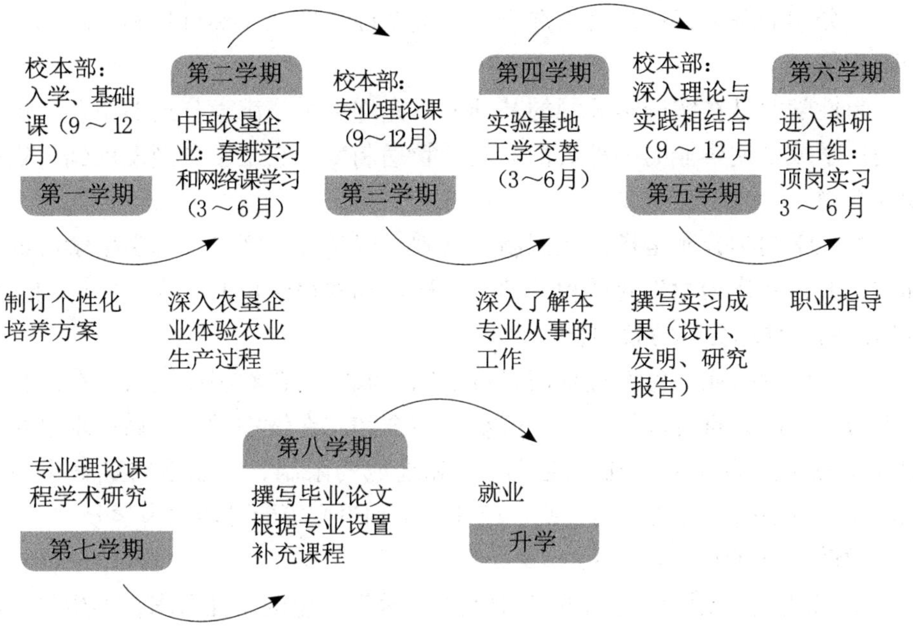

图3-9“农时交替”式育人模式学期计划

二、“弹性学分制”育人管理

弹性学分制是从学分制发展衍生而来。学分制源于选课制，在18世纪末在德国首创，随后在美国和日本加以发展和完善。我国的学分制最初的倡导者是北京大学校长蔡元培。

学分制是以学分作为计算学生学习量的单位，以取得最低必要学分为毕业标准的弹性教学管理。学分制的内部机制，是以选课制为基础，与导师制相结合，建立重修、重选与补考、免修、免听、成绩考核、评定计分及毕业、授予学位等一系列相应的管理制度与规定。学分的计算规定方法是：以课程为单位，通常把课程的各种教学形式，课内外所需学习时间合并折算为学分，是否达到规定的学分是衡量学生完成学业的标志。学生修习的课程成绩合格，被视为已取得该课程规定的学分数，学生取得的总学分数达到规定者，即准予毕业，不考虑修业年限。

学分制是当今世界上两种最主要的教学管理制度之一，是一种适应经济建设、社会进步和个人发展需要，更加灵活、更为开放的教学组织和管理制度。学分制和选课制相伴而生，学分制以选课制为基础，选课制为学分制的必要条件。保证选修课的应有数量和质量，是学分制的精髓。

学分制的基本特征是自由选修、着重个性化发展、实行目标管理和学制的弹性化。

弹性学制是在实行学分制的基础上，允许学生修满学分提前毕业，也可中途休学或延期毕业的一种灵活的教学管理制度。它是学分制发展到一定程度的产物。

弹性学制学分制是指以选课制为基础，以学分及绩点计算学生学习的量和质，并以此作为学生对课程的学习、毕业和取得学位的标准，并可辅之以导师制的一种综合性的教学管理制度。

由于农业行业的生产过程需要符合四季农时的自然规律进行，在最佳农时实习和实践，符合教学与生产劳动相结合和“在做中学，在做中求进步”的教育思想。弹性学分制突破了时间和地域的限制，可以取得良好学习效果。在实习期间取得的发明创造、设计成果和论文等皆可转化为学分。

弹性学分制的优点如下：

（1）弹性学制承认学生的个别差异，尊重学生的个性需求，学生的学习从过去的外在被动型开始变为内在主动型。在传统的学年制下，学校依靠行政手段进行排课和指令性命令指派任教老师，学生往往处于无可奈何的从属地位，无论喜欢与否只能被迫接受和被动适应，否则只能选择不读，其强调的是强制接受。实施弹性学制后，教师若不负责任，教学水平差，学生便会运用双向选择权力另选课。弹性学制让学生选择自己钟爱的课程会加珍惜所选课程，学习的自觉性大大提高。

（2）弹性学分制带给了学生优胜劣汰的竞争氛围，透过教师队伍的变化，学生的危机意识和责任意识得到加强。弹性学分制引入了竞争机制，学生看重的不再是年龄和经验，而是实际的教学效果，学生提前感受到和捕捉到了今后自身择业、就业的影子和命运，开始意识到必须要探究如何培养与社会需求相适应的生存意识。

（3）弹性学分制因材施教的原则带给了学生自我拓展空间，利于学生培养独立自主的成人意识。“双选制”的最大优点在于承认和尊重学生的个性差异，允许学生在同一起跑线上，以不同的运行速度到达终点，无人为障碍，优者提前毕业，差者延后跟上。学生的学习从硬性强求的完全统一态势向适当自主的多元化方向变化，打破了同进同出格局，克服了传统学年制下硬将水平参差不齐的学生死捆在同一教学速度下，优者食不饱而差者咽不下的弊病。学生在一定程度上有权成为自身命运的设计者，成人感和自主独立意识得到强化。

三、“雁阵导师梯队”建设

“雁阵”一词最早出现在我国王勃《滕王阁序》中，意思是群雁飞行的行列整齐，如军队布阵一样。雁群在天空中飞翔，一般排成“人字阵”或“一字斜阵”，并定时交换左右位置。生物学家经过研究得出结论：雁群这一飞行阵势是它们飞得最快最省力的方式。在农业高校与农垦企业协同育人的导师团队建设中，要学习雁阵效应，借助农垦企业导师的引领形成协同育人的雁阵导师团队，发挥好农垦企业导师“头雁”的引领作用和农业高校导师的辅助作用，在育人理念上达成一致，凝聚团队意识，形成优质的雁阵导师育人梯队。

（一）建立“雁阵梯队”导师育人管理机构

在校企协同育人中，导师建设一直是校企协同育人的薄弱环节。由于农业高校和中国农垦企业分属两个不同的管理系统，因此首先要建立管理和协调导师的育人机构，成立校企导师育人小组，专门负责导师雁阵团队的建设。通过政府和农业高校协同管理，给予中国农垦企业协同育人导师特聘教授的待遇并发放协同育人奖金。

（二）制定企业导师的聘用和奖励金标准

企业导师可分为科学研究型、管理型和技术应用型，在农垦企业中，将众多实践经验丰富的管理者、一线科研人员和生产一线的技术职工加入育人雁群梯队，通过企业导师的“头雁”带领农业高校导师团队进行长期合作指导，通过加强实际操作能力和用所学知识或技术解决问题，提高农业高校的育人水平。因此要给予不同层次的企业导师不同的激励金和聘用标准。

（三）建立企业导师育人质量的评价机制

根据就业方向、升学率和职业资格认证通过率等建立企业导师育人评价指标，通过评价机制改进企业导师育人成效。

（四）在农业高校培养“双师双能型”教师队伍

以科学研究为基础，建立农业行业教师实践教学发展中心，加强农业高校教师在实践基地教学的技能，通过网络信息化手段改革教学模式，培育中青年教师加入“雁阵”双导师梯队。

“雁阵梯队”是农业高校与农垦企业协同育人的关键一环，承载着十分重要的作用。在农业高校与农垦企业协同育人的实践育人中，“雁阵梯队”的企业导师是“头雁”，农业高校实践导师交替进行辅助育人。通过雁阵导师梯队引导学生探索新技术，增强学习动力和提升研究层次，对培养中国农垦企业智慧农业高层次科技人才具有重要现实意义。

四、“多元化”人才培养模式并举

农业高校应根据各学科特点，制订个性化育人方案，通过学分制和弹性学分制的实施，做到各院系培养方案和实践教学计划各不相同，每位学生的培养方案也不同，根据学生的特点，真正做到“因材施教”。运用“农时交替式”“订单式”“科研嵌入式”“卓越创新式”及加入中国农垦教育培训联盟等多元化的人才培养模式，因地制宜，因人施教，通过个性化育人方案，发挥学生的特长，并通过大学生创业大赛驱动和学术报告等补充个性化人才培养的不足。

五、“学历证书+职业技术资格证书”双育人

“职业技术资格认证”向来被高等职业院校所重视，随着社会发展的需要，应用型本科高校也逐渐认识到职业技术教育的重要性，因此，改革人才培养路径，针对应用型人才培养实行“学历证书+职业技术资格认证”方式，确立跨专业、跨学科、跨学年的学习模式，培养多层次人才，鼓励学生在毕业时考取一本或多本职业资格证书。

六、“基地实习+慕课”育人

根据《2019年1月教育信息化和网络安全工作月报》显示，优质教育资源共建共享“爱课程”网、中国大学MOOC移动终端累计下载安装1 915万人。通过“互联网+”，构建线上线下相结合的教学模式，建设“慕课”

（MOOC）资源，开展“翻转课堂”教学，将课程学习提升至深度探究、思辨、互动与实践，通过信息技术与教学内容的深度融合，延展学生有效学习时间，实现了更加自由、充实、高效的学习模式。提高网络课程教学吸引力，在学生进入中国农垦企业实习基地实践的过程中，结合网络教学资源，实现实践教学与慕课学习的深度融合。

七、培育“农垦职业经理人”探究

面对农垦改革，中央直属农垦大中型农场场长、集团公司关键岗位领导人员急需提高农垦企业集团化掌控和集团化企业战略制定的能力，提高企业并购重组资本运作模式和对融资实务、土地资本化和法律管控风险的预测和快速认知能力，了解股份制运行规则、现代企业制度和资本市场管理法律法规。“中国农垦”品牌建设和营销需要学习国际先进国家的实践经验，迫切需要提升相关知识储备。中国农垦企业质量管理需要与国际农业生产标准接轨，要充分了解国内外农业质量标准体系，学习新兴企业安全生产、应急管理和职业保护制度。未来国际化的中国农垦企业必须了解国际农业产业的发展现状，制定国际化发展战略，了解国际经济发展形势，知晓对外农业投资风险管控及法律法规。农垦企业改革和管理需要集聚我国各领域的专家和大中型农场场长进行理论联系实际的讨论与分析。

2019年4月4日，中共中央政治局常委、国务院总理李克强批示：发展现代职业教育，是提升人力资源素质、稳定和扩大就业的现实需要，完成今年扩招100万人的任务，推动产教融合，加快培养国家发展急需的各类技术技能人才，持续推进职业技能提升行动。2019年，国务院印发2019年4号文件《国务院关于印发国家职业教育改革实施方案的通知》指出“推进产教融合、校企合作”“建设‘双师型’教师队伍”“建立高水平实训基地”，为农业高等教育校企协同育人指明了方向。

“重农固本是安民之基，治国之要”。发挥好“三农”压舱石和稳定器的作用，是2020年建成我国小康社会的关键一步。2018年9月25日，习近平总书记视察中国农垦企业时指出要将农业科技应用于农业生产，保障我国粮食生产的品质与产量。农业教育是支撑我国农业发展的根本，农业教育质量的提升和科研成果的推广直接影响我国农业生产的快速发展，因此，开展校企协同育人，改革农业人才培养模式，提高农业人才实践能力和科研创新能力成为我国当今时代农业职业教育的主题。

（一）建立“农垦职业经理人”培育机构

黑龙江八一农垦大学成人高等教育创办于1961年，1996年成立成人教育学院，为适应知识经济的发展，学校努力构建终身教育体系，于2004年成立继续教育学院，依托大学资源优势，主要针对在职技术人员进行新知识、新技术、新方向的更新与教育。目前，其已形成了全方位的办学模式，采取计划内与计划外结合，长班与短班结合，学历班与非学历班结合等多形式、多渠道、多规格、多层次的成人高等教育体系，积累了丰富的办学经验，走出了一条有自己特色的办学道路，先后为黑龙江省及黑龙江垦区培养了各类人才二万多人，赢得了广泛的社会信誉和好评。2002年，黑龙江八一农垦大学荣获黑龙江垦区“九五”期间职成教育工作先进单位。

在农垦职业经理人培育中，黑龙江八一农垦大学继续教育学院组建了中国农垦职业经理人培育指导委员会，由农业各相关专业学科带头人、企业生产及技术部门参加制订中国农垦职业经理人发展计划，联合制订培养方案，联系实际工作岗位情况进行课程设置，审议并制定培养目标、培育模式和课程设计方案等重要问题，通过组织中国农垦职业经理人培训，建立国家职业资格考试评价制度，提高农垦职业经理人培育质量。

（二）通过“弹性学分制”对中国农垦企业员工进行继续教育

在与中国农垦企业协同培养人才过程中，突破年龄、地域、时间和学年的限制，对垦区基层管理人员进行继续教育，推广终身学习理念，因材施教，制订个性化人才培养方案，根据各农业高校的地理位置和特殊情况，灵活运用“弹性学分制”培养模式，跨学科、跨专业、跨年级、跨地域，分阶段实现工学交替，协同育人。

（三）建立农垦职业经理人激励机制

设立中国农垦职业经理人培育基金，对表现优秀的农垦职业经理人给予奖励。

第八节　网络平台建设

一、设计原则

高校与农垦企业协同育人网络平台建设是以互联网科技、人工智能和现代化农业信息技术为媒介构建的网络信息平台。平台服务于高校与农垦企业协同育人工作，利用视频技术、网络化教学资源、教学管理等内容有机组合，汇集农业高校、农垦企业和科研机构三方教育资源，将实习基地教学与科学研究机构的智力支持联结在一起，把以课堂教学为主的农业高校和以农业生产为主农垦企业联结起来，把可视化实习基地教学带入课堂，实现教学、管理和服务一体化。

二、设计思路

由农业农村部农垦局建立网络协同育人管理机构，结合农垦企业教学实践基地和科学实验室物质资源，协同农业高校的科技研发成果和人才智力支持，实现科研项目对接和资源整合，发挥战略管理的优势，合理规划资金和制定优惠政策。高校与农垦企业产学研协同育人网络平台设计如图3-10所示。

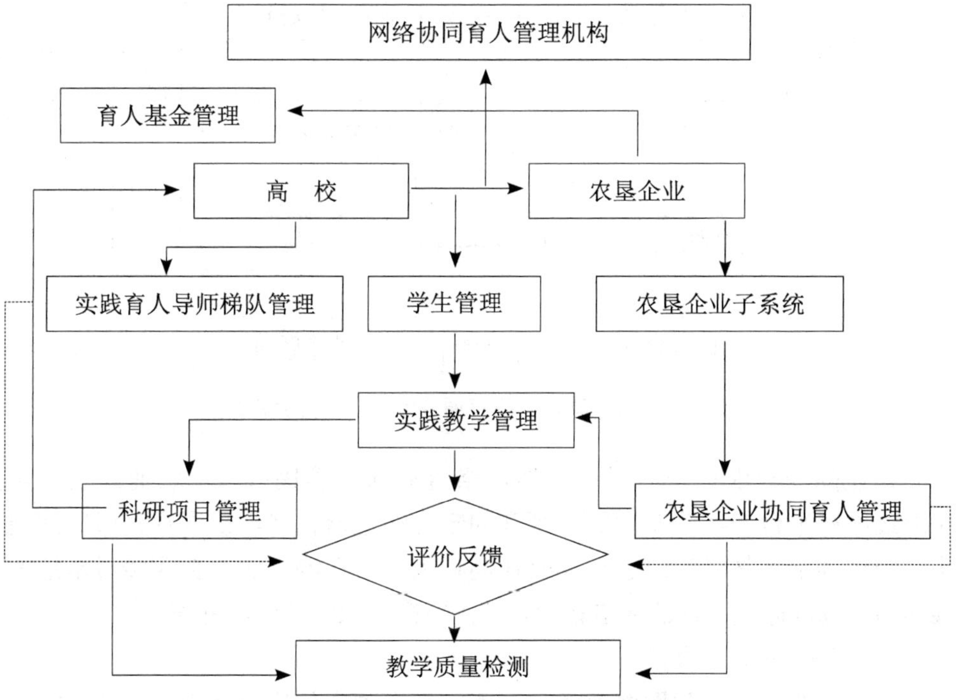

图3-10　高校与农垦企业产学研协同育人网络平台设计

三、平台功能

（一）“实训基地网络直通课堂”功能

通过互联网的连通，构建网络连通实践基地与实体教学空间的教学模式，提高协同育人平台课程的教学吸引力，在学生进入农垦企业实习基地实践的过程中，结合网络教学资源，实现实践教学与校本部课堂互动学习的深度融合，利用网络开展学习。现有网络信息化教学层次过浅、方式过于简单，缺乏深度、实质性的合作，从而影响了高校与农垦企业协同育人改革的深度和成效。只有通过直观教学并直接参与到教学实践中，给学生传授企业发展中的生产管理知识、操作实用技术，学生们才能得到技能的训练、实践能力的提高。实训基地网络直通课堂教学平台示意图如图3-11所示。

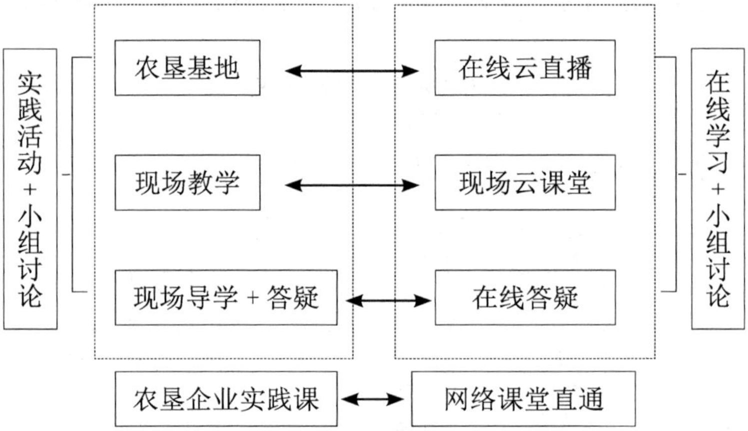

图3-11　实训基地网络直通课堂教学平台示意图

农业高校与农垦企业实训基地网络直通课堂模块可以使农业高校大学生通过网络平台与实践基地的老师和同学在线连通，将学校课堂直通田间地头，与现场基地教学实时互动。农业高校大学生在深入农垦企业实习基地实践期间，也可通过平台的网络教学资源进行理论课程的学习补充。

（二）网络学习功能

建立农业精品课程网络教学资源库，整合国内外优质网络精品课和校内优质特色课，在实践学习过程中安排网络课程，深度融合理论课程和实践课程。网络教学资源库及子库建设如图3—12所示。

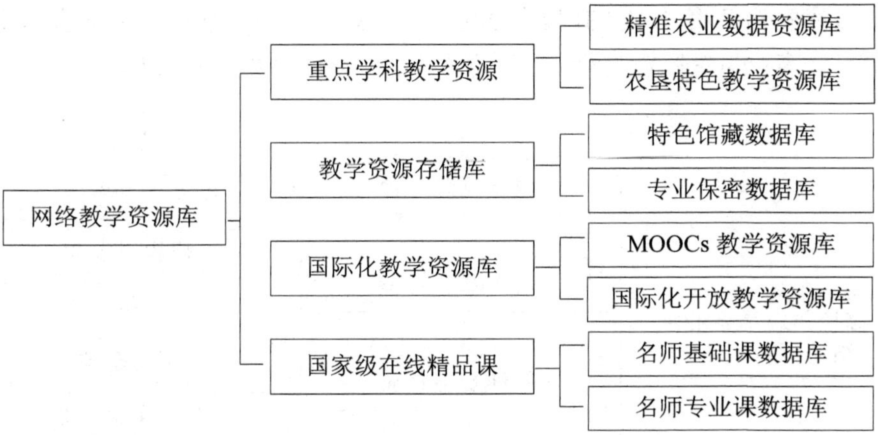

图3-12　网络教学资源库及子库建设示意图

汇集“慕课”资源，利用“翻转课堂”教学，将课程学习提升至深度探究和思考，参与互动和实践，充分提高大学生学习效率，实现更加自由、充实和高效的学习模式。

（三）实时互动交流功能

（1）运用网络通信交流功能，实现农业高校教师与农垦企业领导者的交流互动。

（2）运用实时互动功能，加强农业高校大学生与农业高校导师、农垦企业导师和涉农机构的导师三方互动交流，提升学习效果。

（3）运用网络互动加强农业高校大学生对农垦企业的了解，通过网络平台实现管理交流效率最大化。

（四）协同育人基金管理功能

农业高校与农垦企业协同育人需要大量的协同育人基金支持，通过网络协同育人平台进行资金往来的申报、审批、划拨、结算和管理，提高整个资金划拨的效率，避免资金滞留而阻碍协同育人的顺利开展。协同育人基金管理模块是农业高校与农垦企业协同育人网络平台的重要组成部分。

（五）综合服务管理功能

农业高校与农垦企业综合服务管理模块负责农业高校大学生职业资格认证的报名和考核工作，方便农业高校大学生在学习期间获得国际认可的农业职业技术资格证书及农业高校大学生进入实践基地进行研究学习的食宿安全管理等。高校与农垦企业网络协同育人平台模块设计如图3—13所示。

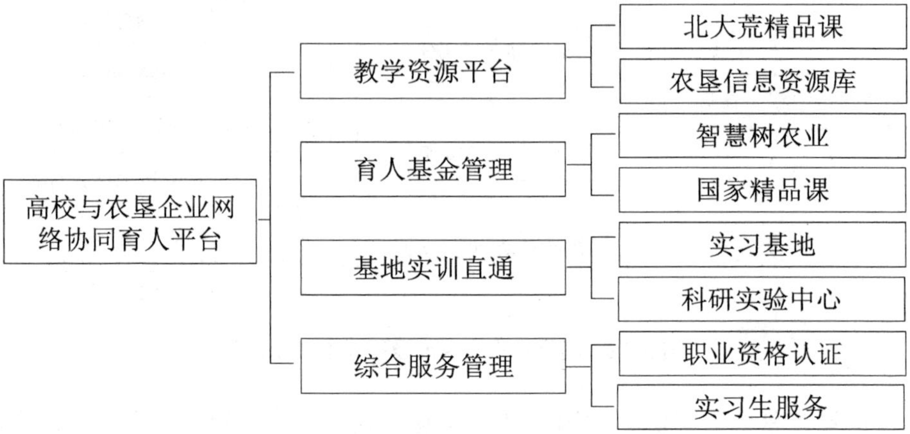

图3–13 高校与农垦企业网络协同育人平台各模块设计

四、平台优点

高校与农垦企业协同育人网络平台在教学和管理上发挥了互连互通的优点，其主要优点如下：

（1）实现了农垦企业基地教学直通课堂的教学模式；

（2）增加了高校与农垦企业产学研协同育人的沟通渠道与效率；

（3）汇集网络教学资源，补充高校大学生参与实践实习时的理论课程学习不足；

（4）实现网络管理与教学管理一体化，提高高校与农垦企业协同育人办公效率；

（5）保障了我国高校与农垦企业协同育人的顺利开展。

高校与农垦企业协同育人网络平台将高校与农垦企业产学研的各项教学活动和管理措施通过网络连接起来，形成教学、科研和基地实习一体化管理，减少了产学研三方机构因信息不对称造成的协同育人沟通不顺畅。

第九节 农垦特色数据库建设

我国高等教育重点建设项目“211工程”的支柱项目“中国高等教育文献

保障系统”CALIS的启动为高校图书馆特色数据库建设提供了强有力的保障。CALIS运行之初，即设立了CALIS特色数据库和导航库建设项目组，高校图书馆纷纷以此为依托，根据自身的馆藏特色，开发各种特色数据库。十五期间，在CALIS项目的带动下，各地方高校图书馆开始重视数据库资源的建设，在全国范围内掀起申报数据库项目以及自建特色数据库的热潮。自教育部高等学校图书情报工作指导委员会颁布的《普通高等学校图书馆评估指标》将“有无特色资源、特色资源所占比例、自建特色数据库情况”作为一项重要评估指标后，我国高校图书馆自建特色数据库建设工作进入了高速发展阶段，特色数据库的重要性被提高到一个新的重要的高度。《高校战略规划研究报告》把特色数据库建设的研究纳入“十二五”期间图书馆、情报与档案管理学科的重点研究领域之中，国内各高校图书馆也越来越重视特色数据库的建设，许多图书馆正逐渐加大对特色数据库的投入力度。

一、农垦特色馆藏建设

打造农垦特色馆藏建设，是大学图书馆坚持走内涵发展和可持续发展道路的重大举措。

（一）图书馆品牌的定义[17]

程亚男最先提出关于图书馆品牌的定义：“如果图书馆能够通过自己的某种独特性，或一定规模和馆藏，或某一信息产品，或某一特色服务，在同一行业中形成差别优势，那么这种优势就是品牌。”后面的研究者大多引用这一定义或者在此基础上进行补充。

任永芳则在定义中强调了个性品牌形象的内容，“图书馆品牌是指图书馆通过自己独特而鲜明的个性，如一定规模的馆藏、某一信息产品、某一特定服务，并把它加以规范和传递，使之在整个传播领域及社会中享有较高的知名度、赞誉度和认同感，从而建立起与众不同、个性独特的形象，并在同行业中形成竞争优势，这种优势就是图书馆品牌”。

张惠梅则补充了信誉承诺的概念：“如果一个图书馆能够通过自己的某种独特个性，或一定的规模和馆藏，或某一信息产品，或某一特色服务，在同行业中形成优势，那么这种优势就是该图书馆的品牌。公共图书馆的品牌包括两种形式，即产品品牌和服务品牌。不管品牌的具体形式如何，其实质都是图书馆对读者（用户）所作的信誉承诺”。

（二）树立农垦大学图书馆全新的形象

农垦大学图书馆是收集农业信息资源的重要部门，多年来在为教学科研服务的同时积累了丰富的农业文献资源，各农业院校图书馆往往拥有着各具特色的馆藏资源。黑龙江八一农垦大学立足垦区，具有鲜明农垦现代化大农业教育和科研特色，因此可充分利用其特色馆藏的优势，以独特鲜明的形象，体现出服务的“亮点”，打造自己的服务品牌，使图书馆在读者心目中具有认同感、信誉感、知名度。

1.丰富而特色化的馆藏文献资源是农业院校图书馆创建服务品牌的基础

信息资源的合理建构是创建服务品牌的前提。建构多样化、整体化、特色化的信息资源体系，既是农业院校图书馆开展优质高效服务的基础，又是满足读者需求的基本条件。大量与农业科研和生产相关的图书、报刊、检索工具、视听资料、多媒体光盘等类型齐全，且具有农业特色，这就为农垦大学图书馆服务品牌的构建提供了必要的物质条件。如果读者需要的信息资源图书馆不具备，又不能通过共享渠道获得，那么服务品牌就无从谈起，更难以产生品牌效应。因此，这就要求我们的图书馆从提高文献信息资源和信息服务手段入手，创建有特色的馆藏和资源数据库。一方面要保持馆内长期形成的特色藏书体系的优势，适当地购置性价比高的电子出版物，进而创建出属于自己的具有农业院校特色的资源数据库，充实完善现有馆藏，并可通过与其他农业院校图书馆的协调合作，形成网络环境下具有特色的文献整体保障体系，为读者提供特色文献信息服务。另一方面通过挖掘自身优势，立足于本馆的馆藏特色并加以整合，确立自身的特色服务项目，开发出标志性的信息服务产品，加大宣传力度，打造出自己的服务品牌。

2.实行服务承诺制是树立品牌形象的有效方法

增强农业院校图书馆自身的服务意识和责任感，使图书馆获得较高的美誉度和良好的形象。图书馆通过建立以读者满意为核心的服务精心追求“三零”（零距离、零缺陷和零投诉）服务，改善其服务态度、服务水平、服务技能以及服务的及时性等，使读者真正感受到品牌服务的承诺。有承诺就一定要做到，并且要做到最好，还要将这种承诺机制置于有效的监督体系之下，通过有效的监督确保服务承诺制扎实有效地开展，最终使本馆的品牌形象得以提升。

3.“读者第一，服务至上”

高素质的人员队伍是创建农业院校图书馆服务品牌的有力保障。在农业院校图书馆的各种资源中，人是生产力中最具有决定性的因素，人力资源的开发与利用无疑处于关键地位，在某种程度上决定着图书馆服务品牌的创建是否成功。图书馆员是联系读者与文献信息资源的桥梁，是读者在使用图书馆获得信息的主要媒介，其服务的好坏程度决定了他们服务得到读者的认可程度。甚至可以说，图书馆员的学识、智慧和技术是图书馆的最大资本，他们的素质、行业操守、运作状态直接影响着服务质量、水准和效果，直接影响着馆藏资源的开发深度、信息产品的创新程度和图书馆发展的走向。随着计算机技术、网络技术和大容量存储技术的不断出现和迅猛发展，对人员素质有了更高的要求，应采取有效的激励机制，打破缺乏竞争的人事分配制度，实行能者上庸者下、竞争上岗、评聘结合的人事制度。此外，搞好继续教育是提高图书馆员素质的保证，在不影响工作的前提下可多鼓励他们进修，积极培养业务骨干，尽可能多地给馆员提供参加学术研讨会、专题讲座、培训的机会，充分调动他们的学习积极性，开拓视野，提高素质，为打造农业院校图书馆服务品牌提供强有力的保障。

4.为读者提供特色服务，打造服务品牌的亮点

特色服务是根据读者的知识结构、信息需求、行为方式和心理倾向为读者创造符合个性需求的信息服务环境，为其提供定向化的信息与服务。农业院校图书馆可以通过自己在农业和科研应用等方面的独特性服务，根据自身服务上的优势做多种尝试，例如，对来馆查询信息的读者，通过向他们传授检索技巧，提供文献检索服务；对那些不方便来馆的弱势群体或者专家学者，可以开展上门对口服务；同时，图书馆可以利用馆舍优势，为读者提供继续教育和文化学习的场地，开设讲座报告会、举办学术交流活动，逐渐完善服务体系；利用一定的规模和特色馆藏，开发系列信息产品，形成图书馆的特色服务，在同一行业中形成差别的品牌优势，为发展地方经济服务，扩大农业院校图书馆的服务品牌效应。

农业院校图书馆服务品牌的创建过程是漫长的，不能一蹴而就，它是一项艰难而复杂的系统工程。在进行图书馆服务品牌的创建中，要从农业院校图书馆整体发展战略这个大背景出发，运用系统运作手段，通过品牌建设，使其品牌效应得以发挥，从而真正提高农业院校图书馆的核心竞争力。

二、农垦特色数据库建设

（一）统一数据库建库标准

参照全国CALIS特色数据库建设的统一标准和规范，包括元数据标准、数

据交换标准、数字化加工标准等，使学科特色数据库系统具有统一元数据集的构架。高质量数据库是高校建设成果的窗口，只有标准化、规范化的数据库系统才能实现真正意义上的资源共建共享和文献信息检索自动化。数据库内容必须真实性；数据库加工处理、著录格式标准化和规范化，对于部分不符合标准格式的原生性数字资源要求先转换成标准格式后再录入；保证数据库的完整性和时效性。虽然CALIS专题特色数据库选定了“我国数字图书馆标准规范建设”项目推荐使用的5个系列、11种规范格式及其著录规则作为专题特色库初步实行的元数据规范格式及其著录规则，但从目前黑龙江省内各高校图书馆已经建成的特色数据库来看，还需要大力加强这方面的工作，避免日后造成数据接收和二次开发的困难。

（二）联合建设，加强交流合作

特色数据库的建设需要投入大量的人力、物力、财力，各单位受到人才、资金等多方面条件的制约，建成的数据库结构单一、专业面狭窄，因此图书馆应走联合建库、统筹规划的路线。例如，湖南省高校图工委制订了湖南省高校数字化图书馆专题特色数据库建设方案，遵循“分散建设、统一检索、资源共享”的原则，进行统一规划与管理，通过分工协作避免重复建设。河南省高等教育文献保障系统（HALIS）几年来通过文献保障体系的建设，利用现代化信息技术手段，以文献信息资源共享为出发点，通过各图书馆广泛的共建合作，也加快了数据库建设。

（三）建设专门的人才队伍

高校图书馆应根据学校重点学科的教学、科研需求，选择学术价值较高、利用率较高的文献资源进行数字化，并将其中部分文献进行深加工、精炼，以文摘、简介、索引、书目等二次文献的形式呈现给用户，可节约用户时间，提高用户使用效率。

（四）数据后期维护

数据库的生命力在于其数据是否及时得以更新和不断修正、充实与完善，所以特色库建好后要长期进行维护。通过对数据库建设中出现的错误，以及由于网络资源变化而产生的无效链接进行及时更正，保证数据库质量，通过对特色库数据的维护可以保证和提高系统运行的可靠性、安全性和运行效率，通过及时更新特色库数据可以保持库中所含信息的新颖性和有效性。

（五）加强数据库的宣传和推广

面向学生开展资源的宣传和利用，面向农民提供一些种植和养殖的实用技术。农业高校图书馆应研究不同用户群体的需求，保证数据库的最大利用率，实现最大程度的价值效益。

三、电子资源版权保护

美国、英国等国家的很多图书馆都建立了较为完善的版权政策，并将其作为图书馆版权管理体系的重要组成部分。国际上一些大型的文摘检索工具SCI、CA等都拥有知识产权，不能随意复制。

知识产权主要包括著作权和工业产权，在高校特色数据库建设过程中主要涉及的知识产权是著作权。著作权是指文学、艺术和科学作品的作者及其他著作权人依法享有的权利，包括著作人身权和著作财产权。

自建个性化数据库解决版权问题的几点办法如下：

（1）CNKI采取了与信息资源提供者的协作与利润分成的方式，很好地解决了论文的版权问题，不再单独向用户收取版面费。此外，在版权收费问题上，可引入授权要约模式。授权要约是符合数字时代需求的版权授权新模式。著作人采用要约的方式，通过法定许可制度，最大限度地保障了使用者利用信息的权利，也是对著作权人财产收益和权益的最实际的保护。

（2）对于科技成果和专利在新建的特色数据库中不提供全文信息，仅提供文献的摘要，也可以说是将相关的文献信息汇编成二次文献提供给读者，方便读者查询文献。

（3）避免侵权。数字资源版权需要进行合理保护，如基于视频的DRM保护方案、对于图片的版权保护方案。对于读者，系统提供可配置的分级管理机制，使得不同级别的读者拥有不同的资源访问及下载权限，也可使用加密技术或移动Agent技术等，保证作者的版权不被侵犯。

（4）知识产权保护和信息资源共享在本质上并不冲突。在实际利用中，知识产权保护的施行必然会缩小信息资源的共享范围，使网络信息的丰富性和便利性大打折扣，从而降低社会总体经济效益。在网络的大发展中，信息传播的空间逐步增大，传播的方式多种多样，传播的速度不断加快，这给权利人行使、支配自己的专有权带来很大困难。信息化发展的趋势已经在逐步冲淡知识产权的专有性，在一步步消除对信息资源共享带来的障碍[18]。

第四章　体育——强健体魄，服务国家

全面锻炼学生身体，增强学生体质，促进健康,增强体质，促进健康是我国高等学校体育的首要任务，也是党的教育方针和高校培养目标所决定的，充分体现了我国社会主义现代化建设事业对当代大学生身心发展的基本要求。大学生正处在青年时期，同化和异化作用基本平衡，是生长发育成熟、生命活动最旺盛、身心发展的关键时期。在这个时期，通过体育教育，积极参加体育锻炼，能够有效地促进大学生身心的正常发育，提高身体素质和基本活动能力，提高健康水平和对环境的适应能力，增强对疾病的抵抗力，使学生能够更好地完成学校的学习任务，并奠定良好的终身体育基础，将来更好地为社会主义现代化建设服务。为了充分调动大学生参加体育锻炼的自觉性和积极性，以增强体质、增进健康的实效，必须加强对体育卫生保健知识的学习，掌握科学锻炼身体的方法及各项运动的基本技术技能，并养成自觉锻炼身体的习惯，为终身体育打下良好的基础。

高校体育教育与农垦企业协同育人对弘扬体育精神、提升企业文化、促进企业发展和提升高校和农垦企业在社会上的知名度具有重要作用。自2009年起北大荒垦丰种业持续为黑龙江八一农垦大学篮球队提供基金赞助，增强了高校培养实力超群球队的信心。2015年8月10日，受北大荒垦丰种业赞助的黑龙江八一农垦大学篮球队最终拿下首届CUBA中国大学生篮球联赛（阳光组）男篮冠军，这是校企协同育人取得的重要成果。

黑龙江八一农垦大学与北大荒垦丰种业通过持续的校企协同育人和友好交流，促使黑龙江八一农垦大学历届篮球队中的部分队员和其他毕业生来到垦丰种业发展并成为垦丰种业篮球队的主力队员和优秀员工，形成了校企互惠共赢的良好局面。

知名度指一个组织被公众知晓、了解的程度，是评价组织名气大小的客观尺度，侧重于“量”的评价，即是组织对社会公众影响的广度和深度。在竞争激烈的细分市场中，提升品牌知名度并使其产生实际的销售收益对企业至关重要。高校体育与农垦企业协同育人对于高校来说既收获了育人的物资和基金支持，又获得了宣传农垦企业品牌的效果，提高了农垦企业的知名度，对于校企双方是协同共赢的关系。

第一节 体育校企协同育人的目标

一、增强体质

按照《国家学生体质健康标准》教育引导学生积极参加体育锻炼，促进体育与德育、智育、美育有机融合，以体育运动和身体锻炼为基本手段，增强大学生体质，提高运动技术水平；促进大学生身体正常发育，全面增强大学生体质，培养大学生终身从事体育锻炼的习惯和能力，减少疾病，增强对自然环境的适应能力，提高生理机能，使其成为德、智、体、美、劳全面发展的高质量人才。

二、掌握技能

促进大学生掌握体育的基本技术、知识和技能，学会科学锻炼身体的方法，养成经常锻炼身体的习惯，提高自我锻炼的能力，使之终身受益。

高校在与农垦企业协同育人过程中，聘请校外高水平体育教师来校为本校体育教师开展培训活动，传授新的教学方法和训练方案，发展学生的运动能力，提高运动技术水平，提升大学生运动技能，为国家培养群众体育骨干和优秀的体育人才。

三、培育习惯

通过与企业合作开发应用程序软件培养大学生体育运动习惯。黑龙江八一农垦大学开展校园跑活动，每学期规定女子奔跑距离为70千米，男子为90千米，每天2～3千米，并与体育测试成绩挂钩。通过这项活动增强了大学生体质，培养了大学生每天运动的好习惯。

四、塑造人格

通过体育运动对大学生进行思想品德教育和审美教育，发展智力，培养文明行为，促进学生全面发展；开展学校、社团、院系三级联动的体育竞赛机制，每年与农垦企业联合举办各类体育赛事，培养健康向上、顽强拼搏、永不放弃和勇夺第一的体育精神。

组建各类高水平学生体育运动团队，积极参加地方、国家和国际各项高级别比赛，培养为国争光的运动员；出台建立课外阳光体育锻炼长效机制文件，设立文体发展基金，强化体育资源保障。

第二节　体育校企协同育人的原则

2018年9月，习近平总书记在全国教育大会上指出，要树立健康第一的教育理念，开齐开足体育课，帮助学生在体育锻炼中享受乐趣、增强体质、健全人格、锤炼意志。

（1）以“育人”为根本原则，加强“立德树人”的信念、增强体质、锤炼意志、弘扬体育精神并享受体育锻炼的乐趣。

（2）整合有效资源，构建全方位体育“课程育人”体系。大学体育包括体育教学、课外体育训练、课余体育活动等内容。通过自主选课，打破班级、年级、性别壁垒等手段，尝试课堂教学与课外、校外的体育活动有机结合，学校内教育与学校外社会实践教育紧密联系，有目的、有计划、有组织地将体育课堂授课、体育俱乐部训练、校内体育竞赛和校外、野外实践课、运动训练竞赛观摩等教育形式进行有机统一，规划科学合理的整体教育方案。

（3）鼓励大学生携笔从戎报国，传承红色基因，建立军事协会，进行役前训练。

第三节　体育校企协同育人的路径

一、与农垦企业定期开展体育活动

高校定期带领大学生参加农垦企业的体育文化活动，加强互动与交流，在体育互动交流活动中使农垦企业更全方位了解高校大学生的品质和其他专长，为农垦企业选聘人才提供便利条件。高校建立与农垦企业的长期沟通交流机制，在互动交流活动中让大学生了解农垦企业的文化和所需人才的各方面需求，同时也为高校大学生提供就业机会。

二、将农垦企业体育活动带进校园

在农垦企业开展体育文化活动时，为农垦企业提供运动场地，在学校开展大型活动时为农垦企业提供广告宣传展位等，提高农垦企业在高校的宣传机会和提高农垦企业参与大学体育文化活动的积极性。

第四节　保障措施

一、共签合作协议

共签合作协议是保障校企协同育人的根本，通过共签合作协议明确双方的义务与责任、经费支持与其他承诺。

二、共建体育合作委员会

成立校企体育合作委员会，管理协调协同培养体育人才的具体事宜，制订定期沟通计划，制定协同育人管理规范。

三、共同协调高水平体育教师的引进

引进高水平专业教师对体育人才培养的层次起到至关重要的作用。高水平体育教师需具备相关职业资格证书和体育科学研究能力及心理学、营养学的知识储备，引进高水平的体育教师是增强体育人才培养质量的重要一环。

四、保障训练基础设施的资金投入

校企双方共同投资训练基础设施，提供必备的运动训练设备，建立长期资金投入计划。

五、定期组织师资培训

定期组织师资培训，对现有教师进行培训，聘请体育行业知名专家、学者和优秀运动员与本校教师进行沟通与交流，开阔现有教师视野，提升育人层次。

六、进行新课程开发

结合当今体育产业的发展现状，积极开发与社会需求契合的课程，如滑雪、冰壶、冰球、橄榄球、击剑等体育项目。

七、加强体育教育研究力度

加强体育教育研究力度，使体育训练方法更加科学合理，从而提升体育教学质量，增强大学生体质。

第五章　美育——陶冶情操，塑造审美价值观

美育是指在美学理论的指导下，通过鉴赏包括艺术在内的各种审美对象，运用各种审美方式来熏染感化人，升华人的情感，陶冶人的情操，纯净人的灵魂，帮助人们树立正确的审美观、人生观和世界观，提高审美能力，完善人格，丰富人的本质，以创造人类更加美好的未来[19]。

第一节　美育在校企协同育人中的意义

蔡元培认为“美育之目的，在陶冶活泼敏锐之性灵，养成高尚纯洁之人格”。当前推进大学美育，需要继承蔡元培有关“美育代宗教”的遗志，并且需要以美育树信仰的新姿态重新出发，将美育目标扎扎实实地指向大学生个体信仰的养成，再切切实实地通过调动多重美育资源，涵养大学生与审美意象紧密结合的信仰素养[20]。

高校与农垦企业协同的美育教育以农垦精神为根基，符合蔡元培先生“美育代宗教”的思想。

（1）高校与农垦企业的美育有助于高校大学生树立正确的世界观、人生观和价值观。审美作为世界观的重要组成部分，是人们从审美的角度出发对世界、对事物、对人等各方面的看法。高校通过与农垦精神协同育人引导大学生明辨是非、分清美丑，形成正确的世界观，从而提高大学生的道德修养水平，丰富大学生的精神情感。

（2）高校与农垦企业协同育人有利于大学生美育情商的培养。对于一个人的成功而言，情商是除智商外非常重要的因素，是一种心灵力量的体现。美育本身就是一种潜移默化的心灵教育，能够使人形成一种理性的、自觉的力量。著名美学家朱光潜先生就提出了“美感教育是一种情感教育”的观点，即高校可以通过一些美的事物、美的环境对大学生的情绪和心理进行熏陶，进而

深化情感，最后和谐统一为他们的观念和意识，提高自己的情商水平。

（3）利于高校大学生智力的发育。美国诗人惠特曼说：“智慧是从灵魂中引发出来的。”很多科学实验表明，美育可以促进人智力的完善与发展，只有具备了审美追求的冲动，才能真正体验到知识的美妙与精微，才会使平时“枯燥”的学习变得“生动”，也会使心理上的压力得以转化。

第二节　高校与农垦企业美育实施路径

一、充分发扬农垦精神的美育作用，加强大学生审美理论的学习

首先，重视学生审美理论知识的学习，尤其是对美学的有关理论知识的掌握和理解。高校通过设置农垦精神课程，传承农垦精神的优良品格.

其次，高校通过开设独具农垦特色版画美术作品、文艺作品和文学作品及体育、戏剧电影等形式多样的艺术类选修专业课程，对大学生对美的认识进行潜移默化的熏陶。通过有针对性的艺术教育使学生直接投身到艺术鉴赏和艺术创作的实践活动中，也是学校审美教育的重要组成部分[21]。

艺术具有特殊的魅力，也有很强的感染力，能够以情动人，引起学生的共鸣，使他们识别生活中的真善美和假恶丑，从而提高学生的审美情趣和价值。

二、挖掘“第二课堂”的美育功能

除了美育理论课堂教育，广泛开展“第二课堂”活动，使高校美育充实在各种课余活动之中。

首先高校可以积极开展高品位、宽领域的课余美育实践活动，激发大学生的审美情感，培养他们欣赏美和创造美的能力。学校可以组织开展形式多样、寓教于乐的校园文化活动，如“校园文化艺术节”“校园歌手大奖赛”及与美育相关的讲座、沙龙等。

其次高校组织开展具有时效性的大学生社会实践活动，如大学生暑期参与农垦企业社会实践活动等，让学生更多地接触农垦企业，在实践中体验美、提升美，培养他们良好的审美品格。

最后，随着现代科技的发展，高校也应重视网络中的美育功能，有效地

利用网络审美教育阵地，使大学生在使用互联网的同时，审美意识逐渐趋向高雅，从而逐步成为一个具有农垦特色的“美”的人。

三、努力创造优美的校园自然环境

蔡元培曾经指出，学校的环境应有山水可赏，学校的周围应有园林等。环境的营造具有很强的暗示意义，美的环境随时随地向学生传播美的信息。带有农垦特色的优美、整洁、富有教育寓意的校园自然环境，使大学生在学习之余置身于美的环境中，充分享受美的熏陶，得到潜移默化的教育。美的环境接受多了，学生美的敏感力和审美情趣自然就会得到提高[22]。

第六章 劳动育人——回归初心，健全品格

习近平总书记在2018年9月10日全国教育大会上指出：“要在学生中弘扬劳动精神，教育引导学生崇尚劳动、尊重劳动，懂得劳动最光荣、劳动最崇高、劳动最伟大、劳动最美丽的道理。”劳动素养的高低不仅决定着个人的发展与进步，更决定了社会发展与进步的程度。劳动素养既是大学生成长进步的基础素养，也是中国特色社会主义事业顺利深入推进的重要保证。

第一节 劳动及大学生劳动素养的内涵

劳动是人有创造性的活动。马克思指出，“劳动首先是人和自然之间的过程，是人以自身的活动来引起、调整和控制人和自然之间的物质交换的过程。人自身作为一种自然力与自然物质相对立。为了在对自身生活有用的形式上占有自然物质，人就使他身上的自然力——臂和腿、头和手运动起来[23]。”

劳动是人这一劳动主体在人类社会的生产活动中通过使用劳动工具改造自然界的实践活动。劳动实践活动具有社会性，不仅是指劳动是在人与人之间相互结成社会关系的前提下开展的实践活动，更是指这一过程是人的社会化过程的重要阶段。

素养，是人在特定情境中综合运用知识、技能和态度解决问题的高级能力与人性能力[24]。北京师范大学公布的《中国学生发展核心素养》中指出，“劳动意识重点是：尊重劳动，具有积极的劳动态度和良好的劳动习惯；具有动手操作能力，掌握一定的劳动技能；在主动参加的家务劳动、生产劳动、公益活动和社会实践中，具有改进和创新劳动方式，提高劳动效率的意识；具有通过诚实、合法劳动创造成功生活的意识和行为等。”

劳动素养是指处于社会实践活动中的实践主体在掌握一定知识储备和劳

动技能基础上开展实践活动，特别是劳动实践中所展现的优良品质的集合，包括劳动意识、劳动精神、劳动能力以及知识储备和创新精神等。具体而言，大学生劳动素养是指大学生在掌握扎实专业知识的同时，具有积极主动的劳动意识，具有良好的热爱劳动的心态和尊重他人劳动成果，不仅能够扎实开展学习、生活、工作中的脑力与体力实践活动，而且能够根据条件变化创造性地开展活动[25]。劳动可以分为自我服务劳动、手工劳动、社会公益劳动、生产劳动[26]等。

第二节　高校大学生劳动素养存在的问题

随着社会生活水平的提高，物质生活更加富裕，导致部分大学生劳动素养偏低。其体表现在以下方面。

一、自我服务劳动意识薄弱，缺乏吃苦精神

部分学生由于家长的溺爱，生活不够独立，不能自我照顾好自己的起居，不会做家务，不会洗衣服，不尊重他人劳动及劳动成果，轻视劳动，不懂得劳动的艰辛和意义。部分学生在就业选择时对于“一线基层”的工作岗位唯恐避之不及。

二、手工实践能力偏低

动手实践能力是劳动技能的重要体现，更是大学生综合素养的直接表现。高校大学生注重学习与考试，不参加社会实践活动，劳动也由家长代劳，日常生活中的小事不会处理。以上种种现象表明，当前部分大学生的动手实践能力需要加强。

三、不参加社会公益活动

对于志愿服务、社会实践服务等需要劳动付出的学生活动，主观态度并不积极，先看有没有综合素质测评加分等“回报”。

第三节 高校大学生劳动育人的途径

通过与农垦企业的合作提升高校大学生对劳动的热爱，培养高校大学生在实践中热爱劳动。高校大学生劳动育人的途径主要从以下四方面着手。

一、通过理想信念引领，从农垦精神汲取营养

“顾全大局，艰苦奋斗”的农垦精神是引领高校大学生劳动素养信念的核心。农垦精神在南泥湾精神、北大荒精神、兵团精神基础上凝练而成，记载了我国农垦人解放思想、勇于创新、求实开拓的精神风貌，是当前构建中国先进文化的重要内容。弘扬农垦精神，培养劳动意识，锻造劳动精神，培养大学生树立科学的劳动意识，能够积极主动劳动。正确认识体力劳动和脑力劳动的关系，正确认识农业生产、工作生产、家庭劳动、社会公益活动、社会实践活动。只有家庭、高校与社会三方联动，形成工作网络，才能切实提升劳动效果。

大学生的一大不足是从家门到校门，从校门到校门，缺少了社会生活的真正实践和劳动创造的直接机会。锻造劳动精神首先是要向人民群众学习，利用“慕课”、在线课堂、手机课堂、微课堂等方式讲好劳动教育课程，打造劳动教育“金课”，增强劳动教育互动性、即时性、趣味性和感染力、吸引力，引导学生知行合一，躬身实践，促进以劳树德、以劳增智、以劳健体、以劳溢美、以劳出新。

二、培养劳动创新精神，提高劳动能力

创新精神是一个人核心素养的重要组成部分，良好的创新精神和创新思维是一个人综合能力高低的重要体现。劳动中讲求创新的基础是扎实的常规劳动。创新的思想和工作方法不是空中楼阁，有时像灵感一样是非理性的。因此，青年学生应在做好常规活动的基础上，利用已有知识和方法进行创造性研究和创新性发展，争取不囿于常规，取得良好劳动效果。

劳动能力是开展各项劳动实践活动中所展现出来的综合能力。通常来讲，判断劳动能力的高低可以从是否具备劳动能力和劳动技能两个方面来评

判。是否具备劳动能力即身体心理健康状况，这是劳动素养的基础，因此，要关注大学生身体健康状况，包括身体和心理状态。身心健康是施展劳动技能的前提。劳动技能即是否“会”劳动。青年学生的专业背景与兴趣爱好各不相同，思想政治工作要在塑造学生良好身心的基础上做到因人而异，根据学生的不同特点，要使学生在亲自动手的过程中体会劳动的乐趣，提升相对应的实践劳动技能。

三、加入农垦企业实践育人立体网络

针对大学生的相关实践活动是提升其劳动素养的有效途径。中共教育部党组印发的《高校思想政治工作质量提升工程实施纲要》指出，“坚持理论教育与实践养成相结合，整合各类实践资源，强化项目管理，丰富实践内容，创新实践形式，拓展实践平台，完善支持机制，教育引导学生在亲身参与中增强实践能力，树立家国情怀。”除课堂的理论教育外，将提升学生劳动素养纳入农垦企业实践育人立体网络整体之中，将学生的劳动教育融入农垦企业实践和实习。在学分制培养模式下在教学计划当中科学地设置理论学习与实习实训环节的学分比例，加强对军训、社会实践、勤工俭学等环节的管理。

黑龙江八一农垦大学在秋收时组织大学生去北安和九三管理局实习实践，亲身感受现代化大农业机械化生产的情况，在农场职工的带领下，深入田间地头观看现代化精准农业作业现场，了解机械的性能、能耗和工作效率，观察储粮仓、烘干机的结构和性能，并组织学生与农场职工一同参与劳动。

第七章 高校与农垦企业协同育人的建议及保障措施

第一节 高校与农垦企业协同育人的建议

一、加强国家政策对育人环境的支持

（1）国家通过立法保障校企协同育人的顺利开展。在西方国家，校企合作教育相关的立法较为完备，合作双方的职责通过法律进行规范，减少了校企协同育人对方职责不明确，相互推托的现象。政府作为“中间人”可以有效促进多方组织间合作。由于我国农垦企业具有保障国家粮食安全的特殊性，更应对其立法给予特殊保护，发挥国家政府在高校与农垦企业产学研协同育人中的保障和引导作用，通过出台优惠政策支持我国农垦企业参与高校协同育人工作。

（2）地方政府在财政和税收方面应扶持高校与农垦企业协同育人工作。农业是弱质行业，地方政府减免农垦企业税收，减轻农垦企业参与协同育人的花费，提高农垦企业参与协同育人的热情，给予补贴政策，可提升农垦企业参与高校协同育人的内生动力。

（3）充分发挥政府协调高校、农垦企业和科研院所之间的关系，营造和谐的产学研协同育人良好氛围。

总之，国家和政府应致力于对高校与农垦企业协同育人优惠政策的宏观调控并进行立法，保障高校与农垦企业协同育人顺利开展，协调多方要素之间的互动，保障高校与农垦企业协同育人顺利开展。

二、加强高校与农垦企业政策对育人环境的支持

（一）高校在政策、环境和条件上的支持

1.建立高校与农垦企业和科学研究机构协同育人激励机制

高校科研工作是产学研协同育人的重要一环。高校科研成果在一定程度上体现高校的学术水平和层次，积极鼓励高校教师和学生开展学术研究和科技创新，在工作时间、科研设备的使用和资金上给予大力支持。在高校教师职称评定、科研奖励时，向有科研成果转化的教师倾斜。

2.确定指导思想

确立“为人才培养服务，为科研服务，为农垦企业服务”的指导思想，以“育人”为重点，依托农垦企业，发挥高校的人力资源优势和科学研究潜力的优势，逐步建成产学研一体化协同育人模式。积极组织学生深入农垦企业实习基地实践，通过顶岗实习来提高高校大学的实践能力。

3.发挥技术支持服务

面向农垦企业开展农业技术推广，使新的科学技术快速应用于农垦企业实际生产工作；发挥高校教师专业优势，开展技术咨询服务项目，通过实践教学和毕业设计承担并完农业生产和科研任务；利用技术优势举办农垦急需人才培训班。

4.建设实践课程教学体系

做到课程设置和教学内容与农垦企业岗位需求相匹配。在教学体系构建时以综合素质为目标，以科学技术为核心，形成适应农垦企业特点的实践课程教学体系。

在具体实践中应做到以下几点：

（1）改革实践教学人才培养方案，加大学生实践操作的课时比例，调整理论课与实践课比例，从教学制度上保证大学生在农垦企业的实践学习落实到位；

（2）更新专业课的教学内容，构建适应农垦企业的课程体系，根据农垦企业结构性改革，通过实际需要增设相关专业，以力求解决实际问题为主；

（3）重新构建质量评价体系，确立新的考核指标；

（4）建立高校与农垦企业产学研长期协同育人机制，开设农垦企业急需人才培训班。

（二）农垦企业在政策、环境和条件上的支持

农垦企业建立高校与农垦企业人才培训中心，定期组织培训农垦企业的管理人员；设立高校与农垦企业产学研协同育人管理组织机构，成立产学研协同育人专家小组；制定双方协同育人规章制度，共同协调高校与农垦企业协同育人具体事宜。

农垦企业给予协同育人机构真正的权利以促进高校与农垦企业产学研“三元协同”育人的顺利实施。

（三）科研机构在政策、环境和条件上的支持

科研机构针对高校与农垦企业产学研协同育人的持续发展、战略协同、提高我国农垦企业和高校的自主创新能力提供智力支持，促进农垦企业传统种养业的改造升级和第二、三产业的发展。

第二节　高校与农垦企业协同育人的保障措施

一、加强领导、明确责任

高校与农垦企业协同育人涉及部门多、专业性强、技术要求高，各级领导和部门要高度重视，通力合作，成立领导小组，协调有关部门密切配合、齐抓共管，共同推进高校与农垦企业协同育人工作。逐步建立起纵向联动、横向互动的标准化领导和协调工作机制，研究和采取更直接、更明确、更有力的综合性措施，保证高校与农垦企业协同育人活动顺利开展。建立产学研“三导师”协同育人保障机制。实行绩效工资，激发教师开展育人活动的主动性，充分发挥优秀导师的育人才能。科技的快速发展，使知识更新极为迅速，高校教师应根据农垦企业发展需求，定期更新高校教师的培养计划，制定教师继续教育激励政策，增强高校教师继续教育的内生动力，坚持长期培训与短期学术交流等多种形式相结合，制定教师继续教育的管理和考核办法，增强教师继续教育的实效和质量。

二、强化培训、提升能力

加强各级管理和技术人员的专业培训，把基层农业技术人员和高校教

师作为农业标准化推广实施的骨干力量，予以重点培训。注意从基层发现、培养高校与农垦企业协同育人工作的积极分子和带头人，给予重点培训和辅导。

三、建立平台、优化服务

利用高校与农垦企业网络协同育人平台，做好农业信息化的收集、整理和加工，构建起及时、准确、高效、权威、便捷的农业标准信息平台，做到内容丰富，动态管理，提高实用性、准确性和时效性；加强对现有信息资源的整合，实现与国家农业标准信息平台的互连互通和信息共享，及时发布和传递农业标准化信息。

四、完善标准、务实创新

农业高校、各农垦企业和农业科研机构及科研人员，要把农业科技成果开发、高校与农垦企业协同育人及农业标准的实施相结合，不断提高科技成果的转化率。根据国际国内农产品市场发展的需要，加强相关标准的研究，为制定标准做好准备。积极开展利用标准手段保护国内农产品市场的技术性贸易措施的研究，提高垦区农产品市场竞争力

五、广泛宣传、营造氛围

加强农业强制性标准的宣传和实施，依托校企协同育人经验，充分利用各种新闻媒体，向社会宣传、普及标准化规范；充分运用农业标准化示范区的丰富成果，辐射带动其他高校进行校企协同育人，促进高校与农垦企业协同育人活动扎实有序开展。

六、加强国家协同育人基金的支持

国家在高校与农垦企业产学研协同育人中应设立专属高校与农垦企业产学研协同育人基金管理机构。目前，财政部、农业农村部、招商局集团已计划规模500亿元的中国农垦产业发展基金，中央财政划拨20亿，首期规模100亿元，用于农垦企业及上下游企业。高校科学研究、实验成果推广也需要国家投入大量的资金予以支持。

七、建立网络协同育人软硬件设备保障

高校加大网络化基础设施建设，投入先进的网络化设备，建立高校、农垦企业和科研机构产学研协同育人管理机构，建设高校与农垦企业协同育人智慧教室，购置适用于网络直通基地视讯课堂的电脑和通信仪器等教学设备；建设国家级科学研究专业实验室和投资建设网络协同育人教学平台。

八、建立产学研协同育人激励制度

高校、农垦企业和科研机构应建立产学研激励制度，具体措施如下：

（1）高校在教师职称评定时加入产学研协同育人工作量，对于贡献产学研实践育人突出的高校教师给予政策倾斜和奖励，建立校级产学研协同育人激励制度。

（2）农垦企业将与高校协同育人项目纳入农垦企业的年终考核，对于农垦企业参与协同育人活动开展好的单位给予减免税收和奖金激励，建立企业产学研协同育人激励制度。

（3）科研机构通过国家重大科研项目的研究培养高校与农垦企业高层次人才，应授予协同育人教师人才培育贡献奖励，建立科研机构产学研协同育人激励制度。

第八章　结论与展望

第一节　主要结论

高校与农垦企业协同育人是提升农业科技创新、满足国家建设农垦企业农业领域航母的重要一环，是我国农垦企业获得国际竞争力的核心所在。本书从德育、智育、体育、美育和劳动育人五方面进行了校企协同育人研究，在德育上以社会主义核心价值观为基准，以农垦精神为指引，树立高校大学生艰苦奋斗、无私奉献、顾全大局的优秀品格。在智育方面通过高校、农垦企业和科学研究机构之间的相互协同，解决了农垦企业内部科技创新的难题；校企合作有效补充了高校、农垦企业和科学研究机构个体在自主研发时研究人员、实验设备、经费和技术上的不足，保证了我国农垦企业生产力的逐步提高。体育与农垦企业协同育人通过增强大学生体质，宣传农垦企业品牌，开展协同育人工作。美育通过高校与农垦企业对农垦精神的弘扬陶冶情操，塑造艰苦创业、顾全大局、无私奉献的思想品质。

高校与农垦企业协同育人实现了高校自身育人水平的提高且与农垦企业实现物质资源的共享，从而使多方主体在校企协同育人中互利共赢。在高校与农垦企业协同育人的同时，农垦企业利用高校和科学研究机构的技术支持，通过科研创新提高农垦企业自身的研发能力，不仅有效提升了农垦企业在农业生产时的科技水平，使农垦企业生产的新产品具备高标准、高质量和高收益而且提高了高校毕业生实践应用能力，提高了高校毕业生的就业率。这些互动也使高校与科研机构，通过与农垦企业的人员对接在沟通和实践中不断发现新的项目，不断增强自身的研究能力。

本书吸收国外已有的产学研协同育人经验，运用系统论、协同论和战略联盟理论，分析了我国高校与农垦企业的双方优势，结合高校与农垦企业生产实际情况，提出了产学研“三元协同”育人框架体系；构建了农业“全产业链”协同育人模式；提出了高校与农垦企业产学研协同育人网络平台建设原则；提出了“三导师”协同育人保障措施；重点落实高校大学生在农垦企业的实践教学，避免了高校培养的人才与农垦企业人才需求不匹配的尴尬境地；拓展多方沟通协调渠道，高校对于农垦企业的人才需求更加清晰，对于农垦企业的用人标准更加明确。

校企协同育人缩短了农垦企业招聘人才后上岗的适应期，解决了我国高校毕业生学以致用难成现实的困境，提升了高校毕业生的就业能力，同时也扩充了农垦企业的人才储备量。

第二节 未来的研究与展望

高校与农垦企业协同育人以五育为根基，以产学研三元协同育人为突破，从农业“全产业链”的视角与农垦企业第一、二、三产业紧密对接。通过网络协同育人平台实现农业“全产业链”的课堂教学、基地教学、科学实验及教学管理的互相连通。但高校与农垦企业协同育人还应在今后的工作中不断改进完善。同时也引出以下更深层次的命题。

（1）如何深入拓宽高校、农垦企业和科研机构三方协同的工作方式和渠道?

（2）网络协同育人平台是产学研协同育人的重要学习和管理手段，虽然部分已在实践中运用，但还不完善，需要考虑如何募集资金及如何持续投入、维护和扩容?

（3）如何有效地开展国际化人才培养?

在高校和农垦企业两大体系中，还要更深刻地探索和研究高校与农垦企业协同育人机制、模式和路径，依据人才培养规律，分类别、分层次做好高校与农垦企业产学研协同育人工作，在后续的研究中需要通过不断实践、改进和发展，促进高校科技人力资源和农垦企业及科研机构各系统之间的有机协同，全力服务我国农垦企业的发展。

农垦事业七十多年来取得的成果最根本的是靠广大职工坚韧不拔和艰苦创业的垦荒精神，这是农垦企业的宝贵财富。

附　　录

附录一　农垦干部培训情况

一、青年农场主培训

2018年农垦青年农场主培训基本情况

序号	培训项目名称	人数	天数
1	现代青年农场主培训班第一期一批次 3. 8—3. 22	102	15
2	大庆市新型职业农民培训班	30	15
3	中储粮北方集团公司管理干部培训班 3. 19—4. 3	39	15
4	现代青年农场主培训班第一期二批次 6. 3—6. 17	96	15
5	宝泉岭管理局会计人员培训班 6. 19—6. 23	98	5
6	大兴安岭农垦集团会计人员培训班 6. 20—7. 20	47	30
7	现代青年农场主培训班第一期三批次 6. 28—7. 12	60	15
8	吉林省现代青年农场主培训班 9. 10—9. 15	35	5
9	垦区农业职业经理人培训班 10. 9—10. 29	46	20
10	北安管理局会计人员培训班 10. 22—10. 26	49	5
11	现代青年农场主培训班第二期一批次 11. 1—11. 15	96	15
12	现代青年农场主培训班第二期二批次 11. 19—12. 3	59	15
13	现代青年农场主培训班第二期三批次 12. 7—12. 21	63	15
14	农药经营者培训班 12. 14—12. 20	58	6
15	大兴安岭农垦集团第二期青年干部培训班培训班 11. 26—12. 25	42	30
16	肇东市农村经营管理人才培训班	63	5
17	绥化北林区农村经营管理人才培训班	100	5

（数据来源黑龙江八一农垦大学继续教育学院培训科科长：张鸣）

二、农垦干部培训

2017年农垦干部培训班基本情况

序　号	培训项目名称	人　数	天　数
1	内蒙古海拉尔农垦集团农田水利培训班	76 人	4 个月
2	内蒙古大兴安岭农垦农业技术人才培训班	41 人	4 个月
3	内蒙古大兴安岭农垦农业生产管理人员培训班	33 人	15 天
4	农垦总局安监局安全生产培训班	70 人	3 天
5	农垦总局组织部紧缺人才农学专业培训班	50 人	3 个月
6	建三江管理局市场营销管理人才培训班	45 人	3 个月
7	逊克县农业干部素质提升培训班	36 人	7 天
8	农垦总局审计局审计信息平台培训班	83 人	3 天
9	红兴隆管理局会计骨干培训班	121 人	6 天
10	北安管理局财务人员培训班	372 人	21 天
11	密山市农药经营者培训班	216 人	12 天
12	双鸭山市农药经营者培训班	179 人	7 天
13	中储粮北方农业开发有限公司学历教育培训	101 人	2 年
14	鹤岗市农药经营者培训班	144 人	7 天
15	大庆市园林绿化技术人员培训班	133 人	5 天
16	二九零农场会计人员培训班	15 人	6 天
17	内蒙古兴安盟农垦文秘班	38 人	2 年
18	2017 年现代青年农场主培训	260 人	15 天
19	齐齐哈尔市农药经营者培训	62 人	7 天
20	讷河市农药经营者培训	201 人	7 天
21	依安县农药经营者培训	163 人	7 天
合计	目前已开展 21 个培训班次	2 011 人	

（数据来源黑龙江八一农垦大学继续教育学院培训科科长：张鸣）

附录二　新疆兵团农十师干部人才培训协议

关于十师干部人才培训协议

甲方：新疆兵团农十师组织部

乙方：黑龙江八一农垦大学继续教育学院

根据《黑龙江省对口支援新疆生产建设兵团农十师综合规划》《兵团十师接受对口支援干部人才专项规划》，为深入推进干部和人才的对口援疆工作，现就兵团十师选派干部人才赴黑龙江八一农垦大学培训工作有关事项达成以下协议：

一、培训班次安排

1.统计系统人才培训班

培训对象：十师北屯市统计局统计系统人员共25人。

培训地点：黑龙江八一农垦大学，培训期间赴黑龙江农垦所属企业农场及大庆、哈尔滨等地考察。

培训时间：15天。

培训内容：统计法规、统计实务、统计分析方法、宏观经济数据分析、经济数据预警、统计预测等。

2.电力系统人才培训班

培训对象：十师北屯市电力系统人员共20人。

培训时间：15天。

培训地点：黑龙江八一农垦大学，培训期间赴黑龙江农垦所属企业农场及大庆、哈尔滨、北京等地有关单位参观考察。

培训内容：电力系统基本知识、发电厂变电所电气部分、高电压技术、电力安全工作规程（电力线路部分）、电网运行事故分析处理及预控措施、电力系统新技术及智能电网等。

3.计划和计生委干部培训班

培训对象：十师北屯市计划和人口计生委干部。

培训人数：26人。

培训时间：15天。

培训地点：黑龙江八一农垦大学，培训期间赴黑龙江农垦所属企业农场及大庆、哈尔滨等地考察。

培训内容：主要学习统筹解决人口问题的业务知识、依法行政有关知识、社区人口管理与服务、流动人口服务管理、队伍职业化等相关知识，观摩人口和计划生育技术服务中心及生育文化阵地建设等。

以上三个培训班具体开班日期由双方协商确定。

二、培训经费

1.培训期间的往返交通费、食宿费、补助费（含路途补助、培训期间补助等）、培训费（含授课费、资料费）、考察费等均从援疆资金支出。

2.黑龙江省对口援疆工作前方指挥部将培训期间的往返交通费、补助费（含路途补助、培训期间补助等）、培训费、考察费等直接核拨到承担培训任务的院校。

3.承担培训任务的院校负责报销培训学员的往返交通费、食宿费、补助费（含路途补助、培训期间补助等）、培训费（含授课费、资料费）、考察费等。

其他未尽事宜由双方协商解决。本协议经甲、乙双方签字盖章后生效，自签订之日起执行。协议正本一式三份，甲、乙双方各持一份，黑龙江对口援疆工作前方指挥部备案一份。

甲方负责人（签字）：	乙方负责人（签字）：
甲方单位（盖章）：	乙方单位（盖章）：
二〇一三年四月一日	二〇一三年四月一日

附录三　黑龙江八一农垦大学成果推广

一、马铃薯土传病害生物农药

（一）成果简介

马铃薯土传病害对马铃薯产量和品质影响较大，尤其影响到马铃薯的储存，是马铃薯生产栽培中的重要限制因素。马铃薯土传病害生物农药以拮抗真菌–桃色顶孢霉为主，复合拮抗细菌与功能菌群，拥有专利菌株，该复合菌剂可以提供液体、拌种剂、颗粒剂等配方形式，还可与复合农家肥、化肥共同使用。该菌剂处理后可减轻马铃薯土传真菌病害的发生，如减轻黑痣病发病率70%以上；改善马铃薯实用品质，降低亚硝酸盐含量；提高肥料利用率，产量提高5%～10%。

成果的应用可改善马铃薯栽培土壤的理化性状，改良土壤，保护生态环境，为有机产品的生产提供可靠的肥源。

（二）合作方式

合作或转让，提供菌种及技术咨询。

（三）市场前景分析

鉴于我国拟发展马铃薯主粮战略计划，而黑龙江垦区的马铃薯生产面积也在逐年增加，该项目的应用对于我省千亿斤商品粮基地建设和保证国家粮食安全意义重大，市场前景广阔。

（四）工艺技术

本项目所涉及的技术主要是菌种筛选、复合及发酵生产。菌种具有适合本地土壤环境的特点，多种功能菌种复合技术成熟。但目前本项目处于研究示范阶段，需要规模化生产设备。

（五）经济效益分析

该项目适应国家马铃薯主粮战略，使用后可以提高马铃薯产量5%以上，且产品质量提升，若每千克产品价格计为0.5元，亩产仅按2 000千克计量，则每亩多收益50元左右，故具有可观的经济效益。成果的计划总投资及固定资产投入按生产规模大小测算，若生产100吨，销售收入在30万～50万元。

二、保护地土壤生物改良剂

（一）成果简介

通过多年的研究工作，获得了能够适合黑龙江省大庆地区棚室土壤条件的各种有益微生物复合体。该复合体系具有以下功效：

（1）分解土壤中的蛋白与纤维素，提供速效的能源；

（2）活化土壤中氮、磷，提供速效养分；

（3）增强土壤自净能力，拮抗根部病原菌的发生；

（4）提高蔬菜抗逆能力与品质；

（5）具有增产、提质、增效作用；

（6）适合无公害、绿色蔬菜的生产。

该复合体系在实验室和棚室生产中均表现出良好的效果，经黄瓜、辣椒、番茄的使用证实了增产、提质的功效；对土壤中的养分测定与酶活性测定，同样证实了复合菌系对养分的利用及对土壤的改良作用。

（二）合作方式

合作：提供菌种及技术咨询。

（三）市场前景分析

大庆市棚室产业发达，本项目可为棚室绿色无公害产品生产提供肥源，市场前景广阔。

（四）工艺技术

本项目所涉及的技术主要是菌种筛选、复合及发酵生产。菌种具有适合本地土壤环境的特点，多种功能菌种复合技术成熟。但目前本项目处于研究示范阶段，需要规模化生产设备。

（五）经济效益分析

该项目适应国家对绿色无公害蔬菜生产的生物肥料要求，使用后可以提高产量5%以上，且产品质量提升，如果每千克产品可提高价格1元，亩产仅按250

千克计量，则每亩多收益300元左右，而产品的投入不到收益的1/3，故具有可观的经济效益。由于生物肥料对土壤的保护性利用，社会效益无法估量。

成果的计划总投资及固定资产投入按生产规模大小测算，若生产100吨，销售收入在30万～50万元。

三、青贮饲料微生物制剂和黄贮饲料微生物制剂

（一）成果简介

青贮饲料微生物制剂，菌种全部符合农业部138号公告允许使用菌种，对人畜安全无毒，在青贮饲料中使用后能够快速生成乳酸，有效抑制腐败菌生长，青饲料微生物制剂可防止草料发霉、腐烂；抑制青贮料发热消耗营养，减少营养物质损失；缩短发酵时间，提高发酵效率，提升青贮料品质；提高干物质和粗纤维的消化率；抑制青贮料中蛋白质降解，减少氨含量，改善粗蛋白品质；改善饲草风味，增强适口性，提高牲畜采食量；有效抑制二次发酵，利于长久贮存；改善牲畜肠道内益生菌菌群平衡，提高免疫力，增强抗病和抗应激能力；提高产奶量，改善肉、奶品质。

黄贮饲料微生物制剂是专门为提高农作物秸秆的饲用价值而研制的一种高效微生物活干菌剂。菌种全部符合农业部138号公告允许使用菌种，对人畜安全无毒，纤维素降解率达到24%~27%。农作物秸秆经此活菌制剂20～30天的发酵作用即转变为牛、羊等家畜适口性好、消化率高的优质饲料，这种秸秆生物饲料可作为反刍家畜和单胃动物的基础日粮。

（二）合作方式

独资。

（三）市场前景分析

大量秸秆过腹还田，有利于增加土壤有机质，促进农牧业生产良性循环，促进农区畜牧业进一步发展，并带动肉奶皮毛等相关加工业的发展；利于种植结构调整，避免焚烧秸秆造成的环境污染。

（四）工艺技术

该技术居国际领先水平。

（五）经济效益分析

经综合测算，微生物饲料添加剂的投入产出比为1∶8。

四、面源污染水体微生物原位修复技术

（一）成果简介

面源污染水体微生物原位修复技术，主要由特种微生物菌剂和高效生物酶组成。特种微生物包含假单胞菌属、黄细菌属、光合细菌属、乳酸菌属、芽孢杆菌属、根霉属、毛霉属、酵母菌属、微球菌属、链霉菌属等专门针对富营养化污染水体、石油污染水体、城市恶臭水体特别筛选驯化出来的微生物组成。添加的复合高效生物酶，能分解底泥污染物质，将大分子物质分解成小分子物质，将不易降解的物质转化为微生物能利用的，是一种能根本上解决水体COD、氮磷、重金属、异味、石油石化泄露污染的高科技生物技术。本技术可将有机物快速转化为无毒无害的二氧化碳和水，竞争性抑制水藻生长，去除臭味，提高水体透明度；并且在最短的时间内将水体中有害的氨氮、硝酸盐氮、亚硝酸氮转化成无害的N_2从水体中释放出来；竞争性掠夺藻类营养源并抑制藻类生长，同化磷、硫元素，富集水体重金属，调节受损水体回归自然生态平衡，具有使用简便，水质净化效果显著，持续时间长，成本低等优点，是解决城市湖泊、水库、湿地、河道、恶臭水体等水质问题的理想选择。

（二）合作方式

独资。

（三）市场前景分析

《国务院关于实行最严格水资源管理制度的意见》（国发〔2012〕3号）对实施最严格水资源管理制度进行了全面部署，明确要求到2015年、2020年、2030年全国重要江河湖泊水功能区水质达标率分别提高到60%，80%，95%以上。根据《全国水资源综合规划》得知,2010年全国监测评价的3 902个水功能区，水质达标率仅为46%，富营养化污染水体的修复市场之大可见一斑。另外规划还指出我国全国年平均总缺水量为536亿立方米，成为世界上最缺水的国家之一，解决湖泊、水库、湿地、城市河道等水体富营养化污染和

水资源有效利用的矛盾已上升为国家战略问题，该问题关系到国家的经济安全、生态安全、国家安全，因此国家急需寻找解决问题的方法。

传统的物理、化学、工程以及生态修复技术，存在投入大、运行费用高、人工投入大、净化处理效果不理想等诸多不能克服的缺点，因此应用特种微生物原位修复技术及工艺对富营养化水体进行处理，以其安全、环保、经济、处理效果良好的特点，必将成为我国未来面源水体污染处理的主流技术。2020年时我国每年用于富营养化等面源水体修复的资金在1万亿元以上，届时仅黑龙江省每年用于湖泊、湿地、城市河道、饮用水源地等水体修复的规模就达20亿元以上。因此本项目产品的市场潜力巨大，发展前景广阔。

（四）工艺技术

典型工艺流程为“微生物发酵单元+微生物制剂单元+微生物反应器单元（预处理+微生物固定化+集成封装）+现场修复”。微生物发酵部分采用大型发酵罐液态深层发酵技术；微生物制剂部分采用膜分离技术，微生物反应器处理单元是本工艺的核心部分，利用其固定化菌剂充分降解水中有机、有害物质并吸附水中部分无机杂质。可根据出水水质要求，灵活配置微生物种群，现场修复单元，根据修复场地水质的动态变化灵活调配生物反应器数量。

项目组掌握多种特种微生物技术，能彻底解决水体中氮、磷、硫、重金属、石油类等污染物质，有效去除水体臭味、腥味，降低水体浊度，控制藻类数量，为面源污染水体的治理提供整套解决方案。

（五）经济效益分析

项目计划投资1 000万元以上，其中固定资产投资800万元，流动资金200万元，达产后年销售收入1亿元左右，利润2 500万元，税收1 000万元，当年回收投资。采用本技术修复面源水体污染每立方米需1.5元，相较于清淤换水等工程手段，每立方米污水节省7元以上。若技术产业化，每年可为黑龙江省增加数十亿元工业产值，并且促进朝阳环保产业在黑龙江省的发展，可提升区域水环境质量，促进旅游等服务行业。因此本技术有巨大经济效益、社会效益、生态效益。

五、可溶性水稻育苗专用肥的推广应用

（一）成果简介

水稻研究中心于2006年就鉴定了“寒地水稻无害化育苗技术研究与示范课题”，其中“可溶性水稻育苗专用肥开发与应用研究”已经于2003年获得黑龙江农垦总局科技进步三等奖。“可溶性水稻育苗专用肥”对于解决旱育苗秧田缺肥问题表现出良好的效果。近年来黑龙江八一农垦大学农学院水稻中心一直进行育苗新基质的开发研究，育苗专用肥与本中心开发的覆盖新基质或稻乐水稻育秧基质板结合进行无土育苗，效果良好，其应用推广可解决东北地区水稻土育苗面临的诸多问题。

（二）合作方式

合资。

（三）市场前景分析

目前，寒地水稻旱育苗用土量大、育苗取土日益困难，且取土破坏优质良田，农药残留量难以判断，易造成秧苗药害；客土来源不一致，秧苗质量参差不齐；营养土的培肥和配制需取土、筛土、拌土，用工成本日益提高。随着科技的不断进步，寒地水稻育苗必然要从传统一家一户分散育苗的方式转向浸种催芽育苗一体化、规模化的工厂化育苗方式。因此，常规旱育苗已不适应水稻生产发展的需要。采用水稻工厂化育苗省时、省力，可以有效地抵御极端自然灾害，确保水稻稳产高产，实现了节省土地资源，降低投入成本，管理科学、操作规范，符合集约化经营的特点和规模化生产要求。因此，水稻工厂化育苗是未来水稻生产发展的必然趋势，而无土育苗是实现水稻工厂化育苗的有效途径，也是水稻产业可持续发展的迫切需要。

（四）工艺技术

“可溶性水稻育苗专用肥”是根据水稻苗期对营养元素的需求而开发的，含大、中、微量元素和螯合剂等，根据科学复配而成。新基质覆盖物的特征特性能够满足育壮苗的需求，技术基本成熟，需要购进相关设备。

（五）经济效益分析

黑龙江省若有10%的水稻面积应用此技术，则秧苗面积达到6.4万亩，按照每亩秧田需18平方米土，无土育苗可节约优质农田土115.2万平方米，生态效益十分显著，更省去了取土、筛土、拌土等用工成本。

按照秧田用专用肥40千克/亩、3元/千克，每年生产6.4万亩秧田的专用肥2 560吨，需原料成本768万元。

计划投资还包括专用肥生产机械（粉碎机、混拌机、封口机等）、称量器械等总投入约100万元，设备使用期以10年计，每年设备折旧费10万元；水电费等每年约需要10万元，生产用工等20万元。达产后，年销售专用肥40千克/亩、4元/千克，总收入1 024万元，净利润216万。本肥料属免税范围，无税金，投资回收期为1年。

六、风味肉干加工技术

（一）技术简介

风味肉干以猪肉、牛肉、鹅肉等肉类为主要原料，经香辛料腌制、煮制、烘烤等工艺加工成方便休闲食品。产品保留了肉类的风味也具有香辛料的芳香，特点为具有独特的风味，软硬适中，前味浓，余味长，回味浓郁。风味肉干可以根据不同人群，生产适合不同人群消费的风味肉干，包括原味肉干、麻辣肉干、半干型原味肉干、半干型麻辣肉干等产品。

本项目风味肉干营养丰富，储存期较长，居家旅行携带方便。

（二）技术简介效益分析

利润分析按照年产5 000吨猪肉干产品计算。经分析可得平均生产成本为2万元/吨，年生产成本为2×5 000=10 000万元，销售价格为3万元/吨，年销售收入总额3×5 000=15 000万元。年产风味肉干毛利润总额=年销售收入总额－年生产成本=15 000万元−10 000万元=5 000万元。

参 考 文 献

[1] 秦福增. 努力开创农垦现代农业技术推广专家组工作新局面[J]. 中国农垦，2019(6):13–14.

[2] 农业农村部农垦局. 农垦改革“两个三年”任务如期完成[N]. 农民日报，2019–05–27(008).

[3] National Science Foundation: About Founding[EB/OL].[2019–05–16]. https://www.nsf.gov/funding/aboutfunding.jsp.

[4] 刘春晓.农业高校与农垦企业产学研协同育人的研究[D].东北石油大学，2019.

[5] 兵团精神研究课题组. 南泥湾精神与兵团精神[N]. 兵团日报(汉)，2018–12–13(008).

[6] 兵团精神研究课题组. 兵团精神的萌芽[N]. 兵团日报(汉)，2018–12–16(003).

[7] 兵团精神研究课题组. 兵团精神的形成[N]. 兵团日报(汉)，2018–12–28(004).

[8] 兵团精神研究课题组. 兵团精神的发展[N]. 兵团日报(汉)，2019–01–03(006).

[9] 兵团精神研究课题组. 兵团精神的深化[N]. 兵团日报(汉)，2019–01–13(003).

[10]赵德芳. 产学研合作模式研究[D]. 武汉:武汉纺织大学，2014.

[10] 兵团精神研究课题组. 继承弘扬兵团精神的有利条件[N]. 兵团日报(汉)，2019–03–17(004).

[11] 兵团精神研究课题组. 继承弘扬兵团精神的方法途径(上)[N]. 兵团日报(汉)，2019–04–04(006).

[12] 兵团精神研究课题组. 继承弘扬兵团精神的方法途径(下)[N]. 兵团日报(汉)，2019–06–02(003).

[13] 赵邵宇.在新时代传承和弘扬北大荒精神[J].奋斗，2019(05):56–58.

[14] 徐平，刘春晓. 大学文化建设的研究[J]. 高等农业教育，2018(03):27–29.

[15] 杜方敏.产教融合下湛江甘蔗高新科技示范园建设实践[J].中国农垦，2019(06):51–53.

[16] 刘春晓.一带一路背景下我国农业高校国际化人才培养模式探究[J]. 教育现代化，2019，6(35):9–11.
[17] 刘春晓.农业院校图书馆品牌建设的几点思考:以黑龙江八一农垦大学图书馆为例[J].农业图书情报学刊，2010，22(03):45–47.
[18] 刘春晓.网络环境下黑龙江省农业高校图书馆个性化数据库资源建设的研究[J].农业图书情报学刊，2014，26(10):16–19.
[19] 李国春. 大学美育教程[M]. 长沙:湖南教育出版社，2004.
[20] 王一川.美育树信仰:互联网时代大学美育的目标[J].美育学刊，2018，9(05):25–30.
[21] 马芹芬.蔡元培美育思想对当前高校审美教育的启示[J].宁波大学学报，2011(6):95–99.
[22] 段静.蔡元培的美育思想及其对当代高等教育的启示[J].兰台世界，2015(19):34–35.
[23] 马克思.资本论（第一卷）[M].北京:人民出版社，1975.
[24] 张华. 论核心素养的内涵 [J]. 全球教育展望， 2016(4):18–19.
[25] 汪瑞林，杜悦. 凝练学生发展核心素养培养全面发展的人[N].中国教育报，2016:(9).
[26] 邵长威.思想政治教育视域下提升大学生劳动素养的途径探索[J/OL]. 辽宁工业大学学报(社会科学版):1–4[2019–06–25]. https://doi.org/10.15916/j.issn1674–327x.2019.04.
[27] 顾明远. 高度重视学校劳动教育的育人功能和组织[N]. 中国教育报，2019–05–04(002).